DAXUESHENG JIUYE CHUANGYE
YOUXIU LUNWEN XUANBIAN

大学生就业创业优秀论文选编
(2018)

主编／石鹏建　执行主编／周新杰

知识产权出版社
全国百佳图书出版单位

图书在版编目（CIP）数据

大学生就业创业优秀论文选编.2018/石鹏建主编. —北京：知识产权出版社，2018.9

ISBN 978-7-5130-5774-5

Ⅰ.①大… Ⅱ.①石… Ⅲ.①大学生—职业选择—文集 Ⅳ.①G647.38-53

中国版本图书馆 CIP 数据核字（2018）第 189668 号

内容提要

本书是从全国高等学校学生信息咨询与就业指导中心举办的"2017年大学生就业创业实证研究论文征集评奖活动"中选取部分获奖论文编辑而成。从大学生就业创业实践出发，内容涉及大学生就业指导与服务、人才培养与就业、生涯规划以及创业指导与服务、创业教育研究和创业实践研究等各个研究领域，具有较强的研究价值和指导意义，可以为从事大学生就业创业研究的学者提供参考。

责任编辑：冯 彤	责任校对：谷 洋
装帧设计：张革立	责任印制：刘译文

大学生就业创业优秀论文选编（2018）

石鹏建 主 编

出版发行：知识产权出版社有限责任公司	网　　址：http://www.ipph.cn
社　　址：北京市海淀区气象路50号院	邮　　编：100081
责编电话：010-82000860 转 8386	责编邮箱：fengtong@cnipr.com
发行电话：010-82000860 转 8101/8102	发行传真：010-82000893/82005070/82000270
印　　刷：北京嘉恒彩色印刷有限责任公司	经　　销：各大网上书店、新华书店及相关专业书店
开　　本：720mm×1000mm 1/16	印　　张：14.5
版　　次：2018年9月第1版	印　　次：2018年9月第1次印刷
字　　数：240千字	定　　价：69.00元

ISBN 978-7-5130-5774-5

出版权专有　侵权必究

如有印装质量问题，本社负责调换。

出版说明

习近平总书记 2018 年 4 月到湖北考察时强调民生是最大的政治、就业是最大的民生。为贯彻落实党的十九大精神，教育战线开展了一场"奋进之笔"的总动员，建设教育强国是中华民族伟大复兴的基础工程。教育部党组书记、部长陈宝生向教育战线发出号召："要用十九大精神的高标准、新时代的新方位来衡量工作。"

全力以赴做好高校毕业生工作是全国高校毕业生就业战线的"奋进之笔"，是贯彻落实党的十九大精神、推动教育科学发展、促进社会和谐和办好高等教育的着力点。

全国各级高校毕业生就业创业指导和服务部门及高校教师经过多年的实践探索，建立了一套完整的高校毕业生就业创业指导和服务体系，形成了多层级的以"互联网＋"、大数据等先进技术手段为基础，互联互动的就业创业指导和服务平台。进行了新时代、新形势下高校毕业生就业创业的制度建设，建立起一套具有中国特色的适合中国高等教育特点的毕业生就业创业体系。

科学地建设高校就业创业的课程体系、就业创业指导及服务的工作体系，促进高校毕业生就业创业工作的学科发展以及推进高校毕业生的就业创业工作，都离不开高水平科研工作的支持。尤其需要从理论上提炼工作经验、前沿理论、改革思想，形成高校就业创业工作理论体系。

全国高等学校学生信息咨询与就业指导中心为高校毕业生就业创业领域提供理论研究平台的同时，一直致力于推动和提升高校就业创业理论研究水准，助力大学生就业创业理论研究走向科学化、规范化和专业化，注重就业创业理论对实践的指导。因此，在 2017 年年底，举办了"2017 年大学生就业创业实证研究论文征集评奖活动"。这次活动得到了各省市大学生就业创业指导部门和全国高校教师的大力支持。我们从获奖论文中遴选出 19 篇，编辑出版《大学生就业创业优秀论文选编（2018）》一书。

  大学生就业创业是实践性较强的学科，理论研究应基于就业创业指导与服务的实践工作展开。本次征文，内容紧密围绕当前高校毕业生就业创业工作的热点问题和难点问题，深入实践。有针对《基层就业毕业生自我职业生涯管理的实证研究》，也有聚焦《大学生就业心理状态特征时变模型及应用——"90后"农村女大学生就业心理状态特征分析及心理辅导对策》的实证论述，还有基于高校应届生的《大学生就业精准服务实证研究》《基于经济视角下的吉林省女大学生就业成本问题研究》，更有基于大量的样本调查研究得到的有关《大学生创业意愿的调查与分析》和《大学生创业能力素质现状及对策思考》等。研究者们从实践环节思考，从理论上提炼大学生就业创业工作规律，以便更好地指导就业创业工作实践。

  本次论文征集活动以及论文集的出版是我们促进高校毕业生就业创业科研工作的又一次尝试。我们严格遴选了获奖论文，分为大学生就业实证研究和大学生创业实证研究两个领域。在论文征集审议过程中，各省市高校毕业生就业创业指导有关部门给予我们大力支持，很多专家学者付出了辛苦的劳动。相信通过我们不断的努力，未来的大学生就业创业实践研究将更上层楼。

编者
2018 年 8 月

目 录

大学生就业实证研究

大学生生涯适应力、求职自我效能感与求职行为和
　　求职结果的关系 ………………………………………… 张　芳（3）
高职毕业生职业认同与就业关联性的实证研究 …………… 杨忠东（17）
　　——基于四川省八所高职院校712名毕业生的问卷调查
"慢就业"形势下高校毕业生就业市场开拓"一域三路"的
　　思考与探索 ……………………………………………… 余华琼（27）
　　——以武汉轻工大学为例
基层就业毕业生自我职业生涯管理的实证研究 …………… 李品林（36）
高校人才培养视角下大学生就业能力结构的
　　实证分析 …………………………………… 郭　欣　陈跃华（47）
本科学历高校毕业生高质量就业的影响因素及
　　实现路径 …………………………………… 刘　莹　文正建（61）
河南省特岗教师工作生活现状调查与研究 ……… 冯　静　闫　轲（71）
大学生就业心理状态特征时变模型及应用 ……… 骆　奕　裴　松（82）
　　——"90后"农村女大学生就业心理状态特征分析及心理辅导对策
优化高校选调生就业服务工作机制与对策研究 …………… 周　琪（96）
　　——以W大学为例
大学生就业精准服务实证研究 ……………………………… 张　静（108）
　　——以西南政法大学行政法学院2016届本科应届毕业生为样本

高校毕业生精准就业服务机制实践探析 ················· 刘 理（115）
  ——以湖南理工学院为例
新形势下高校应届毕业生就业期望匹配度调查研究 ········· 吴蓉芳（124）
  ——以武汉大学 2017 届毕业生为例
基于经济视角下的吉林省女大学生就业成本问题研究 ········ 张婧群（136）

大学生创业实证研究

基于"大众创业、万众创新"的高校在校生创业意向
  影响因素研究 ······················· 刘淑芳 张丹丹 李 琳（149）
  ——来自山西省部分高校的调查
吉林省高职高专院校创业教育的现状及
  对策研究 ························· 刘凤珠 赵 宇 翟雨来（161）
河北省高职医学院校大学生创业意愿的调查与分析研究 ······· 刘 洋（174）
  ——以河北省 C 高职医学院校为例
基于企业生命周期理论的高校众创空间建设探析 ··········· 李胜利（186）
大学生创业能力素质现状及对策思考 ··············· 李 凯 周建立（195）
  ——基于 958 例在深创业者的实证调研
推进"三实型"双创人才培养的思考与实践 ············ 王殿文 梁晓彤（211）
  ——以吉林建筑大学为例

one

大学生就业实证研究

大学生生涯适应力、求职自我效能感与求职行为和求职结果的关系[*]

张 芳[**]

(华北电力大学科技学院，河北保定 071051)

摘 要：本研究将大学毕业生的求职行为及求职结果作为重点关注变量，从生涯适应力入手，探讨大学生的生涯适应力水平与求职行为和求职结果之间的关系，以及求职行为在生涯适应力水平与求职结果之间所起到的作用，从求职自我效能感的角度，探讨求职自我效能感在生涯适应力与求职行为间发挥的调节作用。

关键词：生涯适应力；求职行为；求职结果；求职自我效能感

一、引言

就业问题是保障和改善人民群众生活的重要条件，涉及千家万户的生计和发展，既是民生之本，也是社会经济发展的"晴雨表"。而大学毕业生的就业问题更是牵动着包括大学毕业生本人、父母、亲人以及高校从事就业工作老师的敏感神经。现有研究表明，毕业生群体对职业的选择实际上受很多因素的影响。[1]在国家出台促进高校毕业生就业的政策和优惠措施的前提下，大学毕业生求职就业的内部驱动力如何？是否会对其自身的就业问题产生影响？这是需要我们关注的一个非常重要的方面。基于这一想法，本研究将探究大学毕业生的生涯适应力、求职自我效能感与求职行为和求职结果的关

---

[*] 该论文在全国高等学校学生信息咨询与就业指导中心举办的"2017大学生就业创业实证研究论文征集评奖活动"中荣获一等奖。

[**] 作者简介：张芳（1978— ），女，河北任丘人，华北电力大学科技学院就业指导办公室主任，工程师，硕士。研究方向为职业生涯发展与辅导。

系，以期找到提高大学毕业生求职就业内部驱动力的办法，进而更好地帮助大学毕业生完成求职就业，同时期待对高校从事毕业生就业工作的老师提供帮助和参考。

二、文献综述

（一）生涯建构理论与生涯适应力

在社会经济不断变化的背景下，Savickas 在其研究中首次提出了生涯建构理论，探讨个体如何通过一系列有意义的职业行为从而进一步建构自己的生涯发展过程，认为个体职业发展的实质就是追求主观自我与外在客观世界相互适应的动态建构过程。[2]

生涯适应力是生涯建构理论中的关键变量，源于 Super 最早提出的"生涯成熟度理论"，Super 的生涯发展理论强调环境的稳定性，个体在稳定的环境中可预知未来的各种因素。后继学者 Savickas 在研究中首次提出"生涯适应力"的概念，以替代"生涯成熟度"这一阶段性的发展理论。该理论强调个体对生涯的适应能力，即个体能够运用有效的方法和策略以应对多变的环境，是个体应对职业变化的一种重要的心理资源。其中，"生涯关注"是适应力概念最重要的一个维度，具体指个体对自己职业未来的关注程度。"生涯控制"是指个体掌控自己的职业未来。控制主要体现在个体在面对生涯任务时能够积极地应对，而不会选择以职业转换等方式逃避任务。"生涯好奇"是生涯控制的衍生物，是一种主动性行为，是个体想要了解自己可能会从事的工作或者职业机会的主动性，表现为个体对自己和工作世界匹配的探索与好奇。"生涯信心"是个体对自己战胜困难的信心程度和预期。

（二）求职自我效能感

自我效能感自提出以来一直都是心理学研究者关注的重点。自我效能感是指个体对自己能否成功完成某项任务的主观判断。[3]这一概念阐释了两方面的内容：第一，自我效能感并不是个体所具有的实际能力与技能，而是个体对其自身所具有能力水平的评估，是个体的自信程度。第二，拥有较强的能力和高超技能的个体如若对自身信心不足，即自我效能感水平较低，那么该个体则很难表现出胜任行为。求职自我效能感是自我效能感细化到具体的求职过程中，是指个体对自己能否成功求得某一职位的主观判断。[4]

（三）求职行为与求职结果

在前人研究的基础上，近代研究者有关求职行为的研究大多围绕信息搜索和决策过程展开。从信息探索的角度来看，Bretz、Boudreau 和 Judge 在研究中将求职行为界定为"个体花时间或者精力而获取有关劳动力市场信息的一种特定行为，是一种信息收集活动"。同时，Bretz 指出，求职行为包括准备求职行为（如收集信息、确定潜在目标等）和实际求职行为（如投递简历、参加面试等）两种；从决策过程的角度来看，Kanfer 等在已有研究的基础上，通过元分析，将求职行为进行了界定——"求职行为是一种有目的的、动态的自我调试过程，它是一种受主观驱动的个体行为模式，个体首先识别就业目标，进而付出努力以实现目标"。[5] 常雪亮将大学生的求职行为划分为"预备求职行为、个人行动求职行为、沟通求职行为"。[6]

已有的多数研究都关注求职行为，而将求职结果作为变量直接进行研究的还比较少。一些学者的研究中没有直接关注求职行为，而是将求职结果作为被检验的变量，并将求职结果从主观和客观的角度分别界定为个人与环境的匹配程度和工作状况两种，探讨了大学生的生涯适应力与这两者之间的关系，结果验证了大学生的生涯适应力水平能够通过影响其求职自我效能感进一步对后期的就业状况和人与环境的匹配程度产生积极的影响。本研究运用开放性填写的方式（被试填写最终获得 offer 的数量），获得求职结果的相关数据。

三、研究问题与假设

（一）生涯适应力水平与求职行为、求职结果的关系

Savickas 提出了以生涯适应力为核心的自我建构的生涯适应模型。其中，生涯适应力是一种自我调整的能力，个体适应的结果即产生一定的适应行为（如积极的社会化行为），并最终得到适应的结果（如获得一份满意的工作或者降低工作压力等）。例如，Taber 和 Blankemeyer 的研究发现支持这一理论观点，发现生涯适应力的具体维度对积极的职业行为有正向预测作用。大学生的

生涯适应力对求职结果影响的相关研究并不多见，基于自我建构的生涯适应模型，求职行为属于适应行为，而求职结果属于适应的结果，因此本研究假设大学生的生涯适应力水平是通过激发求职行为进一步产生求职结果的。据此本研究根据生涯适应模型提出下列两个假设。

H1：大学毕业生的生涯适应力水平能够分别显著正向预测求职行为和求职结果，大学毕业生积极的求职行为能够显著正向预测求职结果。

H2：大学毕业生的求职行为在其生涯适应力水平与求职结果之间具有中介作用。

（二）求职自我效能感与生涯适应力、求职行为的关系

许多研究已经证明了个体个性特征（如大五人格特质、趋避型人格特征、主动型人格等）方面的差异是影响求职行为与求职结果的重要前因变量（Brown、Cober、Kane、Levy & Shalhoop，2006；Turban、Stevens & Lee，2009；Wanberg、Zhu Kanfer & Zhang，2012；Zimmerman、Boswell、Shipp、Dunford & Boudreau，2012）。那么，自我效能感对个体的求职行为是否会有影响呢？Zimmerman等对个体人格特质与求职行为间的关系进行了深入研究，结果发现了个体的求职自我效能感水平的中介作用。根据中介效应的三步检验法，从上述研究结果中我们可以得知，求职自我效能感与求职行为之间具有显著的相关性。基于此，本研究提出如下假设。

H3：大学生的求职自我效能感对求职行为具有显著的正向预测作用。

对求职自我效能感的众多研究大体上可以分为两类，有些研究者将求职自我效能感作为中介变量，探寻它在不同的自变量与因变量之间的作用机制，还有的研究者将其作为调节变量，研究它对于不同变量间关系的影响。

Lin和Flores以86名东亚国际毕业生为样本，检验了班杜拉的自我效能感模型在工作领域中的适用性。班杜拉所提出的自我效能感概念迁移到工作领域即为求职自我效能感。研究结果发现，求职自我效能感在口头说服与实际求职行为之间具有中介作用。Alessandri、Borgogni、Schaufeli、Caprara和Consiglio研究了工作自我效能感水平对积极行为导向与工作绩效间关系所起到的作用，结果表明，当工作自我效能感处于高水平或中等水平时，积极行为导向与工作绩效两者之间是有关系的，而当工作自我效能感处于低水平时自变量与因变量

间的关系变得很微弱，证明了工作自我效能感在其中的调节作用。从上述研究中我们可以看到，自我效能感在不同的变量关系中既可能起到中介作用，解释自变量与因变量间的作用机制，又可能会起到调节作用，使自变量和因变量间的关系因自我效能感强度的不同而有所不同。据此本研究假设如下。

H4：大学生的求职自我效能感调节了生涯适应力对求职行为的预测作用。

在个体的生涯适应力水平相同的情况下，求职自我效能感越强的个体更愿意寻求有挑战的目标，因此求职行为会更加积极，求职自我效能感的加入改变了生涯适应力与求职行为两者之间的关系强度。

综合上述假设，本研究提出下列研究假设模型，大学生生涯适应力通过影响求职行为，进而影响求职结果。大学生生涯适应力和求职结果之间的关系受到大学生求职自我效能感的调节作用（如图1）。

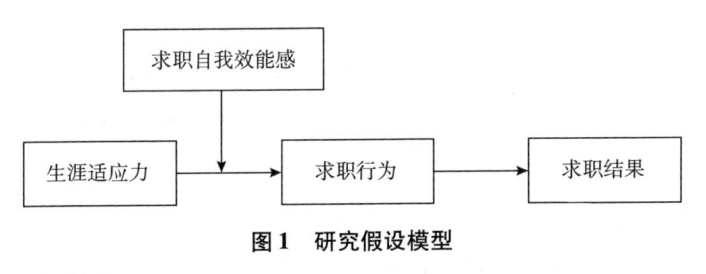

图1 研究假设模型

资料来源：本研究整理。

四、研究方法

（一）研究工具

本研究使用了生涯适应力量表、求职效能感问卷以及求职行为问卷对主要的变量进行测量，同时运用开放性填写的方式（被试填写最终获得offer的数量），获得求职结果的相关数据。

生涯适应力量表选用的是侯志瑾教授于2012年修订完成的《生涯适应力量表》中文版。求职效能感问卷和求职行为问卷均选用的是常雪亮的求职效能感问卷和求职行为问卷。

被试根据要求填写他们在求职过程中所获得的面试机会及offer数量，以此作为求职结果进行研究。

（二）研究对象

由于求职行为的呈现重点体现在大学生毕业求职阶段，所以，根据方便取样的原则，本研究将研究对象确定为河北省内六所高校的大四毕业生。在此六所高校的施测均由研究者本人担任主试，前往施测学校当场发放并回收问卷，总共发放和回收问卷 600 份。删除填答不全、有不认真填答倾向的问卷，剩余有效问卷 587 份，有效回收率为 97.83%。

（三）研究步骤

首先在文献回顾的基础上选择本研究所需要的量表，进而选定特定人群发放量表，先进行小范围试测，初步检验问卷的信效度，随后进行大范围发放，并且做好被试在问卷填写前的指导工作，尽可能使被试的大学生清楚量表填写的具体要求，这样可以在很大程度上保证数据的有效性和问卷的回收率。随后，回收填写好的问卷，最终研究者对收集上来的数据进行准确、科学的汇总。

本研究主要运用 SPSS 17.0 对数据进行分析。在数据处理的过程中检验了问卷的信度和效度，并对数据进行了差异化检验以及相关分析和回归分析，同时检验了本研究中被中介的调节作用模型。其中，被中介的调节模型采用叶宝娟和温忠麟的依次检验法。[7]

五、研究结果

（一）各变量描述性统计分析及相关分析结果

本研究中大学生生涯适应力的平均得分为 3.56，求职自我效能感的平均得分为 3.55，求职行为的平均得分为 3.23，调查对象平均获得入取通知的数量为 2.53 个。

生涯适应力、求职自我效能感、求职行为与求职结果四个变量两两之间在 0.01 水平上有显著正相关关系。生涯适应力与求职自我效能感、求职行为、求职结果的相关系数分别为 0.46、0.32、0.17（$P<0.01$），求职自我效能感与求职行为、求职结果的相关系数分别为 0.42、0.47（$P<0.01$），求职行为

与求职结果的相关系数为0.32（$P<0.01$）。因此，假设H1得以验证。

（二）大学生生涯适应力、求职行为与求职结果的回归分析求职行为的中介效应检验

上述相关分析的结果表明，大学生的生涯适应力水平、求职行为以及求职结果三者间两两都显著正相关，但具体关系尚不明确。这种情况下，既可能存在中介变量也可能存在调节效应。从实际初步判断三者构成中介作用模型。为进一步检验，本研究采用了Baron和Kenny提出的三步检验法。首先，生涯适应力水平对求职结果的回归作用显著，回归系数为0.35（F,T）。第二步，生涯适应力显著预测求职行为，回归系数为0.33（F,T）。第三步，生涯适应力与求职行为同时进入回归方程后，生涯适应力水平对求职结果的回归作用依然显著，但回归系数减小到0.17，所以大学生求职行为在生涯适应力水平与求职结果之间起到了部分中介作用，假设H2得到了验证。

（三）求职自我效能感的调节效应检验

本研究模型为有中介的调节作用模型，即自变量生涯适应力对因变量求职结果的效应受到调节变量求职自我效能感的影响，而调节效应又通过中介变量求职行为而起作用。叶宝娟和温忠麟在研究中对有中介的调节变量模型提出了几种不同的统计检验方法。本研究采用依次检验法，在SPSS中对求职自我效能感的调节效应及模型整体进行了检验。具体做法如下：首先，做求职结果对生涯适应力、求职自我效能感以及生涯适应力与求职自我效能感乘积项的回归，检验乘积项的回归系数是否显著（如表1）；其次，检验求职行为对生涯适应力、求职自我效能感以及生涯适应力与求职自我效能感乘积项的回归，同样检验乘积项的显著性（如表2）；最后做求职结果对生涯适应力、求职自我效能感、适应力与效能感的乘积项以及中介变量求职行为的回归，检验求职行为系数的显著性（如表3），若结果显著则能够验证本研究中有中介的调节作用模型。

表 1 求职自我效能感对生涯适应力和求职结果的调节效应检验

Model	预测变量	第一步	第二步	第三步
1	生涯适应力	0.25 ***	0.18 **	0.22 **
2	求职自我效能感		0.14	0.15
3	生涯适应力×求职效能感			0.25 **

注：*$P<0.05$，**$P<0.01$，***$P<0.001$

资料来源：本研究整理

检验结果表明，生涯适应力与求职自我效能感交互项的系数在 0.01 水平上显著，说明求职自我效能感对生涯适应力与求职结果两者关系的调节效应显著。

表 2 求职自我效能感在生涯适应力与求职行为间的调节效应检验

Model	预测变量	第一步	第二步	第三步
1	生涯适应力	0.42 ***	0.22 ***	0.24 ***
2	求职自我效能感		0.40 ***	0.40 ***
3	生涯适应力×求职效能感			0.13 **

注：*$P<0.05$，**$P<0.01$，***$P<0.001$

资料来源：本研究整理。

从表 2 得出，调节模型中的生涯适应力在 0.001 水平上能够显著正向预测求职行为，系数为 0.24，至此，验证了 H1 中生涯适应力显著正向预测求职行为；求职自我效能感在 0.001 水平上能够显著正向预测求职行为，系数为 0.40，至此，验证了 H3 求职自我效能感显著正向预测求职行为；生涯适应力与求职自我效能感乘积项对求职行为的回归系数在 0.01 水平上显著，系数为 0.13，至此，H4 求职自我效能感调节生涯适应力对求职行为的预测作用也得到了验证。接下来，可根据有中介的调节模型检验步骤进一步进行模型的验证。

表 3 有中介的调节模型检验

Model	预测变量	第一步	第二步	第三步	第四步
1	生涯适应力	0.25 ***	0.18 **	0.22 **	0.13 *
2	求职自我效能感		0.14	0.15	−0.00
3	生涯适应力×求职效能感			0.25 **	0.20 *

续表

Model	预测变量	第一步	第二步	第三步	第四步
4	求职行为				0.38***
	R^2	0.04	0.05	0.06	0.11
	ΔR^2	0.02	0.01	0.01	0.06
	F 值	9.90***	8.20***	8.08***	13.47***
	ΔF	9.37***	10.59***	3.05	7.25**

注：* $P<0.05$，** $P<0.01$，*** $P<0.001$

资料来源：本研究整理。

从表3可知，模型中的生涯适应力在0.05水平上能够显著正向预测求职结果，系数为0.13，至此，验证了H1中生涯适应力显著正向预测求职结果，求职行为在0.001水平上能够显著正向预测求职结果，系数为0.38，至此，验证了H1中求职行为显著正向预测求职结果。中介变量求职行为的系数显著，说明在此模型中，生涯适应力与求职自我效能感的交互项通过求职行为的中介作用对求职结果产生影响。进一步从调节项的系数来看，生涯适应力与求职自我效能感的交互系数依然显著，根据叶宝娟、温忠麟的研究，那么此调节效应并不是完全通过中介变量而起作用的，求职行为发挥了部分中介的作用。根据表1、表2、表3的数据，所有研究假设均得到了验证。

六、讨论

本研究关注大学生毕业求职这一重要转折阶段的生涯发展结果和个体内部资源对其的影响机制，揭示了毕业生的求职行为在生涯适应力水平与求职结果间的桥梁作用，以及求职自我效能感在生涯适应力水平和求职行为间所起到的调节作用。

生涯建构理论指出，当之前生涯进程不再符合个体当前的生涯发展目标，个体的自我掌控感通过个体的目标导向行为帮助在社会中实现自己的新定位，以实现自我整合和维持。典型的目标导向行为就是个体做出生涯选择的过程[8]。这意味着个体要适应环境的变换，在此期间，个体可能会被激发出大量的学习和高度的自我调适行为。尽管这种转变过程会促进个体自身的发展，但是个体之间存在差异。以本研究对象为例，并非所有毕业生都会自主自发地付出同样多的努力，这可能反映在他们的求职行为的差异上。因为个体往往对变化前的生涯状态感到舒适，而面临的转换期——脱离大学期间学生的身份和状态，谋求一份自给自足的职业——必然要有大量的行为改变，并承受转变带来的不适。本研究中，毕业生面临的就是生涯建构理论总结的三个主要的触发事件之一——生涯发展任务——进入职业世界这一发展性任务。通常这种发展任务受到个体所处社会文化预期的有力影响，社会规范为适龄年轻人如何建立个人的职业生涯也提供了参照[8]。

因此本研究在理论基础上，揭示了本科毕业生如何调用自身掌控感和应对资源，以面对社会常规提出的生涯转换任务，实现自我整合的机制。

（一）大学生生涯适应力、求职自我效能感、求职行为及求职结果的关系

在目前的研究中鲜有学者以毕业生群体为研究对象，直接探讨其生涯适应力水平与求职行为、求职结果之间的关系。本研究弥补了这一不足。本研究首先探讨了大学生生涯适应力、求职自我效能感、求职行为以及求职结果四个变量之间的相关关系，并在此基础上检验了求职行为在生涯适应力水平与求职结果间的中介作用，以及求职自我效能感在生涯适应力水平和求职行为之间所起到的调节作用。

1. 大学生生涯适应力、求职行为以及求职结果的关系

本研究中相关关系研究表明，生涯适应力水平、求职行为以及求职结果三个变量之间两两相关显著。回归分析表明，大学生的生涯适应力水平能够显著正向预测求职行为以及求职结果。这说明，生涯适应力水平越高，个体越能够适应外在环境的变化，能够通过调整自身以应对多变的外在环境，对环境的高适应性能够激发积极的求职行为。本研究所依据的理论基础——生涯建构理论指出，个体面对生涯发展任务的适应过程是整合个体内部资源和外部机会以达到和谐的过程，和谐的结果就是个体获取生涯的成功、满意和感到幸福[8]。对本研究对象而言，和谐的结果是得到就业机会，顺利完成从学业生涯到职业生涯的过渡。生涯建构理论的适应模型假设，个体要满意的适应结果——取得成功的就业机会，需要具备对适应的准备性，生涯适应力和适应行为[8]。在本研究中，着重探讨的便是适应力、适应行为（求职行为）和适应结果（职业机

会）的关系。理论认为，生涯适应力作为自我调节的内部资源，可以帮助个体解决面对生涯发展任务过程中出现的各种不熟悉的、复杂的、结构不良的问题，生涯适应力帮助个体将自我概念延伸到工作环境中，让个体和职业世界发生互动，并根据求职市场调整自己的求职行为。[8]

生涯建构理论的适应模型认为，生涯适应准备性、适应资源、适应行为和适应结果之间存在链式促进关系，即个体在准备程度、资源容量、适应行为上的差异，可以依次直接和间接影响个体最终的适应结果。对国外大量相关研究的元研究发现，生涯适应力会直接促进生涯适应行为，例如，促进生涯同一性和生涯使命感的建立，提升就业能力和升职能力，提高工作投入，提升工作表现，提高收入，在学校或工作中感到满意，促进创业，对组织有情感承诺，提高主观幸福感（包括积极情绪体验和一般生活满意度）等积极结果，也能降低消极适应结果，如降低工作压力、消极情绪。

本研究结果与以往的研究结论是一致的。McArdle、Waters、Briscoe和Hall将生涯适应力看作个体就业能力的一个心理社会结构。已有对在职员工的研究发现，生涯适应力水平能够带来一系列积极的职业结果。Nilforooshan和Salimi在研究中同样发现了生涯适应力的各个维度与积极的职业行为正相关，并且生涯适应力在积极的求职行为与工作投入之间具有部分中介作用。生涯适应力水平与求职结果的回归关系表明，毕业生群体的生涯适应力水平能够显著正向预测求职结果。也就是说，适应能力越强的个体越能够得到更多的工作机会。

此外，求职行为对求职结果的正向预测作用也在回归分析中得到了验证，积极的行为往往会带来积极的结果作为回报。生涯适应力会带来积极的求职结果，但积极的求职结果的产生并不完全来自个体的生涯适应力水平。本研究在假设中提出，大学生的生涯适应力水平可能会通过具体的求职行为进而带来理想的求职结果。数据分析也支持了这一假设，生涯适应力对求职结果的正向影响有一部分是通过求职行为产生的，即求职行为在大学生生涯适应力对求职结果的正向影响中起到了部分中介的作用。生涯适应力水平越高，个体的总体求职行为水平也会越高，毕业后可能获得入取通知的数量也就越多。

鉴于大学生生涯适应力能够正向预测求职行为和求职结果，为了促使毕业生更加积极主动地开展求职行为，进而取得更理想的求职结果，我们在日常对毕业生的求职指导中有意识地增加提升其生涯适应力的项目安排。例如，可通过介绍职业世界或对职业世界进行实地参观体验增强其生涯关注和生涯控制水平，通过职业角色的扮演，撰写工作岗位策划书，撰写个性化求职简历等帮助其增强生涯好奇和生涯信心。

2. 大学生生涯适应力、求职自我效能感以及求职行为的关系

求职自我效能感是职业研究领域中用以解释求职过程的一个很重要的变量。在这一部分中，本研究具体检验了大学生的自我效能感水平与其求职行为两者间的关系，结果发现两者之间存在的正相关关系。自我效能感作为一种个体对自身能力的感知变量在研究中多作为调节变量存在，本研究通过调节作用的回归分析，验证了研究假设，即自我效能感在生涯适应力水平与求职行为之间发挥了调节作用。这一研究点与以往研究所关注的有所不同，从生涯适应力的细分维度出发，深入探讨了适应力水平与效能感之间的关系，并发现生涯适应力的四个维度对求职自我效能感都有直接的影响。

鉴于求职自我效能感在生涯适应力水平和求职行为之间所发挥的调节作用，为了更好地帮助大学毕业生积极地开展求职行为，我们可在高校的日常职业指导中，加强提升毕业生求职自我效能感的内容讲述，并借助工具或者实践环节的安排，进行提升求职自我效能感的素质拓展训练，如职业角色扮演、工作现场体验等。

（二）研究意义

在关注大学生群体的研究当中，求职行为作为大学生向职场转变的关键，一直以来都是研究的焦点问题。在知网数据库中以"求职行为"作为关键词进行检索，共能够检索出 62 个结果，其中从 2010 年至今的研究共有 45 篇。而将生涯适应力作为第二关键词同时进行检索时却没有检索出相关的文献。可见，虽然国内已有大量研究关注了求职行为，还没有研究探讨生涯适应力与求职行为两者之间的关系。另外，从模型的调节变量"求职自我效能感"来看，以"求职自我效能感"作为关键词在知网数据库中进行检索，仅搜索出 3 篇相关文章（周晶，2013；鲁铱、李晔、卢静怡，2012；王丹平、刘妍君，2012），其中 2012 年 2 篇，2013 年 1 篇。可见，目前国内对生涯适应力、求职自我效能感以及求职行为的关系研究还存在理论空白。本研究以大学毕业生为

研究对象，对其在求职过程中所表现出的生涯适应力进行实证研究，探讨了大学生生涯适应力对于求职行为的影响，拓展了生涯适应力的研究范围并丰富了现有的研究内容。此外，研究中对大学生求职自我效能感这一边界条件的探讨，帮助我们发展了已有的理论，使大学生生涯适应力与大学生求职行为间的关系更加精细。

在实践方面，本研究发现，个体适应职业变化的能力越强，他的求职行为越积极，求职结果越理想，其满意度也会随之提高，这一结果为我们揭示了个体生涯适应力会产生的一系列积极结果。此外，大学生求职自我效能感在生涯适应力和求职行为两者之间的调节作用的发现，对促进求职者个人积极的求职行为有一定的启发，同时对高校学生就业指导工作者有一定的指导和借鉴意义。可以将该研究的相关结论运用到实际工作中，有效地帮助高校从事就业工作的老师更好地指导学生提高自身的生涯适应力，增强自身的求职自我效能感，指导学生更积极更从容地求职，得到满意的求职结果，以期提高毕业生群体的就业率和就业质量。

参考文献

［1］Tso, G. K., Yau, K. K., Cheung, M. S. Latent constructs determining Internet job search behaviors: Motivation, opportunity and job change intention. Computers in Human Behavior, 2010, 26（2）: 122 – 131.

［2］关翩翩，李敏. 生涯建构理论：内涵、框架与应用. 心理科学进展，2015, 23（12）: 2177 – 2186.

［3］Bandura, A. Self – efficacy: The Exercise of Control. W. H. Freeman/Times Books/ Henry Holt & Co, New York, NY, 1997.

［4］Saks, A. M., Zikic, J., Koen, J. Job search self – efficacy: Reconceptualizing the construct and its measurement. Journal of Vocational Behavior, 2015（86）: 104 – 114.

［5］Kanfer, R., Wanberg, C. R. Kantrowitz, T. M. Job search and employment: A personality – motivational analysis and meta – analytic review. Journal of Applied Psychology, 2001, 86（5）: 837 – 855.

［6］常雪亮. 大学生求职行为的影响因素——基于计划行为理论的研究. 北京师范大学，2009.

［7］叶宝娟，温忠麟. 有中介的调节模型检验方法：甄别和整合. 心理学报，2013, 45

(9): 1050 – 1060.

[8] Savickas, M. L. Career construction theory and practice. Career development and counseling: Putting theory and research to work, 2013: 144 – 180.

高职毕业生职业认同与就业关联性的实证研究*

——基于四川省八所高职院校712名毕业生的问卷调查

杨忠东**

（四川商务职业学院，四川成都　610015）

摘　要：参照学术界已有研究成果的基础上，以四川省八所高职院校712名毕业生为例，强化高职毕业生职业认同与就业关联性的实证研究。研究发现，高职院校毕业生职业认同对其就业机会、就业质量均存在较为显著的正向作用关系；通过对相关交互项的摄入，发现高职院校毕业生男同学的职业认同与就业机会以及就业质量中的就业满意度、人职匹配度呈现明显的正向作用关系，高职院校毕业生城镇生源毕业生职业认同与就业机会存在显著的正向作用关系，与人职匹配度存在显著的负向作用关系。

关键词：高职毕业生；职业认同；就业机会；就业质量

随着高职院校的快速发展，高职毕业生就业质量问题日益引发社会各界的关注。其中，高职院校毕业生基于个人经历、职业期望，形成对自我就业能力的认知、就业前景的情感以及就业选择的认同，对于广大青年学生进行就业选择乃至今后的职业发展均具有重要价值。在此，笔者在参照学术界已有研究成果的基础上，以四川省八所高职院校712名毕业生为例，对高职毕业生职业认同与就业关联性进行实证研究，以期为今后的大学生就业指导工作提供参考。

---

* 该论文在全国高等学校学生信息咨询与就业指导中心举办的"2017大学生就业创业实证研究论文征集评奖活动"中荣获一等奖。

** 作者简介：杨忠东（1974—　），男，四川广安人，硕士，四川商务职业学院招生就业处教授，研究方向为就业指导、大学生思想政治教育、大学生创新创业；高级职业指导师、高级创业指导师、二级心理咨询师。

一、已有研究的回顾

大学生基于自身实际情况确立职业认同，对其就业选择、职业发展均具有重要影响，由此，引导广大青年学生立足实际、确立职业认同，已然成为当前大学生就业指导工作的重要内容。

基于对 1017 名大学毕业生调查研究，包括职业认同在内的大学生就业能力与就业结果具有重要关联性。其中，包括职业认同的相关因素，能够在一定程度上预测大学毕业生的录用通知数量、起步薪酬水平以及对所签工作的满意度（乔志宏等，2011）。[1]

社会职业认同依托社会环境、文化氛围以及群体意识等，对大学生就业价值观，乃至就业选择具有重要影响。实际上，即便从大学生接触最小的社会环境来说，大学生出生区域、个人成长环境以及家庭氛围等因素，与大学生的就业选择具有紧密联系（涂亦宬，2014）。[2]

基于对 2013 年大学毕业生就业情况的实地调研，依托因子分析、Logit 回归和 OLS 回归方法等，对大学生职业认同与就业进行实证分析，可以发现，大学生职业认同与就业机会、起薪、就业满意度、人职匹配度等具有紧密联系。同时，职业认同对大学生就业的影响，往往因大学毕业生的性别差异、生源地差异等而有所不同（岳德军等，2015）。[3]

基于学术界在职业认同与就业能力提升等方面的已有研究成果，通过 1 周 2 次、连续 4 周的团体辅导工作，并对干预前后以及延后几月数据的测量与对比，可以发现，干预措施对于大学生就业能力提升、就业结果改善具有重要作用（高艳等，2017）。[4]

学术界既有研究成果，从研究必要性、测量方法、结果分析以及对策研究等维度，为本文的研究提供重要参考。不过，学术界专门针对高职毕业生职业认同与就业关联性的实证研究，仍略显不足，而这正是本文重点解决的问题。

二、研究过程

（一）选取研究对象

本研究选取四川商务职业学院、成都职业技术学院、成都纺织高等专科学校、成都电子机械高等专科学校、成都航空职业技术学院、四川交通职业技术学院、四川工商职业技术学院、成都农业科技职业学院八所高职院校，每所高校根据文理科、男女等因素选取 200 名应届毕业生，开展调查研究。此次调查共发放问卷 800 份，回收问卷 784 份，有效问卷 712 份，有效率为 90.82%。其中，男生 362 份（所占比例 50.84%），女生 350 份（所占比例 49.12%）；"已签约"（包括签订"三方协议""就业协议"等）同学 408 人（所占比例 57.30%），"尚未找到工作单位" 246 人（所占比例 34.55%），准备"升学"或者"出国"同学 42 人（所占比例 5.89%），"不打算就业"同学 16 人（所占比例 2.26%）。

（二）研究工作的具体实施

1. 职业认同的衡量指标

参照学术界已有研究成果，根据四川省高职院校毕业生情况作稍微修改，本文形成《高职毕业生职业认同与就业关联性的调查问卷》[5]。该调查问卷拟从以下三个维度对大学生职业认同进行衡量。第一，自我认知维度。对此，问卷从"对自我性格的认知""对自我职业兴趣的认知""对自我就业竞争优劣点的认知""对自我职业发展规划的认知"四个角度进行审视。第二，工作认知情况。对此，问卷从"对就职行业状况以及发展前景的认知""对从事职业状况以及发展前景的认知""对从事岗位状况以及发展前景的认知"三个维度进行审视。第三，对自身与工作关系的认知状况。对此，问卷从"对收入期望的认知""对职业定位的认知""对职业发展规划的认知"三个维度进行审视。对于上述 10 个维度，问卷采用李克特 5 点量表法予以赋值（由低到高，分别对应"1—5"赋值，其中，"1"与"非常不了解"、"5"与"非常了解"相对应）。

2. 控制变量的设置

在研究中，本文拟将以下因素设置为控制变量，分别是：以"女生"为参照组的性别因素；[6] 以"非党员"为参照组的政治面貌因素；[7] 以"农村生源"为参照组的生源地域因素；[8] 以"未获奖"为参照组的评奖评优因素。[9]

3. 就业结果的衡量指标

在研究中，本文拟从就业机会与就业质量两个维度对高职院校学生就业结果进行衡量，具体如下。

研究1：将高职毕业生就业机会获取设置为因变量，即区分"就业""未就业"两种情况。其中，在问卷调查中，"就业"包括："已签约""已确定工作单位，等待签约"两种情况；"未就业"包括：具有求职意愿但尚未与用人单位签约。在研究大学生职业认同与就业机会过程中，"升学""出国"以及"不打算就业"的同学不予考虑。

研究2：将高职毕业生就业质量状况设置为因变量，具体则从"起步薪酬"水平、"就业满意度""人职匹配度"三个维度进行考量。在问卷调查中，本文参照成都市工薪收入水平，将起步薪酬水平设置为："2500元以下""2501～4000元""4001～5500元""5501～7000元""7001～8500元""8501元以上"五个区段。这五个区段体现出高职毕业生起步薪酬水平的差异，同时依照1500元的等距变量，从低向高赋予"1—6"的数值，其中，"1"与"非常不满意"、"6"与"非常满意"相对应。对于人职匹配度的问卷调查，则是设置萨克斯量表，该量表从四个维度予以考量，分别是"自我知识与能力契合工作需求""该项工作能够满足我的实际需求""该项工作适合我""该项工作我非常想做"。继而从这四个维度，采取李克特5点量表法予以赋值，其中，"1"与"这与实际一点也不符合"、"5"与"这与实际完全相符"相对应。

4. 研究模型建构

研究1：依托回归分析探究职业认同与就业机会的关联性。其中，被解释变量为二分变量（是"1"，否"0"），该部分建构回归分析模型。

研究2：鉴于"就业质量"中"起步薪酬""就业满意度""人职匹配度"等为连续变量，因此，建立多元线性回归模型。鉴于职业认同中的性别因素、生源地因素、政治面貌因素、评奖评优因素为自变量，则可以建立多元线性回归2—4模型，强化对高职大学生职业认同与就业质量关联性的实证研究。

本文在开展研究过程中，将会依托研究1和研究2的分析过程，逐步加入控制变量、自变量以及相关交互项，以不断提升研究结果的科学性。

三、研究结果与初步讨论

（一）高职毕业生职业认同与就业机会的关联性分析

表1 高职毕业生职业认同与就业机会的关联性分析

变量	模型1.1 系数	模型1.1 Exp	模型1.2 系数	模型1.2 Exp
常数	0.385 51.326	1.452	0.381 49.862**	1.453
性别	0.213* 15.482	1.24	0.214 15.342**	1.242**
政治面貌	0.252 22.132***	1.253	0.254 22.162	1.257
生源地域	0.104 3.102	1.084	0.101 2.684	1.086
评奖评优	0.102* 3.425	1.231	0.108 3.745***	1.421***
职业认同	0.212 15.301***	1.324	0.214 14.856***	1.326
职业认同 性别			1.386 6.123**	1.146
职业认同 政治面貌			-0.072* 1.718	0.849***
职业认同 生源地域			0.104*** 3.132	1.104
职业认同 评奖评优			-0.012*** 0.082	0.961*

注：*表示 $P<0.1$；**表示 $P<0.05$；***表示 $P<0.01$。
资料来源：本研究整理。

参照表1数据，模型1.1是控制变量、自变量对因变量的主效应模型，模型1.2则是逐步加入交互效应后的全效应模型。根据表1数据显示，无论是否加入交互效应，回归分析模型中的卡方检验值都较大，往往是 $P<0.01$，由此

说明两个回归分析模型整体统计具有显著性。

在模型 1.1 中的职业认同因子在 0.01 水平上较为显著，Exp 为 1.324，大于 1，由此说明职业认同对就业机会的正向影响较为显著，也就说明高职大学生职业认同水平越高，其获得的就业机会也就越大。

在模型 1.2 中的，职业认同与性别的交互项，对就业机会的影响较为显著（Exp 为 1.386，$P<0.05$）。由此说明，相对于女同学，高职大学生中的男同学职业认同水平与就业机会获取的关联性更为密切；职业认同与生源地域的交互项对于就业机会亦呈现出较为显著的正向影响，即 Exp 为 1.104，$P<0.01$，由此说明，参照生源地为农村区域的同学，生源地为城镇区域的同学职业认同状况与就业机会获取之间的关系更为紧密。

通过对表2数据的审视，可以发现职业认同与政治面貌的交互项、职业认同与评奖评优的交互项，在统计数据上尚未达到显著性水平。

（二）高职毕业生职业认同与就业质量的关联性分析

表2　高职毕业生职业认同与就业质量的关联性分析

	模型 2.1	模型 2.2	模型 3.1	模型 3.2	模型 4.1	模型 4.2
	起步薪酬	起步薪酬	就业满意度	就业满意度	人职匹配度	人职匹配度
常数	−0.021	−0.026	−0.007	−0.015	−0.011	−0.012
	−0.726	−0.086	−0.264	−0.532	−0.394	−0.505
性别	0.056	0.062	0.032	0.031	0.021	0.026
	2.112***	2.032*	1.104***	1.042	0.961	0.961
政治面貌	0.113	0.114	0.087	0.092	0.048	0.041
	3.722***	3.851***	3.131*	3.176***	1.682**	1.614***
生源地域	0.064	0.059	0.106	0.106	0.051	0.056
	2.382***	2.186***	3.526**	3.513***	2.074***	2.132***
评奖评优	0.002	0.003	−0.026	−0.024	−0.018	−0.015
	0.064	0.107	−1.168	−1.098	−0.627	−0.538
职业认同	0.118	0.118	0.228	0.221	0.346	0.346
	3.804***	3.768***	7.562***	7.503***	12.032***	11.862***

续表

	模型 2.1	模型 2.2	模型 3.1	模型 3.2	模型 4.1	模型 4.2
	起步薪酬	起步薪酬	就业满意度	就业满意度	人职匹配度	人职匹配度
职业认同		0.041		0.081		0.048
性别		1.312		2.681 ***		2.106 ***
职业认同		−0.089		0.018		0.012
政治面貌		−0.312		0.682		0.521
职业认同		0.014		−0.022 *		−0.042
生源地域		0.462		−0.832		−1.726 ***
职业认同		0.016		0.024		0.007
评奖评优		0.561		0.846		0.316
R^2	0.047	0.048	0.067	0.089		0.148
F	9.812 ***	5.576 ***	18.962 ***	11.582 ***	33.182 ***	19.168 ***
观测值	712	712	712	712	712	712

注：* 表示 $P<0.1$；** 表示 $P<0.05$；*** 表示 $P<0.01$。

资料源自课题组调查数据整理所得。

表2数据系职业认同与起步薪酬、就业满意度、人职匹配度关联性的回归分析结果。其中模型2.1、模型3.1、模型4.1是控制变量、自变量对因变量产生影响的主效应模型，相对应，模型2.2、模型3.2、模型4.2为加入交互项而得以生成的全效应模型。

第一，职业认同与起步薪酬关联性的回归分析。根据表格数据显示，在对职业认同因子与起步薪酬的回归分析中，F 检验值都比较大，$P<0.01$，由此说明模型2从整体上来说具有显著性。其中，在模型2.1中职业认同因子对起步薪酬的正向作用关系较为显著（Exp 为 0.118，$P<0.01$），由此说明高职大学生职业认同水平与起步薪酬的关联性十分紧密，即高职大学生职业认同水平越高，其起步薪酬也就会越高。在模型2.2中，逐步加入相关交互项之后，相对于女同学的性别因素、"非党员"的政治面貌因素、"农村地区"的生源地域因素、"无奖优情况"的评奖评优因素，均未在统计数据上显示出显著性。

第二，职业认同与就业满意度关联性的回归分析。通过对职业认同因子与就业满意度回归分析数据的审视，F 检验值都比较大，$P<0.01$，由此说明模型3从整体上来说具有显著性。其中，在模型3.1中职业认同因子对就业满意

度的正向作用关系较为显著（Exp 为 0.228，$P<0.01$），由此说明高职大学生职业认同水平与就业满意度的关联性十分密切，即高职大学生职业认同水平越高，其就业满意度也就越高。在模型 3.2 中，职业认同与性别的交互项，在就业满意度维度具有较为明显的显著性（模型 3.2 中，Exp 为 0.081，$P<0.01$），由此说明相对于女同学的性别因素，职业认同与男同学的就业满意度关联性更为明显，即高职大学生男同学的职业认同水平越高，其就业满意度越高。此外，在模型 3.2 中，逐步加入相关交互性后，相对于"非党员"的政治面貌因素、"农村地区"的生源地域因素、"无奖优情况"的评奖评优因素，均未在统计数据上显示出显著性。

第三，职业认同与人职匹配度关联性的回归分析。通过对职业认同因子与人职匹配度回归分析数据的审视，可以发现 F 检验值都比较大，$P<0.01$。由此说明，模型 4 从整体上来说具有显著性。其中，在模型 4.1 中，职业认同因子对人职匹配度的正向作用关系较为显著（Exp 为 0.346，$P<0.01$）。由此说明，高职大学生职业认同水平与人职匹配度的关联性十分密切，即高职大学生职业认同水平越高，人职匹配度也就会越高。在模型 4.2 中，职业认同与性别的交互项，在人职匹配度具有较为明显的显著性（模型 4.2 中，Exp 为 0.048，$P<0.01$）。由此说明，相对于女同学的性别因素，职业认同与男同学的人职匹配度关联性更为明显，即高职大学生男同学的职业认同水平越高，其人职匹配度越高。职业认同与生源地的交互项，在人职匹配度具有较为明显的负显著性（模型 4.2 中，Exp 为 -0.042，$P<0.01$）。由此说明，相对于农村地区的生源，高职大学生中的城镇生源毕业生职业认同与人职匹配度关联性较低。此外，在模型 4.2 中，逐步加入相关交互性后，相对于"非党员"的政治面貌因素、"无奖优情况"的评奖评优因素，均未在统计数据上显示出显著性。

四、研究结论与对策简析

通过对上述数据的初步分析，可以发现高职院校毕业生职业认同与其就业机会、就业质量均存在较为显著的关联性。一方面，职业认同已然成为联结学生人力资本与获取就业机会的重要纽带；另一方面，高职院校毕业生职业认同状况往往能够发挥预测大学生就业机会大小、就业质量高低的作用。其中，本文的具体结论如下所示。

第一，高职院校毕业生职业认同与就业机会获取存在较为显著的正向关联性，即高职院校毕业生的职业认同水平越高，他们往往能够对自身的就业能力、所处的就业环境以及自己拟应聘的就业岗位存在较为清醒的认识，从而能够在求职过程中从容不迫，即使面对挫折也不至于惊慌失措，由此则往往在求职过程中更少地感知就业障碍，获得较高的就业质量。实际上，包括高职院校毕业生在内的个体，职业认同状况往往能够引导其正确处理可能面临的机遇以及挑战，从而能够使得自我在复杂的就业环境中从容不迫、善于捕捉就业机会，从而顺利就业。

第二，高职院校毕业生职业认同状况在起步薪酬、就业满意度以及人职匹配度等维度，对于其就业质量的正面影响较为显著，由此说明高职院校毕业生职业认同水平高低，往往能够对其起步薪酬、就业满意度以及人职匹配度等产生影响。

通过对相关交互项的逐步摄入，可以发现与女同学相比，高职院校毕业生中的男同学职业认同状况，在就业机会、就业满意度、人职匹配度等维度关联性十分显著，由此说明男同学的职业认同状况更具预测性。之所以出现这一情况，可能是由于男同学更具探索精神，对于求职过程中可能面临的困难更具敏感性，由此能够根据自身实际情况及时调整自我的就业目标，从而获取更多的就业机会，继而在顺利就业的基础上实现自我职业的进一步发展。

通过对城镇生源同学与农村生源同学的对比研究，可以发现相对于农村生源的高职院校毕业生，城镇生源同学的职业认同状况往往在就业机会上的关联性较为明显，不过，在人职匹配度等方面的关联性则相对较低。之所以出现这种情况，可能与不同生源地域同学的成长环境相关，即在城镇地区成长的高职毕业生往往能够获得更多的就业机会，不过，也正因如此，他们往往具有较高的就业期望值，导致他们的职业认同状况与就业之后的人职匹配度呈现出较为明显的负相关。由此说明，高职院校毕业生职业认同水平对就业机会、就业质量的影响，在具体维度上并不一定完全一致。

基于高职院校毕业生职业认同与就业机会、就业质量之间的关联性，大学生、高职院校以及社会等应当有针对性地采取措施予以应对。具体来说，广大青年学生应当强化对自我就业能力、就业预期以及所处就业环境的认知，从而不断更新、完善自我的择业观念，继而根据社会职业多元化的环境，在择业之前做好就业体验工作,不断提升自我的就业能力,探寻适合自我职业发展、人生成长的就业目标,继而顺利就业,为今后的职业发展奠定坚实基础。

对于高职院校来说,则需要在人才培养过程中,强化专业教育与创新创业教育的协同性,根据性别因素、政治面貌因素、生源地域因素、评奖评优因素等有针对性地开展就业指导工作,引导广大高职院校学生在接受个性化的就业辅导中,改善更新自我的就业观念、提升自我的职业技能,从而实现学生就业质量、学校就业率共同提升的双赢。

从社会的角度来看,政府应当强化对社会就业价值观的引导工作,在引导广大青年学生培育践行社会主义核心价值观的过程中,厘清社会贡献与个人价值之间的关系,进而在良好的社会就业氛围中实现自我社会价值与个人价值的最大化。

参考文献

[1] 乔志宏,王爽,谢冰清,等. 大学生就业能力的结构及其对就业结果的影响 [J]. 心理发展与教育,2011 (3):274 - 281.

[2] 涂亦成. 社会职业认同对大学生就业取向的影响 [J]. 高教发展与评估,2014 (5):95 - 99,118.

[3] 岳德军,田远. 职业认同对大学毕业生就业影响的实证分析 [J]. 国家教育行政学院学报,2015 (6):76 - 81.

[4] 高艳,乔志宏,武晓伟. 基于职业认同和心理资本的大学生就业能力提升实证研究 [J]. 高教探索,2017 (3):107 - 112.

[5] 岳德军,田远. 人力资本与大学生就业质量:职业认同的中介作用 [J]. 江苏高教,2016 (1):101 - 104.

[6] 黄楠,谭娅,封世蓝. 高校毕业生就业状况及性别差异1——基于某高校就业数据的实证研究 [J]. 经济科学,2015 (4):116 - 128.

[7] 姚圣梅,陈溅星. 论大学毕业生党员就业核心竞争力的提升 [J]. 学校党建与思想教育,2009 (7):37 - 38.

[8] 马莉萍,潘昆峰. 留还是流?——高校毕业生就业地选择与生源地、院校地关系的实证研究 [J]. 清华大学教育研究,2013 (5):118 - 124.

[9] 曹同艳,崔昱,杨璐. 奖学金激励效应与就业薪酬的相关性研究 [J]. 当代教育理论与实践,2014 (10):97 - 98.

"慢就业"形势下高校毕业生就业市场开拓"一域三路"的思考与探索*

——以武汉轻工大学为例

余华琼[**]

（武汉轻工大学，湖北武汉　430023）

摘　要：高校就业市场是毕业生人力资源的配置市场，其核心任务是为毕业生提供就业信息咨询和指导服务。针对当下"慢就业"的形势及就业双向选择的需要，毕业生就业最终将以市场导向的方式实现。为创新优化就业市场的作用，立足于武汉轻工大学毕业生工作实际，提出聚焦就业集中区域，"切实发挥校友优势，创建特色专业引领之路；立足校企共建，深化产学研究合作之路；依托人才机构，实现服务社会双赢之路"的"一域三路"就业市场开拓新思考，以达到促进毕业生高质量充分就业的目的。

关键词：慢就业；就业市场开拓；一域三路

随着我国高校教育教学改革的不断深入，高校毕业生就业工作体制机制日趋完善，毕业生就业市场在就业过程中发挥的作用日益凸显，毕业生就业最终将以市场导向方式实现已成不争的事实。近几年，众多媒体谈及大学生的就业问题时，提到一个大家耳熟能详的概念——"慢就业"，其意思可以广延为：部分大学生在毕业后并不着急立即就业，由于没有生活压力不想马上进入工作状态，而是选择陪伴家人、到处游历、准备升学或长期实习等各种形式的缓就

---

* 该论文在全国高等学校学生信息咨询与就业指导中心举办的"2017大学生就业创业实证研究论文征集评奖活动"中荣获一等奖。

** 作者简介：余华琼（1976—　），女，湖北荆州人，硕士研究生，武汉轻工大学招生毕业处讲师，长期从事大学生思想政治教育、毕业生就业创业指导咨询及高校就业工作实证及理论研究。

业或暂时待业；或持观望态度、等着亲朋安排、等着好友推荐、等待更合适的时机等逃避求职，各种"有业不就"或"选择性"失业的现象我们统称为"慢就业"。分析当下毕业生"慢就业"的主要原因，既存在毕业生自身认知不足、社会化程度偏低、就业中职业搜索期过长、就业预期过高及就业价值偏差等主观原因；同时也有社会舆论、朋辈效应、家庭影响及生活成本提升以及学校就业指导实效性不强、就业市场服务不足等客观原因。目前，在新媒体信息时代背景下，高校毕业生就业市场建设面临新的机遇与挑战，如何加大就业指导，加强就业管理及服务的综合分析与评估，积极构建以网络信息技术为基础的毕业生就业市场快捷通道，如何破解"慢就业"难题保障毕业生理性充分就业，不断提高就业市场开发的深度与力度，切实提升就业指导服务水平，对促进高校毕业生高质量充分就业有着重要的理论及实践意义。[1]

一、加强高校毕业生就业市场建设的意义

高校毕业生就业市场是高校就业工作中的一个重要概念，它是毕业生就业环节中不可或缺的要素。就业市场既是毕业生和用人单位双方开展招聘活动的服务载体，更是市场条件下供求双方提供公平选择的服务平台。在毕业生的就业过程中，随着就业主体由政府主体演变为毕业生主体，就业行为由政府指令、计划分配演变为供求双方的双向选择，优胜劣汰，毕业生的"自由择业与自主创业"等多种新的就业形式与方式便应运而生。因此，全面了解毕业生就业的形势与政策，掌握新时代前提下就业市场的开辟与积累，对于促进高校毕业生就业有着十分重要的意义。加强毕业生就业市场建设，一方面通过就业市场主体对毕业生的资源配置起基础性的导向作用，有利毕业生的双向选择；另一方面有利于供求双方建立起相对稳定、和谐的供需关系，促进毕业生高质量充分就业。

结合武汉轻工大学"应用型创新人才"的培养目标及社会经济发展的现实需要，如何对就业市场进行重新定位，积极发挥就业市场在毕业生就业中的主渠道作用，使就业市场发展与学校各项管理相适应，与促进毕业生成长成才相适应，与协调经济社会发展相得益彰，以期通过高校、社会市场及毕业生自身的努力实现毕业生顺利、现实、理性就业的目的。

二、毕业生就业市场存在的主要问题及原因分析

深刻剖析毕业生"慢就业"的主观心理原因，大体分以下三种类型：一是就业意识不足。即对于为何要就业认知不清楚，对于就业无概念、无压力、无动力，希望继续享受象牙塔的包容依旧、自由依旧、无忧生活依旧，缺乏基本的社会责任感和社会认同。二是就业主动性不强。等、靠、要现象严重，这类毕业生等着介绍，依靠安排，寄希望于父母、家人及朋友等社会支持系统，自身不做出任何积极的努力。他们传统而固执地认为，社会支持系统给予的一定优于自身选择的，严重缺乏对自我与行业认知，让被选择、被安排成为一种习惯或生活方式。三是就业热情不高。部分毕业生不急、不紧、不进，不找最好但求更好，终生定位漫漫求索，毕业即失业常态历久弥新。辅导员急、家长急、用人单位急，唯独只剩毕业生不急。他们严重地成为整个家庭的经济与心理负担，他们自身同时也承担着"慢就业"的各种风险。

对于就业市场客观因素的分析，高校的市场建设问题聚焦到武汉轻工大学实际，现实情况是：该校坐落于湖北武汉汉口常青花园这一特殊的地理位置，汉口周边高校为数不多，因此在毕业生就业市场的高校联合上优势不明显，毕业生求职应聘的整合度不高，就业市场的规模效应不够及总体氛围不够浓烈。一方面，学校特殊的地理位置，造成用人单位的招聘成本及毕业生求职成本偏高；另一方面，学校就业市场的原始积累相对薄弱，学校市场建设的拓展还有较大潜力和提升空间。鉴于此，对学校毕业生就业市场做深层次的剖析如下。

（一）就业市场建设不平衡

就业事实表明，毕业生对就业的地域、薪资及发展空间尤为关注，地域经济发展的差异会导致学校毕业生就业市场发育状况的不平衡、不一致。对近几年学校毕业生就业地域进行分析，相关数据显示，学校在经济发达地区毕业生需求量较大，求职地域相对集中；另外，发达地区就业的毕业生流动性也相对较强，毕业生就业市场的发育程度相对较高，一直处于相对饱和状态。如上海、广州、江苏、浙江、深圳及湖北武汉等地，常年有招聘及校企合作需求；相反，经济欠发达地区，如贵州、新疆、云南等西部地区就业市场发育明显稍弱。就业市场建设不平衡广泛存在，如何协调就业市场的这种不平衡，大力引

导毕业生到西部、乡镇、基层农村建功立业，是当下乃至今后较长一段时间毕业生就业工作的主要导向。

（二）就业市场主体功能发挥不充分

剖析学校现行的就业市场，目前尚处在自由洽谈、自由对接的一个阶段，尽管学校就业市场有一定的原始积累，但在质与量上还有一定提升的空间。在目前就业市场发育还不充分的前提下，毕业生求职和用人单位招聘都带有一定的主观性、片面性与偶然性。作为就业市场的主要形式"现场招聘"，单一的求职应聘环境对用人单位和毕业生双方而言资源受限、空间受限、时间受限，加上信息的不完全对等性等因素切实影响到用人单位人才选拔的效果，会造成毕业生在求职过程中，表面人气旺盛、实际签约率低下，就业市场主体功能发挥不充分的问题。

（三）就业主体与就业市场的契合度不高

就业市场有效性的发挥需就业主体对相关的就业指导服务进行正向、积极的配合才能达到助推就业的目的。毕业生个体由于受家庭环境、社会职业观及自身择业准备不足等主客观因素的影响，造成"有业不就""高标准不愿低就""尼特"一族、"校漂"一族蔚然成风，等待、观望、攀比的情绪严重。"宁可枝头抱香死，何曾吹落北风中"，"慢就业"成为逃避就业的"合理"借口，成为自身"不就业"最为光鲜的"自我解嘲"。就业主体与就业市场的不合拍，契合度不高直接成为毕业生就业难，用人单位用工难"两难"境地的罪魁祸首。

近年来，随着高校大众化教育的发展及经济社会结构转型、升级等因素的影响，高校毕业生的数量逐年攀升，而各类中小企业及用人单位的需求也在同步增加，但并未缓解人才供求的矛盾，传统的"结构性失业"及新的"选择性失业"现象普遍存在，致使供需两旺与供需两难矛盾共存。

三、毕业生就业市场开拓的基础性探索

推动毕业生充分高质量就业，是每个高校就业工作的主要职责，因此需加强对就业市场的积极探索与研究。如何立足学校人才培养的特色，切实发挥学

校"依托优势专业带动就业,全员参与促进就业,精准帮扶夯实就业"的工作特点,建立起学校、毕业生和用人单位三者沟通的立体化就业工作市场,建立规范的高校毕业生就业市场价格指导体系,整体规划、打造特色的毕业生就业市场,全面助推毕业生高质量充分就业,即是毕业生就业市场开拓思考与探索的出发点,也是落脚点。[2]

(一)就业市场建设的"特色化"与"法制化"

在学校就业市场建设中,一方面,要结合武汉轻工大学作为全国最早培养粮食行业专门人才高校的特点,其办学特色明显,优势突出,如何彰显在农产品精深加工及转化领域的学科优势,树立具有鲜明特征、广泛影响力的"特色化"就业市场,进一步完善就业服务机制,建立全方位、多层次、立体化的就业服务配套体系,可以成为学校就业市场"特色化"建设的思考路径。另一方面,政策性、规范性与时效性是就业市场的特色,即如何按照"公平竞争"的就业原则,明确各项就业管理规定及《劳动法》《合同法》的内容,落实好就业各项法律法规的宣传教育,建立健全就业市场准入制度,推动就业工作规范化、法制化发展,这是学校进行就业市场开拓的基础与前提。[3]

(二)就业市场建设的"信息化"与"专业化"

加大建立就业市场的信息化建设,是新媒体时代就业工作的现实需要。拓宽新媒体网络平台的服务功能,大力优化"有形市场"及"无形市场"两种资源体系,立足互联网、微信、微博、QQ工作群、一站式服务系统等信息平台促进市场建设的可持续发展。通过加强区域开拓,深化供需对接,真正破除就业市场渠道拓展不到位、供需平台搭建不畅通、就业市场形式单一、就业市场培育不充分或因毕业生求职能力低下及就业市场功能发挥不全引发的毕业生就业难的困境。[4]毕业生就业市场建设还应树立专业化的发展理念,务必建立一支专业化的就业市场建设队伍,确保达到就业市场与就业信息服务对等建设的效果。

四、毕业生就业市场开拓"一域三路"的思考

遵循"以生为本,以市场为根"的原则,在就业市场建设中需积极培育和拓展符合本校毕业生就业的特色市场,针对以上武汉轻工大学就业工作实

际，提出实施就业市场开拓"一域三路"的思考与探索。何为"一域"，即明确毕业生就业相对密集的地域，通过对重点区域的毕业生及用人单位进行实地走访、问卷调查及分析研究，了解社会市场供需及毕业生就业总体状况，为学校就业工作及教育教学改革提供决策依据。"三路"具体指切实发挥校友优势，创建特色专业引领之路；立足校企共建、深化产学研究合作之路；依托人才机构，实现服务社会双赢之路。

（一）发挥校友优势，创建特色专业引领之路

近年来，学校通过校友办、校友联谊会等方式广泛联系走访校友，开展形式多样的交流、座谈及报告会，校友回校招聘方式得到了广大毕业生的高度认可。上海曼恒、深圳兆恒、湖北神丹、湖南唐人神、江西恒青、山东朗生、四川铁骑力士等知名企业董事长纷纷回校设立奖助学金、建立研发机构、优先招聘毕业生，开展务实合作。学校切实发挥学科专业特色优势，充分利用与农产品精深加工及转化领域相关行业联系紧密、人才培养和科技服务享有良好声誉等有利条件，围绕粮油、食品、饲料、畜牧水产、特色农产品精深加工等行业，全方位加强合作，持续重点打造特色专业就业市场，充分挖掘潜在的全产业链就业市场，切实发挥其引领带动作用。学校的粮油、食品及动物科学等传统特色专业供需比长期保持在1∶6，较大地促进了机械、电子、化工、制药、生物、计算机、建筑、物流、营销及管理类等毕业生的广泛就业。

（二）立足校企共建，深化产学研究合作之路

学校通过加强与校企合作单位的密切联系，进一步丰富就业信息，着力完善就业市场。一方面，强化对重点企业的回访与跟踪，立足校企合作共建，深化产学研合作，开辟就业新市场。学校联合顶晶集团、施强集团、康师傅集团、正大集团、牧羊集团等组建"校企合作班"，开展订单培养，促进毕业生顺利就业。另一方面，围绕"实习基地建设""产学研合作"，利用学科及科研优势打造优秀人才供应基地，广泛开展实习实践和毕业生就业合作，使巩固有形市场与开拓无形市场相结合发挥作用。[5]学校与安琪酵母、中航精机、武汉富士康、中地数码等30多家长期合作的知名企业开展校企合作，共建实习实训、就业见习基地，促使企业和学校良性互动，深化发展。

（三）依托人才机构，实现服务社会双赢之路

学校积极配合地方区域性发展战略，密切与当地人才机构的对接，不断深化与地方、行业企业的联系与合作，先后与湖北恩施、荆门、黄冈、随州、孝感等市、州签订了战略合作协议，开展全方位合作，与湖北省人才市场建立就业工作服务站，联合武汉市统战部、武汉市劳动就业管理局、武汉妇女创业中心、武汉临空港经济开发区等机构开展创业沙龙、创业实践活动。学校通过政府主导、产学研项目联动、见习实习基地助力，大力实施"走出去"战略，切实提高人才培养质量和完善就业服务机制，扎实创建高校毕业生就业工作及地方经济社会发展的双赢之路，真正达到"出口引导入口""入口带动出口"的效果。

五、"一域三路"毕业生就业市场开拓的实践途径

（一）学校层面

1. 强化年度考核机制

学校重点突出就业工作在学校总体工作中的重要地位，切实落实就业"一把手"工程，把就业市场建设目标纳入年度考核总目标体系中。通过夯实毕业生就业市场开拓在就业工作中的比重，凸显其在内涵建设中的重要性。突出年终就业工作考评机制，落实就业市场开拓目标责任制，大力拓展"线上线下"两种就业市场，加强"有形市场"和"无形市场"的过程监控与管理，强化落实就业市场开拓的基础性工作。

2. 深化校企合作机制

学校利用地方战略性发展的契机，如"一带一路"的国家发展倡议、湖北省"我选湖北"计划和武汉市"双百万"计划，加强校企间的交流与合作，开展行业性、区域性等不同形式的校园专场招聘会，不断巩固深化就业市场建设。一方面，主要依托专业的特色，着力深化各学院富有专业特色的校企合作道路；另一方面，巩固与各地方政府、人才机构的合作协议，如与江苏盐城、广东顺德、浙江金华、台州、宁波、江苏扬州、东西湖临空港、湖北省人才及力资源局等机构长期合作，把校企、校地合作推向纵深发展。

3. 巩固跟踪调研机制

学校通过加强对毕业生的实地走访、座谈、考察、调研，分析研究经济社

会发展的现实需求，掌握毕业生就业的总体状况及水平，有效推动了联系校友常态化、走访调研制度化。根据"一域三路"就业市场开拓的思路，学校在全校范围内持续开展毕业生及用人单位的跟踪调研工作，密切联系用人单位，巩固现有就业市场，挖掘潜在的就业机会，为毕业生高质量就业校友企业创造良好条件，为推动毕业生实现广泛就业提供了较大的空间。

4. 优化信息建设机制

就业市场信息是毕业生就业的生命线和切入点，学校全面加大对就业信息网的改版建制，加大对就业微信的技术升级管理，逐步拓宽网络平台的服务功能，促进毕业生就业市场的可持续化发展。坚持对毕业生就业进行全程监控及动态管理，推动就业工作二级管理模式不断深入；坚持依托就业信息网、就业App、微信及QQ等信息化手段，建立精准供需服务平台，利用新媒体和网络资源为毕业生和用人单位的双向选择提供高效服务。目前，学校已与宏云科技、麦可思数据公司等开展了频繁的沟通与交流，旨在逐步完善双向招聘模式，使就业市场建设更深入广泛。

（二）学院层面

在学院就业工作的考核层面，就业市场开拓的指标数与实效性尤为突出。针对考核细则，不仅在量上做限定，同时还通过就业年报对就业招聘的有效性进行及时反馈，对学院的就业市场开拓的实效性作综合性评估。学校大力支持各学院结合学科专业背景和行业需求，形成专业品牌的就业市场，积极鼓励各学院以专业特色为基础，开展行业性、地域性相对集中的小中型招聘会，以多带少，以优带弱，带动其他专业毕业生广泛就业，逐步建立以学院为主体的就业市场，切实提高招聘的实际效果。学校要求各学院将教学实习、社会实践、科研基地与就业创业基地有机结合，完善订单培养，积极推动顶岗实习、实习+就业、预岗就业等就业新形式，有效实现供需双方对接，进一步促进就业市场的优化建设和日趋完善。

（三）毕业生层面

作为就业主体的毕业生，一方面应积极发挥自身在就业过程中的主观能动性，充分认识到学校就业信息网、工作QQ群、就业微信等各种新媒体的实际功用，主动对接、正确吸收、有效吸纳各类信息平台的有效信息，顺利实现求职应聘。另一方面应做好自我认知与行业认知，要密切关注就业形势及政策的宣传及解读，形成正确的就业价值观。与此同时，毕业生需加强社会化进程及就业知识的积累，对接学校的"精准管理与服务，精准对接与帮扶"，做好择业心理调适与就业准备。"时不待我，只争朝夕"，毕业生要善于对"慢就业"说"不"、对"毕业即失业"进行拨乱反正，只有以积极、主动的姿态才能迎合就业市场的需求，才能真正实现成功就业。

参考文献

[1] 龚克，张昌健，谢振勇，等. 高校毕业生就业市场拓展对策研究［J］. 西南科技大学学报，2016（4）：95-97.

[2] 任江林. 建立高校毕业生就业市场价格指导体系刍议［J］. 价格月刊，2007（1）：23-24.

[3] 刘保宝. 关于毕业生就业工作规范化、法制化的几点思考［J］. 吕梁学院学报，2001（3）：23-24.

[4] 周志强. 当前高校毕业生就业市场开拓存在的问题及对策研究［J］. 河南工业大学学报，2010（1）：136-138.

[5] 赖艳，舒福灵. 高校毕业生就业市场开拓策略分析［J］. 桂林电子科技大学学报，2007（2）：168-170.

基层就业毕业生自我职业生涯管理的实证研究*

李品林**

（江汉大学，湖北武汉　430000）

摘　要：在文献研究的基础上，采用问卷调查和以访谈为主的质性研究等方法，探讨了基层就业毕业生自我职业生涯管理存在的问题以及改进建议。调查结果发现，基层就业毕业生普遍存在长期职业目标欠缺、毕业生二次就业能力不足、系统性继续学习缺乏，以及不擅长自我展示等主要问题。笔者进一步提出了建立健全生涯规划引导机制、完善继续学习机制、构建基层就业毕业生交流平台、考核与自我职业规划相结合的改进方案。

关键词：自我职业生涯管理；基层就业；高校毕业生

一、引言

自 2003 年以来，国家相继出台了《关于引导和鼓励高校毕业生面向基层就业的意见》《农村义务教育阶段学校教师特设岗位计划实施方案》《关于组织开展高校毕业生到基层从事支教、支农、支医和扶贫工作的通知》等系列政策，引导高校毕业生到基层就业，鼓励高校毕业生到祖国最需要的地方建功立业。政策落实至今已有十余年，高校毕业生到基层就业已成为一种重要的就业方式。然而，高校毕业生到基层之后，工作内容与专业不相关，现实与职业期待存在差距，自我价值贬低和职业生涯规划缺失等，产生消极怠工，甚至出现离岗和二次择业的情况，造成人才资源的埋没。[1][2]在查阅相关文献中发现，

---

* 该论文在全国高等学校学生信息咨询与就业指导中心举办的"2017 大学生就业创业实证研究论文征集评奖活动"中荣获一等奖。

** 作者简介：李品林（1986—　），男，湖北武汉人，硕士研究生，江汉大学职业规划与就业指导教研室主任，讲师，研究方向为高等教育。

造成这些现象的主体性原因是毕业生缺乏自我职业生涯管理。因此，本研究通过对往年5届基层就业毕业生的调研，探讨基层就业毕业生如何更好地进行自我职业生涯规划管理。

二、问题的提出

国家最需要建设的地方是人才匮乏、知识和经济等比较落后的地方，也是国家发展规划中最关注的地方。那么还没有足够实践经验的大学毕业生到这样的岗位上工作，专业技能、基层生活经验、职业生涯发展等各方面都是对他们致命的考验。[3]

刚离校的毕业生基本上处于自我职业生涯管理的尝试与探索阶段，这个阶段是对自我的认知与定位、发现和探索职业信息、探寻职业发展路径的关键时期。但是，基层就业岗位都存在较高的挑战性，基层就业的地域、气候等自然环境与生活、民俗等人文环境，工作内容与工作环境等都是一种全新的事物，面对这些不适感，需要基层就业毕业生积极主动地接受。自我职业生涯管理（简称ICM）结构模型表明，加强个人管理，即进行职业探索、确立职业目标和策略、继续学习的同时，注重人际关系和自我展示，有利于争取更多的发展机会，有助于个人职业生涯的健康发展。因此，本文基于ICM自我职业管理结构模型，采用问卷调查法和以访谈为主的质性研究方法探究基层就业毕业生自我职业生涯管理存在的问题以及改进措施。

三、研究对象与方法

（一）研究对象

根据J大学2013～2017届毕业当年的就业流向情况，参加三支一扶、西部计划、新机制与特岗教师计划、村官四个基层就业的毕业生124人。其中三支一扶11人，男生3人，占27.3%，女生8人，占72.7%；西部计划7人，男生1人，占14.3%，女生6人，占85.7%；新机制和特岗教师计划58人，男生16人，占27.6%，女生42人，占72.4%；村官48人，男生17人，占35.4%，女生31人，占64.6%。

（二）研究方法

1. 问卷调查法

在对 Hall、Stumpf、龙立荣[4][5]等国内外学者对自我职业生涯管理的结构及其关系的研究基础之上，结合应用型本科院校人才培养现状，分类整理出包含职业目标与策略、职业探索、继续学习、注重关系、自我展示五个维度的自我职业生涯管理影响因素，并编制形成问卷，针对 J 大学 2013～2017 届基层就业毕业生，通过邮箱发送、回收问卷，问卷发送 124 份，回收 124 份，回收率 100%。

2. 访谈法

为深入了解基层就业毕业生职业生涯发展状况，本研究还采用质性研究的访谈法。按基层就业项目分类，目的性地抽取其中具有典型意义、且能代表该项基层就业的个案共计 8 名毕业生进行深入访谈，访谈内容围绕 ICM 结构维度，采用 STAR 模式，即围绕背景、目标、行为、结果四个环节与受访者互动访谈，访谈资料做类属分析，最后进行演绎与分析比较。

四、结果与分析

（一）基层就业毕业生职业目标与发展策略

职业目标是个人职业发展中所要达到的具体目的，是制定发展策略和实施行动方案的前提，包括短期目标、中期目标和长期目标，本研究所设定的是 1 年为短期目标，3～5 年为中期目标，5～10 年为长期目标。不同项目基层就业毕业生所确立的职业目标如图 1 所示，呈现出两个特点，一个是四类基层项目就业毕业生所确立的职业目标比例从高到低依次为短期目标、中期目标、长期目标，分别为 76.7%、34.3% 和 23.5%；另一个是村官、西部计划项目就业的毕业生中期目标和长期目标比新机制与特岗教师、"三支一扶"就业毕业生的比例高。

确立短期目标、中期目标、长期目标的比例依次递减。四个基层项目均为 J 大学所属省份组织落实国家鼓励毕业生到基层就业的政策举措，在政府引领，职业生涯发展相对单一的就业形式下，基层就业毕业生对国家和政府出台的政策比较了解，在自我职业生涯发展的短时期内，比较清楚地知道自己在这段时间做什么事，达到什么样的目标。"我是通过学校对基层就业的宣传后才产生到基层就业的动机，关于基层服务的时间问题，咨询过学校就业指导服务的老师，对2年服务期满后自主就业的情况是非常清楚的，但我想这2年内在基层更好地提升自我，为以后的再就业积累经验。"这是村官项目就业毕业生对自己短时期的发展目标，但对于未来，"刚参加工作的时候，还没有考虑到3~5年后做什么，再说还有很多因素影响，计划赶不上变化，到时候再看。"对于中、长期目标，大多数基层就业毕业生都是抱着"到时候再看"的态度，存在依赖心理，较少毕业生主动规划，更多的是考虑到外环境如国家政策、工作需求、他人帮助的外部因素。

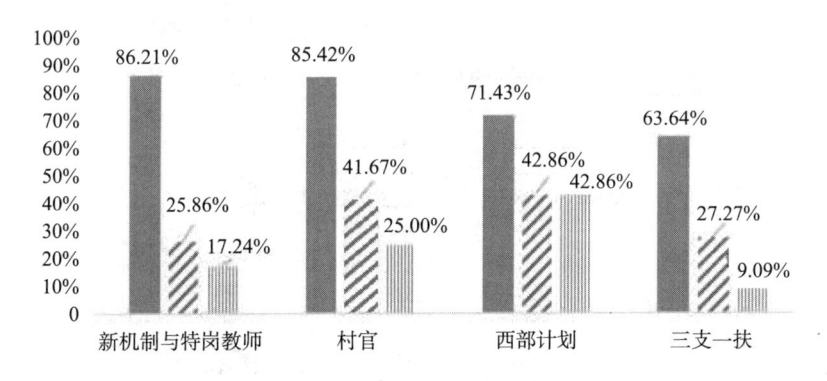

图1 不同项目基层就业毕业生确定职业目标的比例分布

资料来源：江汉大学. J大学2013届至2017届基层就业毕业生职业发展调查[R]. 武汉：江汉大学，2017.

村官、西部计划就业毕业生确立中期目标、长期目标的比例高。村官和西部计划就业的岗位性质多为行政类，参加这两类基层项目的多数毕业生从政的自我效能相对较强。"从政是我一直就有的梦想，当年毕业时赶上了国家鼓励到西部就业，到基层建功立业的大好政策，并且考村官比考公务员的竞争压力要小很多。"参加村官项目的受访者对自己的职业选择非常满意，而且对自我职业生涯发展有着明确的目标和行动策略。"从基层办事员做起，争取在2~3年内评上副主任科员，10年之内当上科室主任，这期间肯定有很多的突发事情，可能会调换岗位，但我会随时做好准备，接受新的挑战，全力以赴自己的

10年目标。"相对而言，新机制教师与特岗教师、"三支一扶"就业的毕业生更多关注当下，"我的目标就是教好本学科，带好班主任，三年送走一批学生，然后再接新生，三年再送走一批学生毕业，周而复始，这可能就是我的职业生涯"。考上新机制教师的毕业生对自己的职业生涯发展，把主要精力放在了学科教学，为学生传授知识，逐步提升自我的专业技术水平，走教师发展的生涯路径。

（二）基层就业毕业生职业探索途径

不同项目的基层就业毕业生开展职业探索的分布如图2所示，四类基层就业毕业生在自我职业生涯管理中"调整岗位"的比例最高，平均比例为86.38%；"尝试不同职业"的比例最低，平均比例为3.54%，其中"没有尝试不同职业"的基层就业项目是西部计划和"三支一扶"。

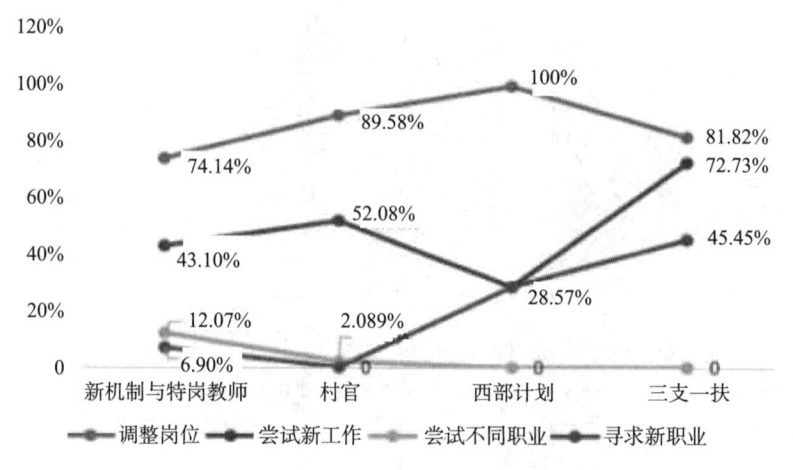

图2 不同项目基层就业毕业生开展职业探索的分布

资料来源：江汉大学. J大学2013届至2017届基层就业毕业生职业发展调查［R］. 武汉：江汉大学，2017.

基层就业毕业生岗位流动性较高。产生这种现象的主要原因是基层岗位的需求旺盛。三支一扶项目的毕业生如是描述基层岗位需求情况："我参加的是'三支一扶'项目，到了S镇青年事务综合服务岗位，入职的时候才发现这个部门就领导和我两人，负责共青团工作、青年教育与管理、宣传等多项工作，后来发现其他部门都是这样的情况，很多岗位缺人手。"在岗位需求和人力资源供应失去平衡的时候，新的人力资源就成为各个部门争抢的对象，其中西部计划项目的毕业生全部调整过岗位，其后依次是村官、"三支一扶"、新机制和特岗教师。

基层就业毕业生自我职业生涯发展具有较强的职业稳定性。保持职业稳定性可以从两个方面去理解，一方面是岗位给予能够满足从业人员的需求，另一方面是从业人员能够胜任岗位的需求。那么基层就业毕业生的从业动机是非常明确的，是本着服务、奉献的精神，投身到基层岗位工作中，并且经过了大学阶段的人才培养，所具备的新思想、前沿的专业知识等是基层所欢迎的，二者天然地契合为一体，使基层就业毕业生的职业稳定性增强，较少基层就业毕业生去寻求新职业、尝试不同职业。

（三）基层就业毕业生继续学习水平

继续学习是自我职业生涯管理中不断更新的行为指标，不同项目基层就业毕业生的继续学习维度水平较高，各指标平均值为74.3%，具体的比例分布如图3所示。继续学习水平从高到低依次为学习行为（占83%）、技能提升（占75%）、专业阅读（占75%）、学习目标（占64%）。

在信息化社会中，只有继续学习，才能紧跟时代步伐，才能适应新时代社会发展，无论是基层教师，还是基层行政服务人员，都必须不断汲取新的知识，收集新的信息，提升知识储量，才能更好地为基层服务。从个人自我职业生涯管理角度看，继续学习是个人职业生涯发展，实现自我人生价值的生生不息之动力。从调查结果看，不同类型基层项目就业的毕业生中，83%的毕业生能够保持学习，说明基层就业毕业生继续学习意识较强，政治觉悟较高。

相对而言，学习目标水平较低，仅占64%。说明基层就业的毕业生在自我职业生涯管理的目标不完全清晰，系统学习的目标意识不够强，以开展日常工作所需的学习要求，零碎的知识学习为主。"现在的教材更新频率很快，每年都要进行备教材，查资料，做记录，但这仅限于对教材的熟悉和把握，对教师的教和学生的学进行系统性学习的时间不多，如果单位没有组织培训学习的话，甚至说没有学习，我很担心以后会发展到照本宣科的地步。"参加特岗教师的毕业生对自己的职业学习生涯感到如此担忧。类似这样的情况还比较多，在与另一位新机制教师的访谈中得知，在偏远的农村学校，有很多教师是跨学科教学，比如学历史专业的老师教授自然科学，学体育专业的老师教授数学或者英语，等等。

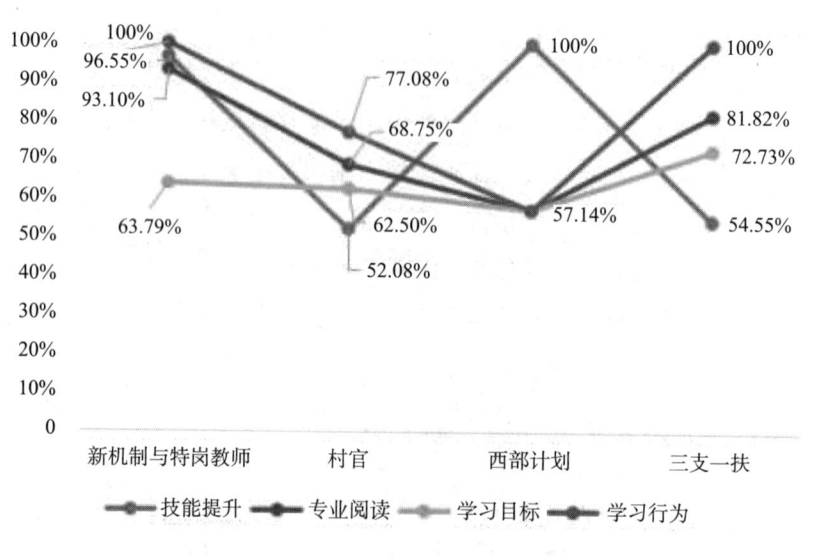

图3 不同项目基层就业毕业生继续学习的比例分布

资料来源：江汉大学. J大学2013届至2017届基层就业毕业生职业发展调查［R］. 武汉：江汉大学，2017.

（四）基层就业毕业生人际关系维护程度

不同项目类型基层就业毕业生人际关系的维护程度如图4所示，"三支一扶"、西部计划、村官三个基层项目的毕业生在人际关系的维护程度上表现出较高水平，主要原因体现在以下三个方面。第一，岗位性质对人际关系维护程度的影响。"三支一扶"、西部计划、村官等基层项目的岗位属性侧重于行政类，待人接物以及上级政策的宣传、组织落实等工作，都需要积极的人际交往，而且一件事情涉及多个部门，需要多个团体协作完成，这就要求行政人员具备较强的沟通能力、人际关系处理能力、团队合作意识。因此，只有加强人际关系的维护，才能更好地进行自我职业生涯管理和发展。第二，工作环境对人际关系维护程度的影响。行政工作的主要对象是人和事，与人打交道就必然会产生人际关系，任何事情都有其产生的背景和存在的意义，那么就需要行政人员去获取有效信息，做到良好的人际沟通，做好人与人之间沟通的桥梁。工作环境要求行政人员具备较好的人际关系维护能力。第三，个人特质对人际关系维护程度的影响。源于外部力量的处事方式是行政人员具有的鲜明特质，善于整合资源，与身边朋友共同解决问题。

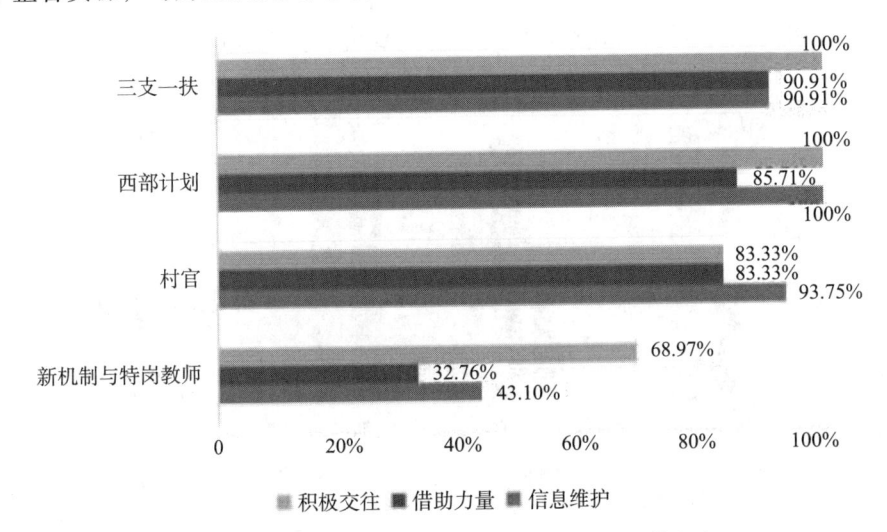

图4 不同项目基层就业毕业生人际关系的维护程度

三支一扶：积极交往 100%，借助力量 90.91%，信息维护 90.91%
西部计划：积极交往 100%，借助力量 85.71%，信息维护 100%
村官：积极交往 83.33%，借助力量 83.33%，信息维护 93.75%
新机制与特岗教师：积极交往 68.97%，借助力量 32.76%，信息维护 43.10%

资料来源：江汉大学．J大学2013届至2017届基层就业毕业生职业发展调查［R］．武汉：江汉大学，2017.

新机制教师和特岗教师的人际关系维护程度偏低。在教师行业，人际关系相对比较单一，老师与老师之间，老师与学生之间，二者产生关系的因素来自对学科知识的学习和批判。"在当前教育体制下，我们考虑最多的是如何快速提升学生的学习成绩，跟同事和学生的关系比较平淡。"基层就业的教师描述人际关系时表现出诸多无奈。

（五）基层就业毕业生自我展示方式

自我展示是自我职业生涯管理中凸显个性、寻求发现和表达自我的行为指标，不同项目基层就业毕业生自我展示的偏好程度如图5所示，其中工作汇报比例最高，占81.93%；其次是成绩汇报，占55.38%；最后是个人思想汇报，占50.2%。说明基层就业毕业生自我展示的主要方式是采取工作汇报，通过向上级领导汇报工作表达所付出的努力及取得的成绩，因此成绩汇报自然成为工作汇报的一个重要部分。而对于个人思想汇报，有不同的看法，一种认为个人将内在的真实想法和发展愿景向上级领导汇报,会得到领导的感同身受和支持,另一种则认为个人思想汇报容易让领导产生不良印象,而且绝大部分男性毕业生不愿意跟上级领导汇报个人想法。因此,大部分基层就业毕业生倾向于通过工作汇报、成绩汇报,避免通过个人思想汇报展示自我。

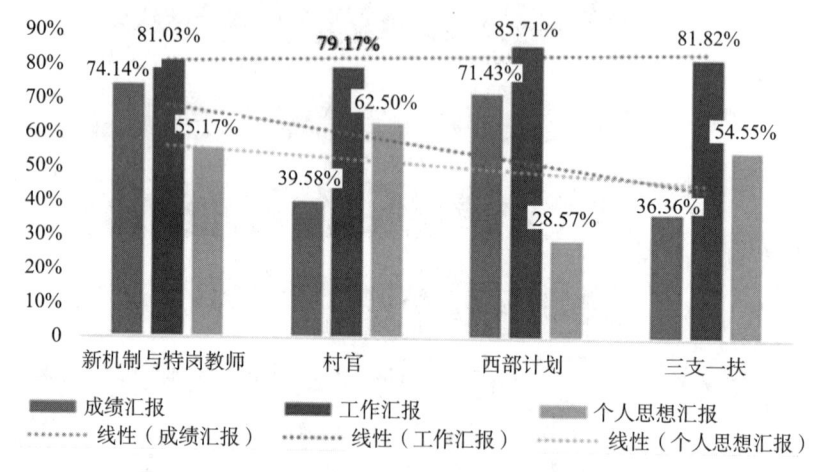

图5　不同项目基层就业毕业生自我展示的偏好程度

资料来源:江汉大学. J大学2013届至2017届基层就业毕业生职业发展调查[R]. 武汉:江汉大学,2017.

五、结论及建议

(一)主要结论

第一,基层就业毕业生欠缺长期职业目标。长期职业目标指明了自我职业生涯发展的方向,对短期目标、中期目标的制订起着十分重要的作用,而调查结果显示,确立了长期职业目标的比例仅占23.5%。

第二,基层就业毕业生二次就业能力不足。除了新机制教师和特岗教师基层就业项目以外,村官、"三支一扶"、西部计划三个基层项目均有服务期限,当然在服务期满后可以继续开展服务基层工作,但是无论继续服务,还是自主择业,都必须具有较高的适应不同专业的就业力。从调查结果来看,基层就业的毕业生二次就业能力显然是不够的。

第三,基层就业毕业生继续学习缺乏系统性。调查数据显示基层就业毕业生的继续学习行为并不算太低，但是从访谈中，可以看出系统性学习和提高是非常缺乏的。

第四，基层就业毕业生不擅长自我展示。向上级领导汇报工作是工作中一个重要环节，也是最普通不过的一种状态，如果通过这种方式来展示自我，就必须有突出的业绩。调查结果显示基层就业毕业生主要是通过工作汇报来展示自我，说明不擅长自我展示。

（二）建议

1. 建立健全基层就业生涯规划引导机制，强化自我职业生涯管理

高校是培养人才的摇篮，是培养新时代社会主义合格建设者和接班人的主阵地，学生在学校教育中，德、智、体等各方面能够得到较好发展。高校要牢牢把握学校人才培养目标，在专业学习的同时，注重综合素质的提升，既要引导学生认识过去，把握当前，又要展望未来，充分认识内在自我，引导学生树立正确的人生观、价值观、世界观，完成学涯规划和初步的人生规划，为职业生涯规划打下良好基础。对于基层就业的毕业生而言，身份由学生转变为从业者，外部环境发生了变化，知识结构由理论转向实践，需要对在校期间制定的职业生涯规划进行审视、修正，甚至需要重新确立，这就需要有丰富经验者进行引导，因此，要建立健全基层就业生涯规划引导机制，由老带新，在目标定位、技能提升、职业发展等各方面进行一对一地引导帮扶，逐步强化基层就业毕业生的自我职业生涯管理。

2. 完善基层就业毕业生继续学习机制，提升自我职业生涯技能

首先，进一步完善基层就业毕业生学习培训体系，合理规划各类培训，精心挑选培训内容、丰富培训形式、高度重视岗前培训、年度培训工作，将培训作为个人考核、推优指标。同时，突出培训重点，立足岗位需求，针对性开展业务培训，既有思想理论的学习，又有实践操作的案例。其次，最好专业知识学习与职业技能教育的有机结合，根据不同类型基层就业岗位需求，在进行专业知识学习的同时，穿插该专业相关的技能提升，从而获得相关行业的从业资格证书，使基层就业的毕业生具备二次就业的准入资质。

3. 构建基层就业毕业生交流平台，畅通人际沟通渠道

任何社会群体中最有效的人际关系维护手段就是沟通，合理的沟通可以营

造良好的工作、生活氛围，能够提升组织内部关系的协调性。基层就业岗位要加强信息的传递，第一，上级与下级之间的沟通，保持良好的沟通习惯，无论是工作进展，还是思想困惑，都要及时向上级领导反馈，使工作得以顺利开展，问题得以解决，同时，上级领导也要时时关注下级，建立高度互信的沟通渠道；第二，同事之间的沟通，要交流工作、学习心得，虚心听取同事的意见和建议，可以定期组织召开座谈会，经验交流会等；第三，基层就业毕业生之间搭建信息共享以及情感交流的平台，[6]可以通过专项培训、集体活动等，让基层就业的毕业生在一起集体讨论和信息共享。

4. 考核与自我职业规划相结合，加强自我职业生涯管理评估

工作指标体系的考核，可以使员工朝着集体的目标努力，同时给予了员工较大的工作压力和心理压力。如果在工作中能够让员工个人的价值追求与集体的目标愿景相匹配，使毕业生的自我职业生涯规划与岗位需求相一致，可以得到互利共赢的效果。对于个人而言，职业生涯发展中肯定会存在一些不确定性的因素，计划赶不上变化，这就要求毕业生能够根据实际情况，对自我职业生涯目标、实施策略做出评估和适当的调整，通过对外职业环境和岗位目标考核的分析，重新制订合理的职业目标，确立实现目标的行动方案，确保自我职业生涯规划在正常的轨迹上发展。

参考文献

[1] 李冬. 我国大学生基层就业研究综述 [J]. 中国校外教育, 2015：46-48.

[2] 李梅容, 范喜军. 大学生农村基层就业问题研究 [J]. 中国大学生就业, 2013：12-15.

[3] 中国村社发展促进会. 2016—2017 中国大学生村官发展报告 [M]. 北京：中国农业出版社, 2017.

[4] 龙立荣. 职业生涯管理的结构及其关系研究 [M]. 武汉：华中师范大学出版社, 2002.

[5] 龙立荣. 自我职业生涯管理与职业生涯成功的关系研究 [J]. 管理学报, 2007：313-314.

[6] 刘焕性, 蒋承, 李笑秋. 对基层就业大学生职业发展的实证分析 [J]. 中国高教研究, 2016：24-27.

高校人才培养视角下大学生就业能力结构的实证分析[*]

郭　欣[**]　陈跃华[***]

（1 长春理工大学　吉林长春　130022；
2 吉林财经大学　吉林长春　130117）

摘　要：高等教育需要通过培养大学生的何种能力以促进其实现就业是高校面临的难点问题。本研究通过理论分析和实证研究得出，大学生就业能力是大学生在学校的时间里学习和实践的过程中所积累的专业知识以及其就业机会，包含了就业能力、人格取向、社会应对力、就业发展力等多种不同的人格特质的总和，共计4大类14个二级子力要素。

关键词：大学生；就业能力；结构

大学生的就业问题是关乎国计民生的热点和难点问题。从目前大学毕业生的失业状况来看，是典型的结构性失业。结构性失业具体是指重点人群当前的总体就业实力与实际的市场人才需求两者之间不协调[1]所导致的失业，就业能力是影响大学生就业的核心因素。加强大学生就业能力的培养力度，提升大学生的适应能力、实践能力，是目前我国高校人才培养的重点切

---

[*] 该论文在全国高等学校学生信息咨询与就业指导中心举办的"2017大学生就业创业实证研究论文征集评奖活动"中荣获一等奖。

基金项目：本文系2016年度吉林省社会科学基金项目"大学生就业能力结构及培养对策研究"（项目编号：2016B212）阶段性成果。

[**] 作者简介：郭欣（1978—），女，吉林长春人，吉林大学博士，长春理工大学就业创业指导中心副教授，研究方向为大学生思想政治教育。

[***] 陈跃华（1978—），男，吉林吉林人，吉林大学在读博士，吉林财经大学公共管理学院讲师，研究方向为行政管理。

入点。

高校需要通过培养大学生的何种能力以促使其实现就业呢？大学生就业能力是什么？其内部结构如何？如何通过实证分析验证感性经验？科学构建大学生就业能力的结构，是提升大学生就业能力的逻辑起点。

一、大学生就业能力的基本含义和特殊界定

大学生就业能力是大学生在学校的时间里学习和实践的过程中所积累的专业知识以及其就业机会，包含了就业能力、人格取向、社会应对力、就业发展力等多种不同的人格特质的总和，在就业过程体现为综合竞争实力。

（一）大学生就业能力的基本含义

第一，大学生就业能力是稳定的心理和行为特征，是人格特质。能力属于心理特征的一种，心理特征是个体经常表现出的稳定的心理特点。[2]能力指为了达成某种目的而产生的心理条件，其本质是一种人格特质。

第二，大学生就业能力是主客体相互作用中外显出来的人格特质。能力是保证某个工作可以全面完成的基本条件，能力是以特定活动而存在，同时也是在活动的实践过程中体现出来的。若要考察一个人在某一方面是否拥有某项能力，必须要在活动中进行观察、评估。[3]能力反映的是一种主客体关系。所有的能力都存在着明确的指向性，它是人本身便存在的能量，但是并非时时体现出来，而是在面对特定对象的时候才更加容易呈现出来。

（二）大学生就业能力的特殊界定

就业具体是指个体在成长到一定年龄之后，利用各种合法渠道参加社会劳动，凭借劳动力与专业技能，在既定生产资料的基础之上，为社会创造出更多的财富，实现自身的价值，获取自己应得的薪酬。[4]但是，就大学生就业而言，并不适用于此界定，用人单位在预估大学生的就业能力后，与大学生通过签定就业协议书的方式达成协议，因此大学生就业是虚拟就业。

国际劳工组织认为，就业能力是为个体能够拥有在工作中不断进步，并针对生活与工作中所遇到的变化可以灵活应对的能力。[5]大学生就业能力仅指大学生个体获得就业机会的综合竞争实力。

二、大学生就业能力结构的建构原则

（一）大学生就业能力结构应体现全面性

对高校来说，高等教育除了传授知识与技能以外，更要有一种超越功利性的价值诉求，要实现工具理性和价值理性的协调统一，提高专业就业能力的同时，必须加强就业人格的培养与人格的完善。就业人格是大学生重要的就业能力，处于主导地位。从企业的人才需求角度来看，能够胜任岗位的专业就业能力是影响大学生就业的主要条件，但是过多的专业化会带来唯能力论，大学的就业人格则决定了大学生的发展潜力和成长空间，也是企业非常看重的。

（二）大学生就业能力结构应体现专业性

专业教育培养学生未来从事某种职业的岗位胜任能力，具有较强的工具价值。劳动是大学生主要的谋生途径。当前的社会分工越来越发达，这也令工作性质在不断发生变化，目前很多的岗位在招聘的过程中都会提出诸多的专业要求，从而满足其工作需求。不能因为专业千差万别，难以建构，就忽略专业能力的重要性。超越生存而空谈人的自由和发展是不符合我国现实国情的。

（三）大学生就业能力结构应体现发展性

就业是雇主和大学生双向选择的过程，双方在选择过程中都会根据自定的标准进行评估和筛选，从本质上来看，就业不仅仅是一个结果，它同时也是在较短时间内个体所进行的求职与决策过程。在学术界早期的研究中，关于就业行为更倾向于研究就业选择过程。大学生的求职意愿和就业决策会直接影响就业的结果。要加强对大学生就业时的自主选择权的重视度，从而提升大学生的主观能动性，让学生可以拥有更好的抓住就业机会的能力。

三、大学生就业能力结构的实证研究

（一）大学生就业能力结构的要素提取

本文以学生、社会和文献等维度为基础。首先，在 2016 年 9 月到 2017 年

2月选择北京、上海、广州、深圳以及东北三省等地为调查区域，对多个不同行业的企事业单位共计47位人资管理人员展开了一对一的访谈。其次，利用文献研究法，利用图书馆、知网数据库等查阅了大量与本课题研究相关的文献资料，在48篇权威文献中提炼出对自己论文写作有用的重要内容，将之整理汇总，最终发现就业能力是出现频率最高的词汇。最后，选择学生展开访谈，在访谈对象的选择上，出于选择的全面性考虑，此次不仅选择了应届毕业生，同时还选择了三年内的往届毕业生分别展开了访谈，其中应届毕业生62名，往届毕业生51名。通过访谈来调查他们所提及的就业能力结构要素，在访谈中发现，这些不同的毕业生对包括沟通表达能力、学习能力、问题解决能力、生涯规划等32种要素提及较高，目前这些词汇是高频词汇。

（二）高频词汇的归纳分析

1. 专业就业能力

专业就业能力具体指大学生可以凭借自己的专业能力、实践能力胜任某一岗位的工作，并且可以顺利、完善地完成该岗位相应工作的基础能力。大学生可以拥有知识使用、学习成长、创新创造等能力，从而可以帮助其顺利地获取就业机会。

2. 就业人格取向

就业人格取向是在就业行为选择中表现出来的相对稳定的价值取向，可以体现出当前个体对某一现象的评价以及判断标准，这些标准也可以体现出个体的价值观念，在其就业行为中会从多个方面体现出来，并且会对其行为产生一定的影响。就业人格一方面具有一定的个体特征，另一方面还具有社会特征，它可以反映出大学生在与社会进行交互的过程中所体现出来的人格规律，可以体现出社会对大学生就业人格的实际需求，包括职业责任感、敬业、积极乐观。

3. 社会应对能力

社会应对能力是指大学生在进行就业的过程中对于资本的充分分析能力以及良好的运用能力，对于外界的影响可以采取有效应对措施，在就业的过程中可以处理好与不同的人之间的关系，其中包含了人的语言表达、抗压、人际交往、合作等能力。

4. 就业发展能力

就业发展能力是指大学生在求职择业的过程中，未来的发展能力，与其人生的职涯规划关联紧密。其中包括了信息收集能力、自我展现能力和就业决策能力。

（三）就业能力结构的理论假设

大学生就业能力结构模型中二级维度共有 4 项，子要素共 14 个。二级维度包括专业就业能力、就业人格取向、社会应对能力、就业发展能力。子要素包括了学习、创新等个人专业能力；敬业精神、责任感等人格取向；语言表达、人际交往等社会应对能力；就业决策、信息收集等发展能力。

（四）大学生就业能力结构模型的初步确定

根据大学生就业能力结构模型的理论假设，笔者从专业就业能力、就业人格取向、社会应对能力与就业发展能力四个维度，按 14 个具体就业能力要素来完成大学生就业能力量表的全面编制，最终确定设计了 48 项测验题目。此次问卷运用了李克特的 5 点量表，经过相关专家评定后，将表达含混不清，难以理解的题项，进行修订后，共保留了 45 个题项。通过对所收集的数据进行项目分析和探索性因素分析，形成了 5 个分问卷，其中包含了 45 种不同的项目，确定之后运用该问卷展开实际的数据采集与调查。

运用问卷来完成整个项目的全面设计，在问卷的发送过程中，通过对比之后选择运用微信发送链接的形式来发送问卷，选择了北京、吉林、上海等 20 个省市作为调查区域对象，选择多个不同行业的人士展开调查测试，共计回收问卷 460 份，经过对相关问卷的筛选，剔除无效问卷 14 份，剩余有效问卷 446 份，有效问卷回收率为 97%。使用 SPSS 18.0 软件对样本数据进行探索性因素分析（采用主成分分析法和最大变异法）初步确定大学生就业能力的构成因素。

探索性因素分析的主要统计学指标有三类：一是是否适合进行探索性因素分析的统计指标，主要是 KMO 指数和 Bartlett 球形检验统计量。KMO 指数是比较变量间简单相关系数矩阵和偏相关系数的重要指标，KMO 值越接近 1 越适合做因素分析，一般要求 KMO 值至少要大于 0.7；Bartlett 球形检验的原假设属于相关系数矩阵为单位矩阵，假如此时其 Sig. 值拒绝原假设表示变量之间有一定的关联，所以可以做因素分析，即是要求 Bartlett 球形检验的 P 值至少要小于 0.05。二是确定因子数目的统计指标。要综合多个方面来判断是否保留某个因素，主要有三个：第一，因素的特征值。保留下来的因素特征值至少要大于 1。第二，据碎石图显示确定因子。主要是根据碎石图中因素变异量的变化情形来决定保留哪些因素，要去除因素变异量图形陡坡转为平坦的拐点以后的共同因素。第三，保证所有题目负荷量大于 0.3。因素负荷量反映了题项变量与共同因素的关联程度，要将因素负荷小于 0.3 的项目予以剔除。三是显示探索性因素分析总体有效性的指标。主要是因素的贡献率。即探索出的各个因素相加后能解释总方差的比例，一般要求解释方差的贡献率至少要大于 40%。

参照有关研究，本研究对四个分量表来展开主成分的分析，从而提取其中的共同因素，并计算出其初始因素负荷矩阵，进而利用最大变异法计算出其旋转因素负荷矩阵。大学生就业能力四个分量表探索性因素分析结果如下。

1. 专业就业能力结构的初步确定与子维度命名

在此次的专业就业能力分量表设计的过程中，一共设计了 12 个题目，量表的 KMO 指数为 0.788，则代表其当前可以达到适中的程度，同时也与其优良指标更为接近，换言之，"专业就业能力"量表对于此次的因素分析十分适用；Bartlett 球形检验的过程中，其近似卡方分布具体的值为 2161.579，其自由度的具体数值为 55，同时它的显著性概率值 $P = 0.000 < 0.05$，可以满足其显著要求，拒绝相关矩阵并非不是单元矩阵的初步假设，这也就代表着"专业就业能力量表"中当前所设计的 12 个题项变量之间拥有着共同因素，因此该数据可以作为因素来进行分析。利用主成分分析法，从而确定最终运用的 4 个因素，而最终所选择的这 4 个不同的因素它们的特征值都大于 1；不同的题目产生的负荷也有差异，目前最高值为 0.850，最低值为 0.631；此 4 个不同的因素共计 11 个题目，完成了总变异量 74.496% 的解释。目前选择的所有指标都可以满足统计学的要求，因此可以证明专业能力包括四个不同的子维度。因素一包括 3 个题项，内容主要与快速学习具有直接关系，可以将其命名为"学习能力"；因素二共有 3 个不同的题项，其涉及多种与知识技能相关的能力，因此可以将其命名为"知识应用能力"；因素三共包含了 2 个不同

的题项，该题项内容中包含了逻辑思维、规律总结等内容，因此可以将其命名为"逻辑分析能力"；因素四共包含了 3 个不同的题项，该题项内容中包含了问题的发现能力以及解决问题能力等，因此可以将其命名为"创新能力"。

2. 就业人格取向的初步确定与子维度命名

就业人格取向分量表共计 9 个题目，量表的 KMO 指数为 0.779，则代表其当前可以达到适中的程度，同时也与其优良指标更为接近，换而言之，"就业人格取向"量表对于此次的因素分析十分适用；Bartlett 球形检验的过程中，其近似卡方分布具体的值为 856.877，其自由度的具体数值为 21，同时它的显著性概率值 $P=0.000<0.05$，可以满足其显著要求，拒绝相关矩阵并非不是单元矩阵的初步假设，这也就代表着"就业人格取向量表"中当前所设计的 9 个题项变量之间拥有着共同因素，因此该数据可以作为因素来进行分析。利用主成分分析法，从而确定最终运用的 7 个因素，而最终所选择的这 7 个不同的因素它们的特征值都大于 1；不同的题目产生的负荷也有差异，目前最高值为 0.968，最低值为 0.760；此 7 个不同的因素共计有 7 个题项，完成了总变异量 72.988% 的解释。目前选择的所有指标都可以满足统计学的要求，因此可以证明就业人格取向包括三个不同的子维度。因素一目前共有 3 个不同的题项，其内容主要与发现同事身上的优点、充满激情、传播正能量等，因此可将其命名为"积极乐观"；因素二目前共有 3 个不同的题项，其包含了学习、工作过程中的创造与创新、实干等内容，因此可将其命名为"敬业精神"；因素三目前共有 1 个题项，其内容是对于错误的态度，因此可将其命名为"职业责任感"。

3. 社会应对能力结构的初步确定与子维度命名

在此次的应对能力结构分量表设计的过程中，一共设计了 12 个题目，量表的 KMO 指数为 0.821，则代表其当前可以达到适中的程度，同时也与其优良指标更为接近，换而言之，"专业就业能力"表对于此次的因素分析十分适用；Bartlett 球形检验的过程中，其近似卡方分布具体的值为 1753.307，其自由度的具体数值为 66，同时它的显著性概率值 $P=0.000<0.05$，可以满足其显著要求，拒绝相关矩阵并非不是单元矩阵的初步假设，这也就代表着"社会应对能力量表"中当前所设计的 12 个题项变量之间拥有着共同因素，因此

该数据可以作为因素来进行分析。利用主成分分析法，从而确定最终运用的 4 个因素，而最终所选择的这 4 个不同的因素它们的特征值都大于 1；不同的题目产生的负荷也有差异，目前最高值为 0.912，最低值为 0.559；此 4 个不同的因素共计有 11 个题目，完成了总变异量 65.305% 的解释。目前所选择的所有指标都可以满足统计学的要求，因此可以证明应对能力包括四个不同的子维度。因素一主要是包含了抗挫能力、吃苦精神等，因此可将其命名为"抗压能力"；因素二主要是包含和他人建立并保持良好人际关系，可命名为"人际交往能力"；因素三涉及与他人合作、协同攻关、关注团体发展等，可命名为"团队合作能力"；因素四主要涉及有条理地将自己的观点陈述出来等，因此可将其命名为"语言表达能力"。

4. 就业发展能力结构的初步确定与子维度命名

在此次的就业发展能力分量表设计的过程中，一共设计了 10 个题目，量表的 KMO 指数为 0.795，则代表其当前可以达到适中的程度，同时也与其优良指标更为接近，换言之，"专业就业能力"表对于此次的因素分析十分适用；Bartlett 球形检验的过程中，其近似卡方分布具体的值为 1404.091，其自由度的具体数值为 45，同时它的显著性概率值 $P = 0.000 < 0.05$，可以满足其显著要求，拒绝相关矩阵并非不是单元矩阵的初步假设，这也就代表着"就业发展能力量表"中当前所设计的 12 个题项变量之间拥有着共同因素，因此该数据可以作为因素来进行分析。利用主成分分析法，从而确定最终运用的 3 个因素，而最终所选择的这 3 个不同的因素它们的特征值都大于 1；不同的题目产生的负荷也有差异，目前最高值为 0.840，最低值为 0.649；此 4 个不同的因素共计 11 个题目，完成了总变异量 63.311% 的解释。目前所选择的所有指标都可以满足统计学的要求，因此可以证明就业发展能力包括三个不同的子维度。因素一主要有才能展示、面试中展示自己等，因此可以将其命名为"自我展现能力"；因素二主要有职业信息的了解程度，因此可以将其命名为"就业信息能力"；因素三主要有职涯规划，因此可以将其命名为"就业决策能力"。

5. 大学生就业能力结构模型的初步构建

将因素分析结果与理论假设模型维度比较可以发现二者总体上基本吻合，但也存在不完全吻合的方面，具体表现在：基本就业能力层面，逻辑分析维度中，目前被调查对象普遍指出在问题的理解、分析过程中目前的共同度值十分低，因此笔者将其删除处理，确定了因子分析时可以顺利地提取出 4 个因子；从就业人格取向层面来看，在其职业责任感这一维度之下的题目中，关于职责的履行、业绩与个人努力相关性两个问题目前的共同度指标值也较低，因此笔者也对其做了必要的处理；社会应对能力层面四个因素比较完整地保留下来；就业发展能力层面与构想基本吻合。综合上述分析结果，可以初步构建出大学生就业能力结构模型。大学生就业能力是包含 4 大类共计 14 个二级子能力要素的能力群，涵盖专业就业能力（知识应用能力、学习能力、创新能力、逻辑分析能力）、就业人格取向（职业责任感、敬业精神、积极乐观）、社会应对能力（语言表达能力、人际交往能力、团队合作能力、抗压能力）、就业发展能力（信息收集能力、自我展现能力、就业决策能力）。

（五）理论假设的模型验证

上述研究通过探索性因素分析的结果初步探明了大学生就业能力的结构模型，但这个结构模型是通过理论假设与探索研究相结合而得到的初步结构，这个模型是否合理还需要通过验证性因素分析来验证。此次的验证运用了 Amos1.0 结构方程统计分析软件来展开详细的分析，从而验证探索性因素分析得到的结构模型的科学性。关于验证性因素分析的关键统计，学者们通常采用多个指标综合分析的方法，从有关研究看比较重要的指标如下：一是卡方自由度。一般用 χ^2/df（卡方自由度比）来做替代性指标，其值越小表明模型拟合越好。良好模型与数据的拟合度标准为 χ^2/df 的值在 1~3。二是模型拟合的有关指数。主要可分为绝对适配度指数、增值适配度指数及简约适配度指数。三是近似误差均方根（RMSEA），Chan 等人（2007）认为 RMSEA 值小于 0.05 时，表示模型为良好适配，其值越接近 0 表示模型拟合度越好，通常采 RMSEA<0.08。若要了解模型的拟合成功与否，需要结合多个指标进行判断，下面通过这些指标对就业能力结构模型及各分量表结构模型的拟合程度逐步进行考察。

1. 专业就业能力结构模型的验证

专业就业能力结构模型的 χ^2/df 为 3.720，RMSEA 值为 0.078，小于 0.08，其余各项指标 NFI、RFI、IFI、TLI、CFI 的值也均在 0.90 以上，该模型中仅卡方自由度比值超过理想标准值,从当前的实际综合拟合现状层面来看,目前的假设模型、数据模型都可以被验证,因此我们可以确定专业就业能力结构模型的合理性。说明此测量大学生专业就业能力的 11 个观测变量由 4 个潜在变量所决定,研究假设的结构模型是比较合理的。这验证了大学生专业就业能力结构模型假设,即大学生专业就业能力包括四个维度(如图1)。

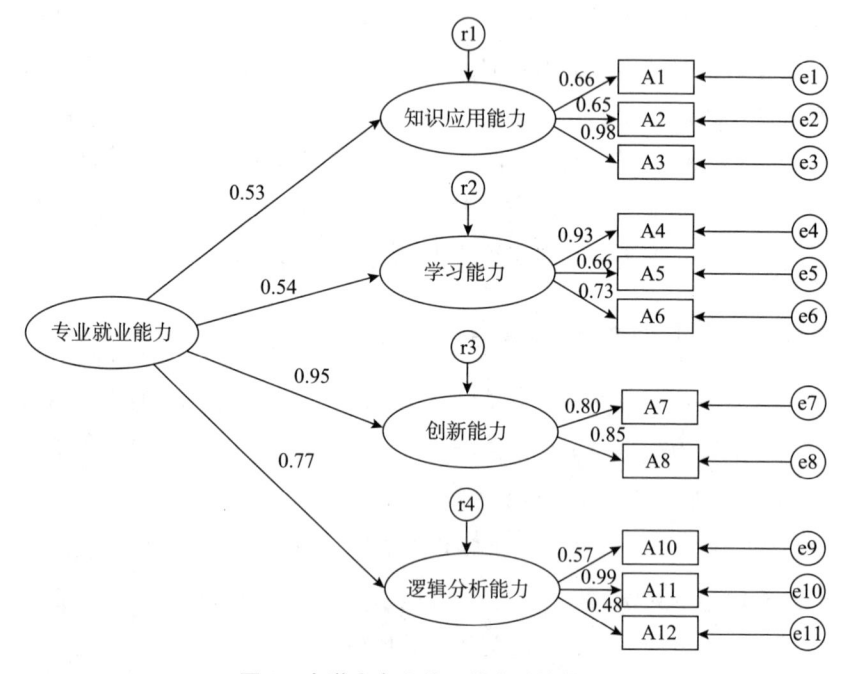

图 1　大学生专业就业能力结构模型

资料来源:本研究整理。

2. 就业人格取向结构模型的验证

就业人格取向结构模型的 χ^2/df 为 3.869,RMSEA 值为 0.080,小于 0.10,其余各项指标 NFI、RFI、IFI、TLI、CFI 的值也均在 0.90 以上,达到了很好的拟合水平,模型的拟合度较好,因此我们可以确定就业人格取向结构模型的合理性。说明测量就业人格取向的 7 个观测变量由 3 个潜变量所决定,研究假设的结构模型是比较合理的。大学生就业人格取向结构模型包括三个维度,分别是职业责任感、敬业精神和积极乐观(如图2)。

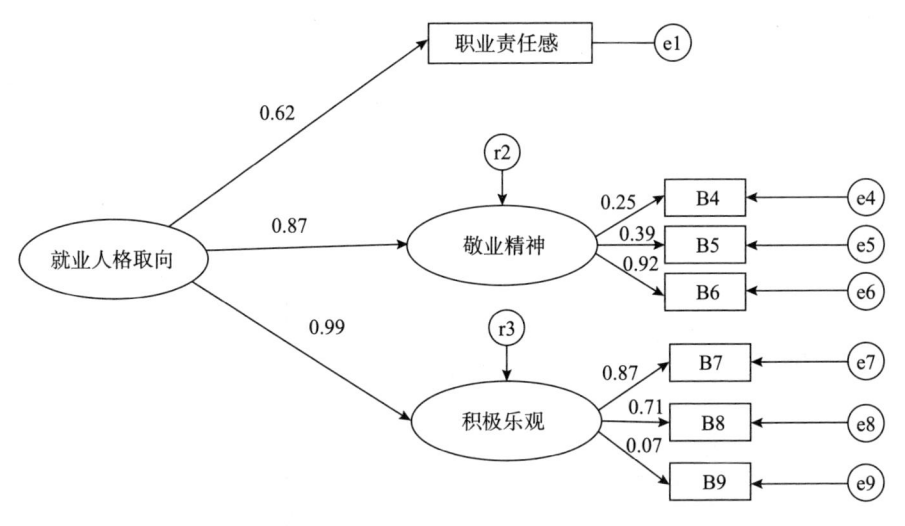

图 2　大学生就业人格取向结构模型

资料来源：本研究整理。

3. 社会应对能力结构模型的验证

社会应对能力结构模型的 χ^2/df 为 3.578，RMSEA 值为 0.076，小于 0.08，其余各项指标 NFI、IFI、TLI、CFI 的值也都处于 0.90 之上。其中，卡方拟合度指标值超过 Hair 和 Black 等人在 2010 年时所测算出的实际指标，RFI 值小于 0.90，然而，从它的整体拟合指标情况而言，数据模型拟合效果基本达到要求。因此我们可以确定社会应对能力结构模型的合理性。说明测量社会应对能力的 12 个观测变量由 4 个潜变量所决定，研究构想的结构模型是比较合理的。大学生社会应对能力结构模型包括四个维度（如图3）。

4. 就业发展能力结构模型的验证

就业发展能力结构模型的 χ^2/df 为 3.099，RMSEA 值为 0.069，小于 0.1，其余各项指标 NFI、RFI、IFI、TLI、CFI 的值也均在 0.90 以上，达到了很好的拟合水平，模型的拟合度较好，因此我们可以确定就业发展能力结构模型的合理性。说明测量就业发展能力的 10 个观测变量由 3 个潜在变量所决定，研究假设的结构模型是比较合理的。大学生就业发展能力结构模型包括三个维度（如图4）。

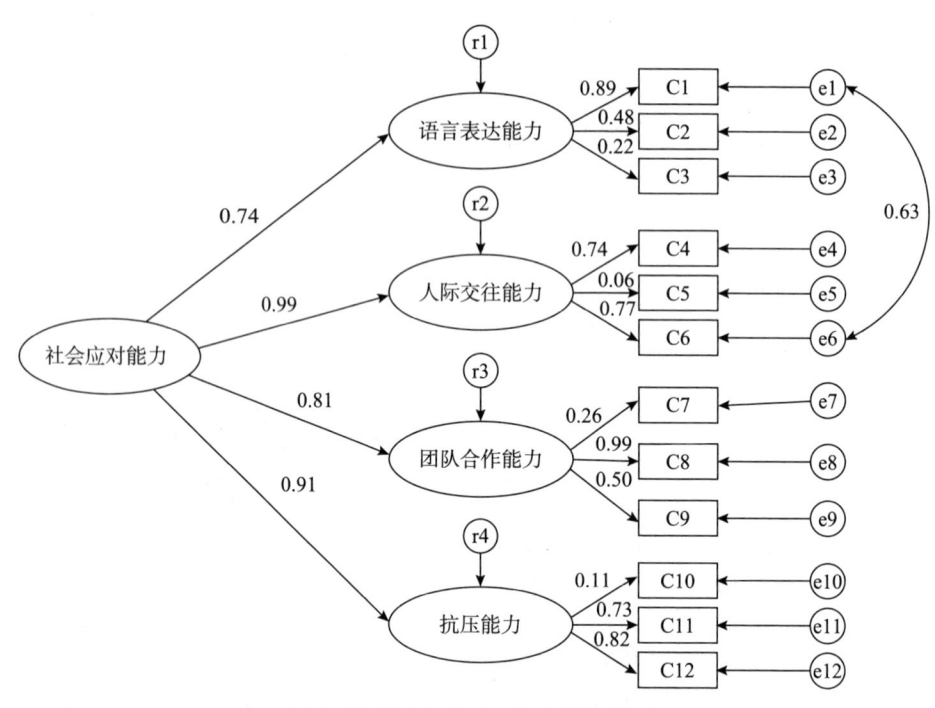

图 3　大学生社会应对能力结构模型

资料来源：本研究整理。

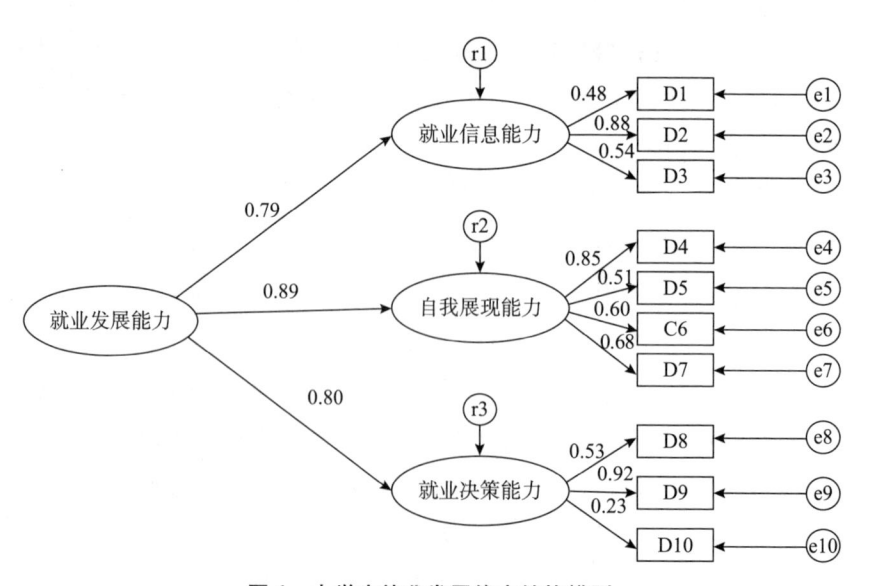

图 4　大学生就业发展能力结构模型

资料来源：本研究整理。

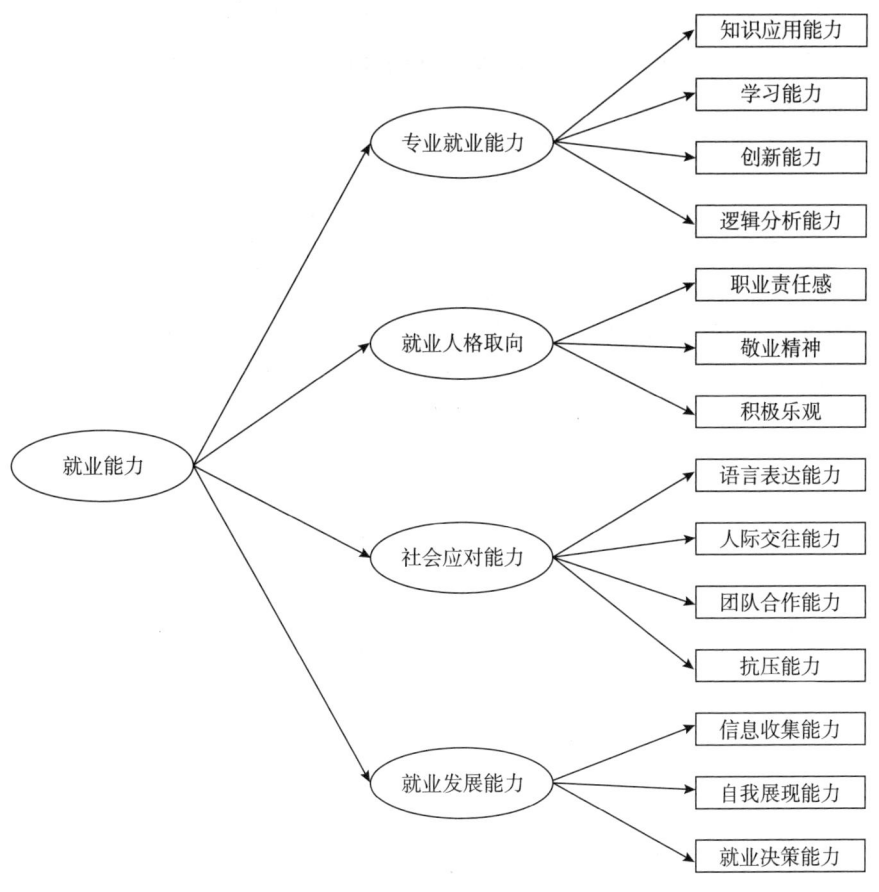

5. 大学生就业能力结构模型的最终确定

我们在验证了就业能力结构模型的四个分量表的实际验证表明，可以确定四个分维度的设想符合统计学要求，各拟合指数均达到较好的拟合水平。接下来，我们还需要验证这四个分维度能否集中反映就业能力这一总维度。这就需要以就业能力为一级指标，以专业就业能力、就业人格取向、社会应对能力及就业发展能力为二级指标展开验证性因素的详细分析。其就业能力结构模型的 χ^2/df 为 0.754，RMSEA 值为 0.00，不同的拟合指标 NFI 值为 0.998、RFI 值为 0.995、IFI 值为 1.001、TLI 值为 1.002、CFI 值为 1.000，均在 0.95 以上，达到了很好的拟合水平，模型的拟合度非常好，因此我们可以确定大学生就业能力结构模型的合理性。所以，我们可以构建最终的大学生就业能力结构模型（如图5）。

图5 大学生就业能力结构模型

资料来源：本研究整理。

高校在人才培训的过程中承担着重要的职责。当前的人才市场需要大学生拥有较高的综合素质，而这种素质需要高校的培养与教育。要想提升大学生的就业能力，必须要在学校教学系统的基础之上进行，同时将整个培养过程贯穿于人才培养的全过程、渗透到教育教学的各个环节。从教学计划的制订到教学环节的实施都注重学生就业能力的培养，最终提高人才培养质量和大学生的综合素质。

参考文献

[1] 曾湘泉，李晓曼. 破解结构矛盾 推动就业质量提升 [J]. 中国高等教育，2013 (Z2)：22-25.

[2] 曹日昌. 普通心理学 [M]. 北京：人民教育出版社，1987：33.

[3] 黄希庭. 心理学导论 [M]. 北京：人民教育出版社，2007：526.

[4] 陈晓强，张彦. 劳动与就业 [M]. 北京：社会科学文献出版社，2002：5.

[5] 王霆，曾湘泉. 高校毕业生结构性失业原因及对策研究 [J]. 教育与经济，2009 (1)：1-4.

本科学历高校毕业生高质量就业的影响因素及实现路径[*]

刘 莹[1] 文正建[2][**]

(1 郑州大学教育学院，河南郑州 450001；
2 河南省大中专学生就业服务中心，河南郑州 450001)

摘 要：本科高校毕业生的就业质量是社会和学界普遍关注的问题。本文通过对若干本科高校本科学历毕业生的调研数据进行分析，掌握我国不同类型、科类的本科高校毕业生的就业质量现状。进而筛选出本科学历毕业生就业质量构成要素和影响因素，运用因子分析和回归分析，考察影响我国本科学历高校毕业生就业质量的影响因素，进而在本科生层面、高校层面、用人单位层面和政府层面提出促进和保障我国本科毕业生高质量就业的实现路径及政策措施。

关键词：本科高校毕业生；就业质量；实现路径

就业质量是一个多维的、综合性的概念，而且相对于"体面劳动"这一带有褒义色彩的目标来说，就业质量是一个更倾向于中性化的概念表述。[1]党的十九大报告指出："就业是最大的民生。要坚持就业优先战略和积极就业政

---

[*] 该论文在全国高等学校学生信息咨询与就业指导中心举办的"2017 大学生就业创业实证研究论文征集评奖活动"中荣获一等奖。
基金项目：本文系 2015 年度河南省哲学社会科学规划项目《河南省高校毕业生就业流动的社会分层研究》的研究成果，项目编号：2015CJY028。
[**] 作者简介：刘莹（1988— ），女，河南新乡人，教育学博士，郑州大学教育学院讲师，研究方向为大学生就业创业、职业发展教育。
文正建（1982— ），男，河南南阳人，公共管理硕士，河南省大中专学生就业服务中心，就业创业服务部主任、讲师，研究方向为大学生就业创业、教育评估。

策,实现更高质量和更充分就业","提供全方位公共就业服务,促进高校毕业生等青年群体、农民工多渠道就业创业"。对于高校毕业生而言,就业状态除了有数量上的体现外,更应包含质量的体现。如何有效增强高校毕业生的就业能力,实现高校毕业生的高质量就业,这一问题逐渐成为近些年来学界研究的热点。[2]对高校毕业生就业质量进行评价,应通过构建一定的就业质量评价体系。本文主要考察我国本科学历高校毕业生就业质量的影响因素,进而提出促进和保障我国本科毕业生高质量就业的路径及政策措施。

一、调查数据及因素筛选

(一) 调查数据及样本介绍

本文采用国家社科基金重点课题《高校毕业生就业质量评价体系及实现高质量就业路径研究》子课题组2016年进行的问卷调查数据。调查的样本是本科学历层次的高校毕业生,样本覆盖全国东、中、西部地区29所高校,其中"211工程"重点高校5所、一般公办本科院校14所、民办本科院校10所。每所高校根据毕业生学科按一定比例发放问卷,调查共收回有效问卷13853份,其中,"211工程"重点高校毕业生占37.4%,一般本科院校占62.6%。从就业状况来看,已确定就业的比例为32.6%,待就业比例为37%,升学比例为16.4%,出国出境比例为1.9%,拟升学比例为10.7%,自主创业比例为1.4%。

(二) 实证筛选高质量就业的指标要素与影响因素

从我国的实际出发,高校毕业生高质量就业的指标要素及其影响因素的科学性、有效性和合理性,还需要通过实证研究加以验证。

1. 高质量就业指标要素的实证筛选

本文结合高质量就业指标要素的理论演绎分析,通过查阅文献资料,在已有研究的基础上,进行专家访谈,请被访专家选择出他们认为最重要的高校毕业生高质量就业要素的指标。为了确定随后进行的大规模问卷调查指标,研究对于收集的专家数据进行了隶属度分析。根据分析得出的数据,将隶属度低的指标进行删除,得出最终的高校毕业生高质量就业要素的指标体系,详见表1。

表1 本科高校毕业生高质量就业要素的指标

构成维度	诠释指标
薪酬福利	薪酬福利
岗位契合度	专业与岗位匹配度
	能力与岗位匹配度
	兴趣与岗位匹配度
就业状况满意度	社会地位
	职业稳定性
发展空间	晋升机会
	区域位置

资料来源：本研究整理。

2. 高质量就业影响因素筛选

采用上述高质量就业要素指标的筛选流程，研究得出最终的高校毕业生高质量就业影响因素的指标体系（见表2）。

表2 本科高校毕业生高质量就业影响因素的指标

影响因素	具体指标
专业能力	专业知识
	专业技能
通用能力	沟通能力
	团队合作与管理能力
	创新与创业能力
	学习能力
	开发创新解决方案的能力
个人品质	应对压力的能力
	进取心
	责任感
职业规划能力	职业选择和发展的相关知识
	职业能力展示（如简历撰写等）
培养目标	学校人才培养机制改革
	学校建立与产业界的双向互动关系
课程体系	专业方向课程的深化
	设立跨专业的选修课程模块

续表

影响因素	具体指标
培养途径	加强职业资格认证的相关培养
	学校积极发展实习、实践基地
	鼓励学生参加社会实践活动
	加强实习、实践的指导和管理
师资水平	教师的教学水平与科研能力
	教师具有相关职业的经历
职业指导	职业选择的辅导与服务
	职业选择与职业规划教育
评价反馈	用人单位对毕业生的评价与反馈
	毕业校友对学校培养计划的反馈

资料来源：本研究整理。

二、因子分析

（一）就业质量构成要素的因子分析结果

运用SPSS对就业质量构成要素进行探索性因子分析，KMO值以及巴特利特（Bartlett）球形检验效果好，KMO的值为0.915，说明比较适合做因子分析。结果得到1个特征值大于1的因子，这个共因子对就业质量构成要素这一维度的解释度为57.777%，即这八个共因子解释了57.777%的总变异。如果萃取后的因素能联合解释所有变量50%以上，则萃取的因素可以接受，分析结果表明，就业质量构成要素这一维度可以抽取一个公因子。

（二）就业质量影响因素的因子分析结果

运用SPSS对就业影响因素进行探索性因子分析，KMO值以及巴特利特球形检验效果好，KMO的值如表3所示，显示比较适合做因子分析。各影响因素结果得到1个特征值大于1的因子，这个因子对各维度的解释度见表3的第四列。显示萃取后的因素能联合解释所有变量50%以上，该维度测量的建构效度较高，将其分别命名，详见表3"成分"一栏，分别是专业能力、通用能力、个人品质、职业规划能力、培养目标、课程体系、培养途径、师资水平、职业指导和评价反馈。

表3 各影响因素因子分析 KMO 和 Bartlett 的检验

成分	取样足够度的 KMO 度量	Df 特征值	方差/%
专业能力	0.500	1	93.27
通用能力	0.873	10	82.067
个人品质	0.746	3	88.239
职业规划能力	0.500	4	88.088
培养目标	0.500	1	83.898
课程体系	0.500	1	88.117
培养途径	0.823	1	84.48
师资水平	0.500	1	92.394
职业指导	0.500	1	94.978
评价反馈	0.500	1	93.138

备注：提取方法为主成分分析。
资料来源：本研究整理。

三、高校毕业生就业质量影响因素的回归分析

通过理论分析和因子分析可知，对高校毕业生就业质量的影响因子有10个，这10个因子都可能对高校毕业生就业质量产生作用，而找出其中对大学生就业能力影响最大的关键因子，构造关键指标体系是本研究的主要目的。

为了得出高校毕业生就业质量的关键影响因素，研究以就业质量构成要素为因变量，分别将专业能力、通用能力、个人品质、职业规划能力、培养目标、课程体系、培养途径、师资水平、职业指导、评价反馈设为自变量，进行主成分回归分析，建立回归模型，验证自变量对高校毕业生就业质量要素指标的精确关系，为高校毕业生就业质量影响因素模型的构建提供依据。通过强制回归分析法，获得的回归分析结果如表4所示。

表4 就业质量影响因素回归系数与显著性检验

模型	标准化回归系数	T值	显著性概率	共线性检验 容许度	共线性检验 膨胀因子
（常量）		39.52	0.000		
专业能力	0.235	29.576	0.000	0.485	2.063
通用能力	0.237	17.719	0.000	0.172	5.829
个人品质	0.154	11.845	0.000	0.182	5.485
职业规划能力	0.104	10.046	0.000	0.286	3.494
培养目标	0.024	1.67	0.095	0.154	6.482
课程体系	0.068	5.88	0.000	0.229	4.369
培养途径	-0.041	-2.983	0.003	0.166	6.033
师资水平	0.044	3.992	0.000	0.248	4.029
职业指导	0.011	0.841	0.400	0.18	5.542
评价反馈	0.053	4.121	0.000	0.188	5.309

资料来源：本研究整理。

通过表4的强制回归分析，发现职业指导的显著性系数为0.400，表明该项对就业质量的影响不显著，故不应出现在回归方程中。职业指导对就业质量不产生显著的正向作用，究其原因是这些因子所设计的指标对就业质量产生间接影响。培养目标的显著性系数为0.095，同样说明该因子对就业质量的影响不显著。培养途径这一因子对就业质量的影响系数为-0.041，显著性系数为0.003，表明在1%的显著水平上该因子对就业质量产生显著的负向影响。

在高校毕业生就业质量为因变量的回归模型中，专业能力这一因子对就业质量的影响系数为0.235，且显著性系数为0.000，表明专业能力对就业质量的影响显著，且对就业质量影响程度为23.5%。表明专业能力的设计对就业质量有显著的正向影响。其他因素同理。

回归分析结果显示，模型在统计上是显著的（$F = 1881.244$，$P < 0.001$），表明上述回归分析的结果具有较好的稳定性，最终的回归方程应包含十个自变量，而且回归方程拟合效果很好。高校毕业生就业质量的关键影响因子包括：专业能力、通用能力、个人品质、职业规划能力、培养目标、课程体系、培养途径、师资水平、评价反馈。通过回归分析，也得到了上述因子对高校毕业生就业质量影响程度，为高校毕业生就业质量的路径设计与构建提供了

启示性的建议和依据。

四、实现本科生高质量就业的主要路径

就业质量与就业数量是衡量就业水平不可或缺的基本范畴，是衡量本科教育质量的最重要指标。实现本科生高质量就业，是适应经济新常态的客观需要，也是本科教育改革的现实要求，更是促进就业增长、提高生活质量、构建和谐社会的必然选择，是全社会的共同期待。

（一）政府政策层面

高校毕业生就业政策作为政府公共政策体系的重要组成部分，政策的导向直接影响和制约着本科毕业生的就业取向、就业观念、就业方式、就业保障等，同时也引导着高校办学的方向和社会用人单位对毕业生人才的吸纳等政策，政府在政策层面的引导与规划尤为重要。

一是维持一定的国民经济增速，保持经济对就业的拉动能力。政府有关部门每年应发布战略新兴产业、重点行业及区域人才需求预测，并公布所需人才的标准。二是实施积极的就业创业政策，进一步凸显高校毕业生就业在就业工作中的首位度。高校毕业生作为城镇新增劳动力的主要群体，其就业一直被摆在就业工作的首位。政府应进一步完善和细化就业创业政策，拓宽就业渠道，继续引导高校本科毕业生就业流向和工作领域。如征兵入伍、特岗教师、基层就业、鼓励创业等。三是进一步优化调整高等教育结构，深入推进高等教育改革。根据国家重大战略布局和区域经济发展需求，推进"双一流"建设，合理优化高校设置、专业调整等，加强高校分类指导，继续引导部分地方本科高校向应用技术型转变，加快发展现代高等职业教育体系。调查研究发现，本科高校的培养模式和课程体系对于是否实现高质量就业具有显著影响。政府应制定推进产教融合发展的政策措施，引导和鼓励社会用人单位广泛深度参与本科高校的人才培养。四是改革企事业单位用人机制。政府有关部门应进一步深化国有企业、事业单位人事制度改革，加强企事业单位用工情况监察，避免和杜绝公开招录时过分强调博士研究生和硕士研究生学历等"人才高消费现象"。同时，要引导相关社会行业或部门不断健全和完善行业工作岗位、职业发展等所需要的特定专业知识、能力和素质体系，社会职业的高度专业化才可能弱化

社会背景等先赋性因素在本科毕业生就业过程中所起的作用。[3]

(二) 本科高校层面

毕业生高质量的就业首先需要高校高质量的人才培养水平。通过回归分析的数据显示，高校的培养目标、课程体系、培养途径和师资水平等因素对本科毕业生就业质量产生显著影响，因此，为实现本科生高质量就业，高校应持续推进以下几个方面的工作。

一是本科高校应确立自身定位，明确高质量人才培养目标定位。要在培养过程中逐步转变和形塑本科生的就业观念，改革完善本科人才培养模式。如推动产教融合，校校合作，校地共赢，国际合作，深化本科生协同育人机制；鼓励本科高校与示范性高职开展"3+2"一体化高技术技能型人才联合培养工作，加强本科生国际合作培养工作，拓展中外合作办学本科项目，拓宽本科生国际联合培养渠道。二是推进"双师型"人才队伍建设，加强本科生实践环节培养。学科建设应该作为提升高校教师科学研究水平的基本途径，高校教师知识、技能的提高，可以通过跨学科高校也可通过有效的跨学科研究组织模式来促进跨学科研究进而提升教师的科研能力。通过调查研究发现，培养途径和方式对本科生是否实现高质量就业存在显著影响。本科高校加强实践环节的培养，要坚持实践引领原则，适应社会职业发展和学生能力提升要求，注重专业教育与生产劳动、社会实践相结合，强化专业教育的实践性和职业性。三是调整和完善学科专业结构。要对接市场需求，逐步建立行业和企事业单位参与的专业设置评议制度和专业预警与动态管理机制。四是加强本科生创新创业教育。作为新时代高校改革的核心，创新创业教育改革是否取得实际成效，是促进本科毕业生高质量就业的关键。学校组织、教师素质和课程设置是影响创新创业教育有效开展的重要因素，其中，尤以创新创业课程设置最为关键。五是加强对本科生进行职业生涯规划教育，培养他们生涯规划意识。六是提升本科生就业服务水平。上述分析数据显示就业指导这一因子对就业质量的影响不显著，恰恰说明高校在就业指导方面的工作还有待进一步提升。这在满意度的调查中也可以得到反映，有21.7%的学生对于学校开展的职业规划教育不太满意。因此，本科高校要提升就业指导服务中心的地位，设立就业指导与发展专项资金，努力提升本科生就业服务水平。[4]

（三）本科生个体层面

从前面回归分析的数据可以看到，个体的专业能力、通用能力、个人品质和职业规划能力都对本科毕业生就业质量产生显著影响，因此，为实现本科生高质量就业，个体层面应做到以下几点。

第一，提高专业认知与学习能力。本科生要端正求学发展动机，认真参与专业教育，全面提升专业认同度，提升对所学专业的认知水平，提高专业学习投入度。第二，提升专业核心素养与能力。本科生要全面系统地了解本专业培养目标和培养要求，要积极转变本科专业教育观念，严格对照培养要求，在本科学习阶段系统掌握本专业的核心知识、能力与素养，要在专业领域奠定坚实的知识基础，形成扎实的专业能力，掌握扎实的专业技能。第三，提升通用综合素养与能力。本科生要全面系统地了解本专业和社会工作领域通用的综合素养与能力要求，在养成专业核心知识、能力与素质的过程中，在本科学习阶段通过参加校内和社会的各种学习实践活动，系统掌握信息整合、有效沟通、互助合作、协调管理、生涯规划和解决实际问题的能力，特别应培养职业生涯规划意识。

（四）用人单位层面

通过对调研数据的回归分析，发现评价反馈这一变量对本科毕业生就业质量产生显著影响，也就是说用人单位的评价与反馈也是本科生就业质量的关键影响因素。

一是设置合理的工作岗位需求。社会用人单位要树立新的用人观，立足事业发展的高度，站在人才储备的角度，大力开发适合本科毕业生的就业岗位。同时，主动对接高校人才培养，通过订单培养、岗位主管与教师双向互动等方式，参与高校教育教学改革实践活动。社会用人单位要根据本单位的实际需求，在面向应届本科毕业生的招聘环节，坚持工作岗位与专业领域匹配原则和工作岗位与专业能力匹配原则，选聘优秀本科毕业生。二是创造相对公平的就业环境。通过调查访谈发现，目前在本科生就业市场上普遍存在着社会用人单位基于跟工作岗位属性无关的一些先赋性条件，对本科毕业生进行差别化选聘的现象。突出地表现为由于本科生的毕业学校、家庭背景、性别、户籍、地域等因素，在就业市场上遭遇差别化对待。社会用人单位要改变这种不良的用人倾向，在选聘时要以本科毕业生的专业素养与能力、综合素养与能力等，作为最重要的选聘依据，共同创造相对公平的创业环境。三是设计合理的薪酬福利体系。福利与保障制度是影响就业质量的重要因素，而且现在这两个因素也越来越被求职者特别是高校毕业生重视。[5]通过理论设计和调查研究发现，薪酬福利是评判本科生是否实现高质量就业的评价标准之一。薪酬福利对本科生实现高质量就业和维持工作稳定性等有着显著影响。本文调查数据显示，仅有7.2%的毕业生对工资收入与福利待遇非常满意，27.9%的毕业生对工资收入与福利待遇不太满意。社会用人单位要根据工作岗位的专业知识、能力和素质要求，结合地方经济社会发展水平和部门效益，设计合理的薪酬体系，让本科毕业生的专业能力、工作贡献与薪酬待遇、发展机会等相匹配，确保面向本科生的工作岗位具有相对良好的发展前景。四是提供良好的职业发展机会。调查研究发现，工作岗位的发展前景是本科毕业生在进行职业选择的重要考虑因素，也是本科生高质量就业的构成维度之一。本科毕业生的职业发展与用人单位的事业发展是统一的。因此，社会用人单位应根据本单位的事业发展实际和未来发展需要，整合力量设计合理的发展通道，提供相应的晋升机会，在专业领域为本科毕业生提供良好的职业发展机会。

总而言之，实现本科生高质量就业是一项综合系统工程，全社会都要参与到实现"高质量就业"这一过程中来，最终要形成学生、高校、用人单位和政府等各方面广泛参与的本科生高质量就业治理格局。

参考文献

[1] 国福丽. 国外劳动领域的质量探讨：就业质量的相关范畴 [J]. 北京行政学院学报，2009（1）：86-91.

[2] 周曼，等. 创新创业教育与大学生高质量就业——基于江西五所高校调研数据的实证分析 [J]. 教育学术月刊，2015（9）：89-95.

[3] 刘范一，张荣烈，孙宁华. 高职就业质量评价指标三维分析及启示 [J]. 职教论坛，2012（21）：4-7.

[4] 陈勇. 大学生就业能力及其开发路径研究 [D]. 浙江大学，2012.

[5] 陈晨，朱志良，关洋. 高质量就业标准建模分析与研究 [J]. 现代教育管理，2013（10）：70-73.

河南省特岗教师工作生活现状调查与研究[*]

冯 静[1] 闫 轲[2][**]

(1 河南财政金融学院，河南郑州　邮编450046；
2 河南省大中专学生就业服务中心，
河南郑州　邮编450016)

摘　要："农村义务教育阶段学校教师特设岗位计划"是国家实施的重大教育战略，有效促进大学生就业，提高农村基础教育教学质量，促进义务教育的均衡发展。"特岗教师计划"无论是政策本身、实施效果，还是作为计划实践主体的特岗教师们的生存状态，都是值得探讨的问题。通过对来自河南省24个县区、不同教龄的中小学特岗教师的研究，考察他们的工作、学习和生活的基本状况，分析他们在服务期满后去留的原因，探索出相应的解决策略，帮助大学毕业生根据自身实际情况，理性投身农村教育，稳定特岗教师队伍，促进城乡教育均衡发展。

关键词：大学生就业；特岗教师；特岗教师工作生活

习近平总书记在党的十九大报告中指出："就业是最大的民生。要坚持就业优先战略和积极就业政策，实现更高质量和更充分就业。大规模开展职业技能培训，注重解决结构性就业矛盾，鼓励创业带动就业。提供全方位公共就业

---

[*] 该论文在全国高等学校学生信息咨询与就业指导中心举办的"2017大学生就业创业实证研究论文征集评奖活动"中荣获一等奖。

[**] 作者简介：冯静(1982—)，女，河南郑州人，本科学历，硕士学位，河南财政金融学院职业指导教研部职业规划教研室主任、讲师，研究方向为大学生职业规划与就业指导。

闫轲(1988—)，男，河南郑州人，本科学历，学士学位，河南省大中专学生就业服务中心职员，研究方向为大学生就业指导。

服务，促进高校毕业生等青年群体、农民工多渠道就业创业。"[1]

国家从2006年开始实施的"农村义务教育阶段学校教师特设岗位计划"即是为了实现国家的教育战略，促进大学生就业、提高农村基础教育教学质量、创新农村地区教师补充的新机制。通过公开招聘高校毕业生到农村学校任教，既促进了大学生就业，又有效缩小了城乡教育的差距，促进了义务教育的均衡发展。2009年"特岗教师计划"实施范围扩大到中部"两基"攻坚地区，河南省亦被纳入实施范围，从2009年至2016年全省招聘特岗教师总计88750人，2017年招聘特岗教师15300人。"特岗教师计划"无论是政策本身、实施效果，还是作为计划实践主体的特岗教师们的生存状态，都是值得探讨的问题。我们成立了课题组，利用学校国培计划对特岗教师的培训，调查了在训的特岗教师，还选择了来自河南省24个县区、不同教龄的144位中小学特岗教师作为研究对象，重点以其中5名特岗教师作为访谈对象，以问卷调查法为主要研究方法，辅之以文献法、访谈法、数据分析法等，从特岗教师的工作、学习、生活现状三个维度考察特岗教师的基本状况，了解他们的真实工作生活状态和思想状态，分析特岗教师服务期满后去留的原因，探索出相应的解决策略。希望大学毕业生能根据自身实际情况，理性投身农村教育，稳定特岗教师队伍，促进城乡教育均衡发展。[2]

一、河南省特岗教师现状调查

（一）河南省特岗教师的工作现状

与城市学校相比，特岗教师的工作环境就显得稍微落后。特岗教师身处农村的教学环境是特岗计划的独特之处，也促成了特岗教师教学工作的特殊性。从物质条件看，特岗教师所在的学校教室缺乏现代化的多媒体设备，很多都是黑板教学，比如洛阳嵩县的一所小学校，每个教师都有上级配备的多媒体教学设备，学校里面也有一台电脑，但是因为所处的地区偏远，学校里面没有网络，使得老师们无法正常备课，只能回到自己家里时才能用自家的电脑查找资料制作课件，同时，有些学校也缺乏多样化的课程与教材，教师也缺乏舒适的工作及生活条件。

1. 河南省特岗教师的教学工作情况

特岗教师一般工作的学校都是相对落后的贫困县的农村学校，由于多种原因，教师严重缺乏，所以很多特岗教师被分到了多门学科的教学任务或是承担了班主任和教务方面的工作，这也是一种必然的现象，但这一现象对特岗教师的专业发展有很大的影响。在被调查的特岗教师中，有36人在担任任课教师的同时还担任班主任一职，有2人身兼三职，分别是任课教师、班主任和校团委负责人。老师们一般承担的教学任务为1~2个班级，每周的课时总量为14~20节，82%的老师所教的课程为一门，但这些老师中64.3%的都是和自己的大学专业不相符，这就意味着特岗教师在大学所学到的专业知识在目前的课堂教学中能用到的很少或者是几乎用不到。

2. 河南省特岗教师的工作压力源调查

在问卷调查中，对于特岗教师目前最主要的压力来自于哪里，其中的选项为：经济负担、教学任务、职称晋升、个人婚恋、能否转正、同事认可、对当地的适应、家人的支持、学生及家长的接受、其他。其中有53位老师选择的是经济负担，因为这些老师90.5%的都已婚，表示现在的工资不能满足目前的开支需要，尤其是单位没有房子，需要高价购买商品房。在问卷调查中，有6位老师选择的是同事的认可；有8位老师选择的是教学任务；有20位老师选择的是职称晋级；有25位老师担心的是期满后何时才有编制；有32位老师选择的是个人婚恋问题，对于已婚的老师，因平时的教学任务比较重，工作的学校离家较远，几乎都在20~30公里，初中还有早自习，不能做到每天都回家，所以这部分老师都是夫妻两地分居，甚至有孩子的家庭是三地分居，孩子由老人看管，有的一家三口半年只能团聚一次；对于未婚的老师，身处农村本身找对象就比较困难，平时也很少出去与人交流，个人婚恋是一个比较难以解决的问题。这些压力源，都会影响特岗教师的工作稳定性和积极性（见图1）。

(二) 河南省特岗教师的学习培训情况

在访谈调查中了解到，目前河南省很少有专门针对特岗教师的在职培训，培训的针对性不强，尤其是针对非师范生的培训相当缺乏，由于缺乏培训前的调查，所以培训的内容缺乏针对性，极大地影响了培训的效果。在问卷调查中，老师们最希望接受到的培训的内容依次是课堂教学方法38人、班级管理 28 人、教学基本技能 26 人、学科知识 12 人、教育科研方法 12 人、现代信息技术 10 人、心理健康教育 8 人、新课改理念 8 人、教育教学理论 2 人（见图 2）。

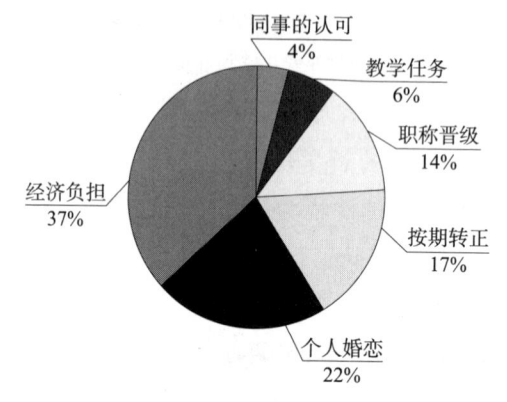

图 1　河南省特岗教师工作压力源调查

资料来源：本研究整理。

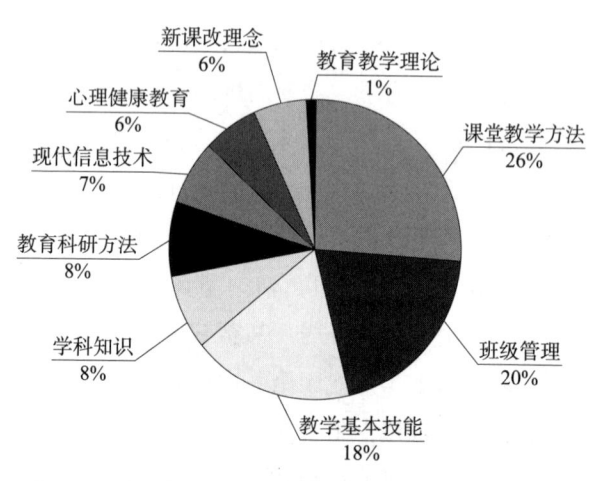

图 2　河南省特岗教师最希望接受到的培训内容调查

资料来源：本研究整理。

（三）河南省特岗教师的生活现状调查

特岗教师的工作环境都是在较为偏远的农村，远离家人、交通不便、食宿环境差，这就是特岗教师最真实的生活写照。

1. 特岗教师的住房环境

由于"特岗教师计划"所设岗位在偏远农村，交通不便利，尤其是在初中，学校安排的都有早晚自习，所以绝大部分的老师都需要住校。

在住房问题这一项，完全自费在校外租房的老师有 18 人、学校补贴部分租金在校外租房的有 25 人、校内优惠提供住房 0 人、校内免费提供住房 55 人、住在家里（包括亲戚家）有 27 人、其他的有 19 人（自己高价购买商品房）（见图 3）。

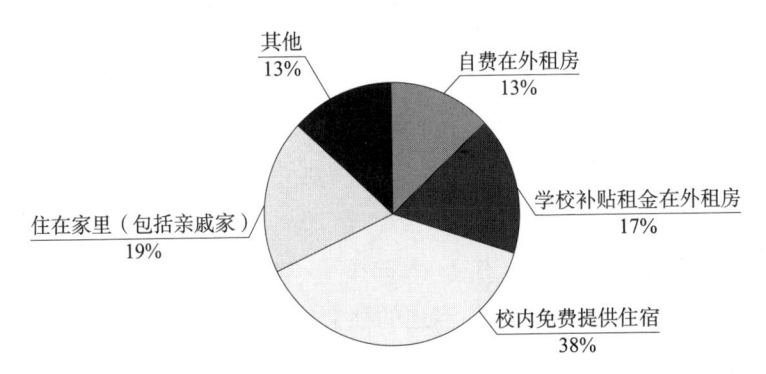

图 3　河南省特岗教师住房问题调查

资料来源：本研究整理。

对校内免费提供住房的 55 人做进一步的满意度调查，排第一位的为"基本满意"有 28 人，排第二位的为"比较不满意"有 12 人，排第三位的为"非常不满意"有 8 人，而仅有 7 人选择了"非常满意"（见图 4）。

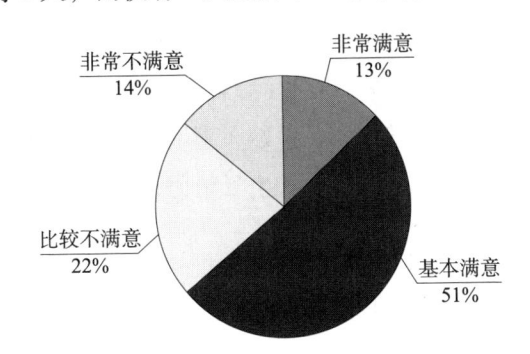

图 4　河南省特岗教师校内免费提供住房满意度调查

资料来源：本研究整理。

由以上数据可以得出这样的结论：特岗教师对于校内免费提供的住房满意

度一般。

2. 特岗教师的福利待遇

特岗教师的福利待遇，主要指与在编的公办教师一样享受"五险一金"等社会保障。"五险一金"指的是养老保险、医疗保险、失业保险、工伤保险、生育保险以及住房公积金，是对老师们现在和将来生活的一种保障。本次的调查情况如下：在144名特岗教师中，仅有18人正常享受了"五险一金"，而45人选择的是"全部没有购买"，由此可见，特岗教师的福利待遇严重缺失。医院高昂的医疗费用和持续飙升的房价，给特岗教师的生活带来了沉重压力。

3. 特岗教师在任教当地的社会地位

社会地位的高低表现在于特岗教师在当地受尊重的情况。63.19%的特岗教师认为他们在当地受尊重的情况一般，有20.83%的特岗教师认为自己在当地有些不被尊重，144人中仅有23人选择了"比较受尊重"，仅占总人数的15.97%。可见，特岗教师在任教当地的社会地位并不高。由于家长对特岗政策的不理解，有些家长认为特岗老师没有编制，不是正式教师，也不管老师的学历是什么，因为不好找工作所以才来的农村，而且服务期满肯定会想办法调离现在的岗位，所以感觉特岗教师不会认真地去教育孩子，对老师的信任度不高。

4. 特岗教师的家庭生活现状

特岗教师的婚姻和家庭问题也是需要特别关注的一个问题，特岗教师对感情和家庭的渴望，是教师精神层面的归属感和对爱的追求。根据此次调查显示，有96位特岗教师都是未婚，占到了被调查人数的66.67%，在这96位教师中，绝大部分都到了晚婚的年龄，婚姻大事不能稳定，特岗教师得不到家庭的支持和关爱，就会分散他们的工作和生活精力，增加工作生活中的不稳定因素，影响工作和生活的质量。

二、河南省特岗教师服务期满后去留问题分析

流失率是衡量"特岗教师计划"政策的一个指标。据访谈调查，不适应当地条件、考取公务员或公职教师、婚恋问题是特岗教师在任期内或是期满后离职的三大主要原因。例如，特岗教师的主体年龄在20~30岁，其中又有将

近60%是未婚女性，这导致相当数量的女教师困扰于婚恋问题而无法安心工作。不少特岗教师都是在经历疑虑、痛苦、彷徨的心路历程后才选择留任的。许多特岗教师都有过从当初的不适应到适应，再到喜欢乡村学校和学生的过程。他们离开城市和校园，在相对纯净而自然的环境中，心灵得到净化与陶冶，淳朴和清新的农村学校和学生是最吸引他们的地方。

（一）编制统一标准不公平，期满留任入编不及时

教育部《农村义务教育阶段教师特设岗位计划方案》中规定："对聘期已满、考核合格、愿意继续留在当地任教的特设岗位教师，要负责落实工作岗位，将其工资发放纳入财政统发范围，保证其享受当地教师同等待遇。"但是，期满留任后未能及时办理入编手续，给"特岗教师"带来了困惑。一些地市县"特岗教师"只填写了农村义务教育阶段学校特设岗位教师转为正式教师审批表，都还没有办理正式的入编手续，相关福利待遇没有落实，工资也处于停发状态，只有个别县沿用"特岗"期间工资的标准给教师发放工资。对于大部分"特岗教师"来说，能够吸引他们坚持下来的一个重要原因就是期满后顺利入编，如果入编问题不能如期解决，会严重挫伤他们继续在农村从教的积极性。教育公平作为现代教育的基本理念，具有鲜明的价值指向，主要是改变处于不利地位的社会阶层的教育状况。农村学校布局分散、班额较小，国家课程门类和课时一点不少于城市学校，因此，农村教师的需求量应该是大于城市的。在可比情况下，农村教师配置多于城市才是正常的。[4]

（二）"特岗教师"待遇未能完全及时落实到位

由于各地情况不同，"特岗教师"的待遇也存在较大的差异。"特岗教师"的工资性收入是由中央财政专项资金拨付的，需要由下到上层层申报，即待"特岗教师"到岗后，由县教育局将他们的详细名单上报市教育局，市教育局再上报省教育厅，省教育厅上报中央，中央审核后按照人均标准把钱拨付给省财政厅，省财政再拨付给市财政，然后再按县发给教师，发放环节复杂，手续烦琐，这一过程需要时间比较长，有时长达半年。可以说，这是造成"特岗教师"工资不能及时发放的主要原因。招聘时的承诺在招聘后难以兑现，不仅使部分"特岗教师"生活面临窘境，更影响了他们工作的积极性和稳定性，

也直接影响了教育教学效果。

（三）期满后的职业情绪体验不高

许多高校毕业生报考特岗教师的初衷就是期满留任入编，但调查结果却显示他们成功留任后的职业体验与预期之间有一定的差距。调查结果表明，生计问题是"特岗教师"是否留下的首要考虑因素。选择留下的毕业生，有些是因为在本地成立家庭，有些则是因为父母的需要。但即使在选择留下来的群体当中，有相当一部分人对工作现状感到失落，对个人前途感觉渺茫，对未来发展缺乏良好预期，这样的职业体验使得近1/3的"特岗教师"缺乏对自身职业的认同，并进而降低社会对特岗教师岗位的整体认同，影响特岗教师岗位的社会美誉度和个人的专业成长。

三、河南省特岗教师职业发展的对策

国家的教育发展规划和相关政策精神为加强农村教师队伍建设明确了方向，从教育公平的角度实施弱势补偿的制度化为扩大实施"特岗教师计划"提供了政策依据，也为进一步改进与实施"特岗教师计划"奠定了基础。

（一）完善相关政策，保证"特岗教师计划"有效推行

特岗教师计划政策的有效实施与推进为特岗教师的教学生活提供一定的保障作用，特岗教师教学生活质量的提高有必要从政策的有效推进入手。一是提高特岗教师的工资待遇。特岗教师工资的增加应该要有一定的合理性。与城市教师相比，特岗教师的工作条件比较艰苦，同工不同酬的情况容易使特岗教师产生心理不平衡感觉，从而影响工作和生活。政府可以参照国外偏远地区教师的特殊津贴制度，对在条件恶劣地区工作的教师补贴额外的工资，以提高特岗教师的工作积极性。另外，要与特岗教师的教学工作量和考评制度相结合，进行量化管理，多劳多得，对一些工作成绩较好的教师起到一定的激励作用。二是增加招聘政策的倾斜性。特岗计划的宗旨是为农村教育输入新鲜血液，提高农村教师的整体素质，留住更多、更好的年轻教师扎根农村教育事业。根据目前特岗教师队伍的不稳定因素分析，应该在招聘政策中，在报名资格上限定为当地户籍或当地生源的大学生，或是对招聘地的大学毕业生政策倾斜，争取把

特岗教师安置在他们的家乡或家乡附近的学校，这样教师能较快地融入当地的教育，便于他们开展工作，另外也会减少教师对家庭的顾虑因素，有利于稳定教师队伍。要注重宣传，让更多的人热爱教育事业，鼓励男毕业生尤其是本土男毕业生报考特岗教师的岗位，从而调节特岗教师男女比例不平衡这一问题。

（二）积极创造条件，使特岗教师服务期满后留任比例最大化

要想把特岗女教师留得住、用得好，需要积极创造条件，大力解决她们的基本生活问题。首先应加大硬件设施的资金投入，解决教师们的食宿问题，可提供周转房等基本生活设施，为教师们的生活休息创造较好的条件；其次，要落实各个学校校园局域网、图书室和文体活动器材、场所等设施的建设，为特岗女教师创造必要的工作条件，丰富教师的业余文化生活；再次，设岗学校要真正地接纳特岗女教师，多为教师们的衣食住行考虑，也要根据特岗女教师的专业和能力等实际情况，安排最为合适的教学岗位，能让教师们发挥最大的潜能，施展她们的才华；最后要重视特岗女教师的婚恋问题，保护好特岗女教师的工作积极性。设岗学校和当地教育局应该多多关心特岗女教师的生活，尽量多多创造女教师们与外界接触交流的机会，以便解决特岗女教师的婚恋问题，把关心、关爱特岗女教师的工作落到实处。

（三）做好特岗教师岗位的宣传、指导工作

政策实施最好的途径就是要有良好的宣传，通过宣传可以达到社会认可的效果。高校应该积极引导毕业生树立正确的成才观和就业观，认真贯彻《中共中央、国务院关于进一步加强和改进大学生思想政治教育的意见》（中发〔2004〕16号），开展积极有效的思想政治教育，引导大学生树立正确的世界观、人生观和价值观，自觉地把个人理想同国家与社会的需要紧密结合起来。要通过社会实践等多种方式，帮助大学生深入了解国情、了解社会，正确认识就业形势，树立行行建功、处处立业的观念，踊跃到基层锻炼成才。就业指导部门要认真做好政策宣传、学生推荐和派遣等相关工作。同时，可以定期邀请已经在特岗教师岗位上工作的毕业生回校交流，使学生能近距离地接触特岗教师，在寒暑假期的时候，也可以开展支教活动，到偏远的地区进行义务支教，让学生了解特岗教师的真实生活。[3]

（四）关注特岗教师专业成长，提升职业认同感

职业认同是指个体对所从事职业的肯定性评价，是从业者从内心认为自己从事的职业有价值、有意义，并能从中找到乐趣。教师职业认同感越微弱，就越不会被人向往。我们要以专业成长和个人价值实现为支点，凝练和提升职业认同感，稳定教师队伍，提升教师素质，坚定他们投身农村义务教育事业的信心和决心，推进义务教育均衡发展。首先规划好"特岗教师"的职业生涯，对他们本人的工作和职业认同意义重大。其次各地政府应多举办一定期数的职前和职中的专业培训，让特岗教师学到最新的教学方法，并在教学过程中，注重老教师的"传帮带"，将教学中的各种"疑难杂症"尽快解决，快速提升他们的业务水平。教育主管部门也应定期开展特岗教师的专业培训，结合特岗教师的教育理论和实践水平，为特岗教师"量身打造"专业发展的培训方案。[4]

四、结语

长期以来，缺乏优质师资一直在困扰着农村学校的发展。"特岗教师"是我们追求教育公平之路上的一个驿站，是一项利国利民的重要民生工程，是积极引导青年人才向基层地区流动的有效措施，为农村基础教育师资队伍建设输送了新鲜血液，给农村基础教育的改革与发展带来了新的春天，对推动农村基础教育发展、促进城乡均衡发展、实现教育公平具有重要意义。"特岗教师计划"实施几年来，盘活了农村教育一盘棋，给农村教育带来了极大的发展与改变，虽然在实施过程中遇到了许多问题，但是不可否认，这是一项推动农村教育发展及教师招聘制度的创新。同时，我们更要注重"特岗教师计划"的长期实施，对于实施过程中所暴露出来的问题，及时进行处理，使这项计划能够实施更长远。这项计划的实施离不开众多大学毕业生的支持，他们对农村教育的发展做出了重要贡献，所以，今后应该进一步加强对"特岗教师计划"的宣传，使更多优秀的大学毕业生能够投身于这项计划，在帮助农村教育发展的同时也实现其个人的人生价值。[5]

参考文献

[1] 教育部师范司. 河南省精心组织实施"特岗计划"[J]. 中国教师, 2010 (20):

18 – 19.

[2] 河南省教育厅师范处. 关于永城市"特岗教师"在岗服务情况的调研报告 [R].

[3] 刘旭东. 论教学理论的学术传统与创新 [J]. 课程·教材·教法, 2012 (12): 18 – 23.

[4] 袁桂林. 农村教师队伍建设需要补偿政策 [N]. 中国教育报, 2012 – 10 – 26 (6).

[5] 罗佳, 成云. 农村教师"特岗计划"存在的问题及其对策 [J]. 徐州师范大学学报 (教育科学版), 2010 (4): 61 – 63.

大学生就业心理状态特征时变模型及应用

——"90后"农村女大学生就业心理状态特征分析及心理辅导对策[*]

骆 奕[1] 裴 松[2][**]

（中国矿业大学力学与土木工程学院，江苏徐州 221116）

摘 要：在分析"90后"农村女大学生就业特点基础上，提出"三维度七元素"就业结构问题，"三维度"为"90后"时代特征、农村地域特征和女性性别特征，"七元素"为"90后"时代歧视、地域不平等、性别不平等、生理不平等、经验不平等、婚育不平等和相貌不平等的特征。进一步分析了其积极和消极的就业心理状态，并在此基础上提出了"90后"农村女大学生就业心理状态特征时变模型，给出了5种就业心理历程变化曲线，提炼出"一刻一段"，"全体"动员和"个体"干预辅导相结合的心理辅导对策，为改善"90后"农村女大学生的就业状况提供参考。

关键词："90后"农村女大学生；大学生就业；时变模型；心理辅导

一、引言

在我国，随着就业基数不断增长，就业环境越加复杂，"90后"大学生面临的就业压力也越来越大，随之产生了一系列就业心理问题，为此，我国许多

---

[*] 该论文在全国高等学校学生信息咨询与就业指导中心举办的"2017大学生就业创业实证研究论文征集评奖活动"中荣获二等奖。

[**] 作者简介：骆奕（1990— ），女，江苏宜兴人，硕士研究生，中国矿业大学力学与土木工程学院讲师、辅导员，研究方向为大学生思想政治教育。
裴松（1989— ），男，江苏泗洪人，硕士研究生，中国矿业大学国际学院讲师、辅导员，研究方向为大学生思想政治教育。

学者展开研究并提出一些对策。如，杜晓静等研究了"90 后"大学生的就业心理资本问题（调查基数为 475 人），提出了"大学生、学校、家庭和社会"四位一体的心理资本提升体系；[1]董晶晶等研究发现性别、生源地、独生子女、学科类型对"90 后"大学生的就业心理的影响不太显著（调查基数为 346 人），但家庭经济情况影响较大。[2]李翠霞将"90 后"大学生就业心理问题归类为：迷茫和困惑心理、自卑心理、矛盾心理、消极心态四种，提出优化就业环境，完善指导体系，加强认知，倡导知行统一，加强心理调适能力训练相结合的对策；[3]此外陈丹、臧运蕾、谷利民等从积极心理学方面研究了当今大学生的就业心理问题，并提出对策。[4][5][6]

相关学者对当今"'90 后'大学生""农村大学生""女大学生""'90 后'农村大学生""'90 后'女大学生""农村女大学生"就业及心理问题均有研究，[7][8][9][10][11][12]但对于"90 后"农村女大学生的就业及心理问题研究较少。

二、"90 后"农村女大学生就业特征

在当今大学毕业生"就业难"的大环境下，"90 后"农村女大学生成为就业弱势群体。如何解决"90 后"农村女大学生就业难的问题，成为社会关注的焦点。"90 后"农村女大学生的就业特征同时具有"90 后"时代特征、农村大学生就业特征和女大学生就业特征三元性。本节将对三种就业特征进行总结和分析，提出"90 后"农村女大学生的就业特点，为分析其对应的心理特征提供现实基础。

（一）"90 后"时代特征

1. 就业基数大

图 1 给出了我国大学生 2002—2015 年的毕业人数及 2008—2015 年毕业半年后未就业大学生人数，前者数据来源于中国教育在线，后者数据来源于麦克斯历年《中国大学生就业报告》。对数据分析可知如下信息。

第一，2002—2008 年我国大学毕业生以每年约 65 万的速度增长；2009—2015 年，这一增长速度变为 20 万左右；毕业生总数从 145 万（2002 年），增长到 559 万（2008 年），再增长到 749 万（2015 年）；相对于 2002 年，2008 年总体增长了 285.5%，2015 年总体增长了 416.6%，由此可知"90 后"大学

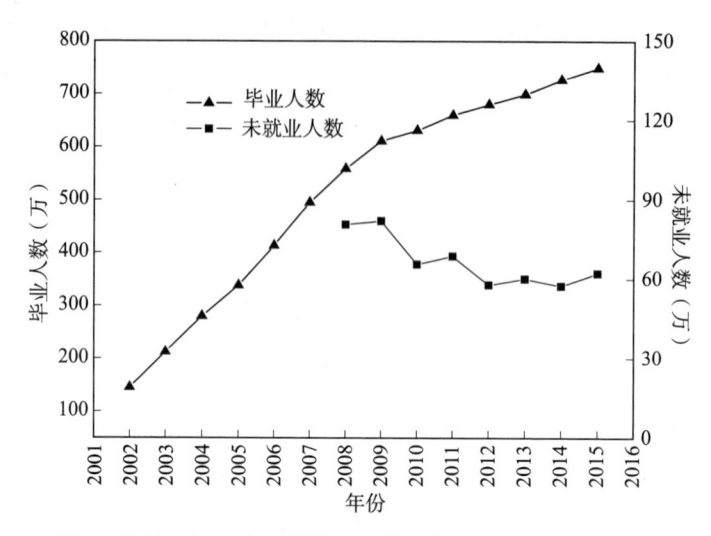

图1 2002—2015年中国毕业大学生人数及未就业人数统计

毕业生（2012年至今）的就业基数巨大，就业竞争激烈。

第二，从毕业半年后未就业人数来看，自2008年起，该数据逐年递减，到2012年、2013年和2015年该数据趋于稳定，但2015年又有所增大。2008—2012年间，虽然就业基数持续增大，可是未就业人员减少，从80.5万降低到57.8万，就业形势较好，这与中国经济发展有密切关系，尤其是土木建筑业的发展带来了众多的就业岗位和机会，这也是"80后"大学生就业的黄金时期；2012—2015年期间，毕业人数仍线性增大，但毕业半年后未就业人数基本保持不变，维持在60万左右，相对于2012年有小幅度增加，并有继续增加的趋势，这主要是近几年我国房地产业出现泡沫，经济受影响，产能过剩，导致岗位相对减少，同时，这一段时期也是"90后"大学生开始走出校门、工作和就业的时期。综上，"90后"毕业大学生遇到就业基数大，就业岗位相对较少的特殊困难时期。

第三，2010—2015年间，我国女性大学毕业生平均增速为3.1%，而男性为2.7%；2013—2015年间，女性大学毕业生占比在51%左右，[13]可见"90后"女性毕业生群体数量已经超过男性群体，进一步增加了女大学毕业生的就业竞争激烈强度。

2. "90后"大学生特点

1990—1999年出生的"90后"大学生，成长在社会转型加剧、改革加深、开放扩大的重要时期。人们思想大解放,科学技术迅速发展,生活水平不断提高,使"90后"大学生成为幸福的一代。[14]同时也成为一个饱受关注和争议的群体,他们具有很强的好奇心,对新事物具有较强的接受能力,个性鲜明张扬,自主自信,自我中心意识较强,思想开放独立,早熟老练而又叛逆。[15]这一系列的"90后"个性特征给他们的就业带来了"'90后'时代歧视""没有清晰的理想观念""价值多元化,伴随较强的功利性""勇于接受难题,但经受不住挫折""严重依赖网络、缺少独立思考能力""就业心理不成熟,依赖性比较强"等,这些是国内部分学者对"90后"思想特点和就业价值取向的描述。[16][17]这些导致了"90后"毕业大学生就业时产生"自卑心理""从众心理""功利心理"等负面心理问题,[18]从而影响就业自信和合理的预期。

(二) 农村大学生就业特征

"90后"农村女大学生亦具有农村大学生的地域特征。这一地域特征使某些大学生就业时具有自身素质不高、就业观念不正确、就业成本大、用工单位以及户籍制度限制等主客观不利条件,[19]从而成为就业的弱势群体。究其原因,主要分为以下几方面。

1. 教育资源相对落后

若将2008年作为"90后"农村大学生主力军的大学入学起始年,根据我国的教育制度,则可推算出其小学、初中、高中接受教育的时间段为:小学1997—2002年;初中2002—2005年;高中2005—2008年。据相关报道,1999年:城市小学经费(全国人均)为农村的1.9倍;从省级行政单位层次看,小学经费城乡差距更大,如上海市小学经费(省人均)为3556.9元,贵州农村为323.6元,相差11倍;从省内市县级单位层次看,城乡小学经费亦有很大差距,如河南省郑州市小学经费(市人均)为河南省滑县农村的14.7倍。[20]2002年,城市占全国各项教育投入资金的77%,而农村只占到23%。[21]2007年,城乡投入教育资金差异变小,但是在基础设施建设、师资队伍建设等方面仍有较大的差异,据相关统计,高中阶段城市教师学历达标率高出农村12.95%。[22]可见"90后"农村大学生的小学、初中和高中的学校教育经历与城市"90后"还有一定的差距,这些差异使农村大学生自身的素质整体相对较差,再加上高考竞争越加激烈,很多农村大学生都只能就读于二本、三本普通本科学校,这些都将造成农村大学生高质量就业的劣势。

2. 教育理念相对落后

对于"90后"大学生的成长起重要影响作用的教育有两种,即家庭教育和学校教育。家庭教育贯穿于一个人的一生,且在早期对个人性格及素质培养起到至关重要的作用;学校教育主要分为9年义务教育、3年高中教育和4年本科高等教育,其目的在于提高人们品德修养及科学文化素质。不同的教育形式产生不同的教育理念,前者主要取决于家庭环境;后者取决于政府政策、社会导向和经济发展等。

"90后"农村大学生进入大学之前的教育经历大体可分为两个时期:小学教育时期(7—12岁)和初高中教育时期(12—18岁)。在小学教育时期,农村家长主要采取"散养式"教育方法,对他们的人格和文化修养培育没有进行科学分析和合理制订培养计划,并逐渐灌输"知识改变命运""好好学习,天天向上""考上好大学才能有出息"的思想,这些导致幼年时期的农村"90后"没有意识和能力去探索和发现自己的特长,"满身心"投入"学习科学文化知识"中去;而学校教育本应以"素质"教育为核心导向,但由于我国国情所致,其导向亦主要偏向于科学文化知识的学习和选拔性考试的对应,这个导向在农村家庭教育和农村学校尤显突出。这就导致了农村大学生虽然"成绩优异",但个人修养、人际交往能力等方面相对较弱,而这些都会影响其就业成功率和质量。

3. 其他特征

中国的户籍档案跟随公民的一生,记录着工龄、奖惩情况、思想表现等,是评职称、调工资、出国政审的重要依据,许多基层单位通过扣留档案来限制大学生的流动,在这种情况下,如果大学生选择了不发达地区的工作,便要承担户籍、档案限制带来的不能流动的风险。此外,相对于农村家庭而言,教育成本是巨大的,因此农村大学生毕业后就会产生"挣大钱""高工资"的期望,以回报教育的投入,然而残酷的就业现实使他们的心理落差加大,导致其就业动力受到极大的打击。

(三)女大学生性别特征

女性就业问题是国内外普遍存在的问题,关于此方面的研究主要有两大类：(1) 从人力资本的视角出发，认为女大学生就业难的原因是女性人力资本投资价值低于男性。(2) 女性就业难的最大原因在于歧视，包括劳动力市场歧视理论、统计性歧视理论、性别隔离理论等。[23] 受到"重男轻女""男尊女卑""女主内、男主外"传统思想的影响，加之女性生理孕育的条件，在我国女性就业歧视现象更为严重。据相关研究表明，同等条件下，女生比男生遭受歧视的概率高20个百分点以上。[24]

（四）"90后"农村女大学生就业特征

"90后"农村女大学生兼具有"90后"后时代特征、农村大学生就业特征和"女"性性别特征的"三维度"特征。因此，"90后"农村女大学生在就业中就遇到"'90后'时代歧视""地域不平等""性别不平等""生理不平等""经验不平等""婚育不平等""相貌不平等"的七元素"不平等特征"，这里将其归纳为"三维度七元素"就业问题结构，如图2所示。[25] 这些"不平

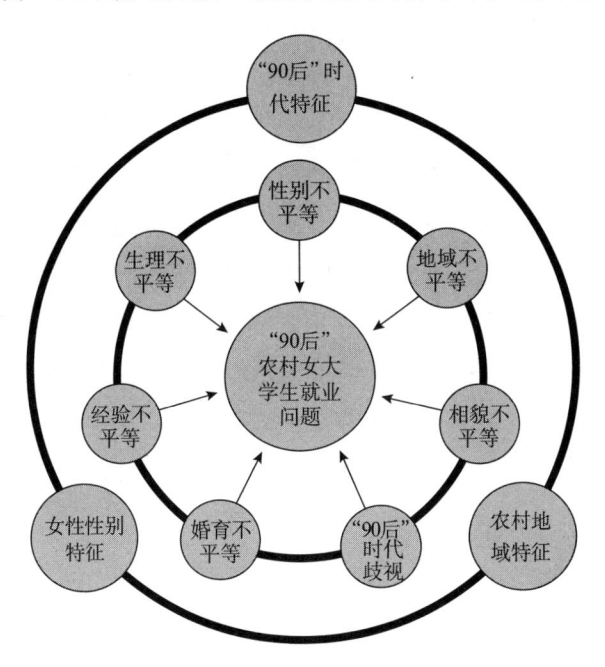

图2 "90后"农村女大学生"三维度七元素"就业问题结构特征

资料来源：李丽，张旭. 理工科贫困女大学生就业不平等问题与对策研究［J］. 思想政治教育研究，2015，31（2）：110-111.

等特征"会直接影响这一特殊群体的就业率和就业质量,引发"90后"农村女大学生的就业问题,从而影响她们的成长及生活幸福指数。如何改善这一特殊群体的就业现状,需要通过社会、政府和个体三方面共同努力。

三、"90后"农村女大学生就业心理状态特征

"90后"农村女大学生就业历程不仅是其寻求物质保障,实现社会价值的现实历程,同时也是一次心理变化的体验历程。全面分析"90后"农村女大学生就业心理状态特征,对揭示其变化规律和提出相应心理辅导措施有重要的作用。

(一) 积极心理状态特征

"90后"农村女大学生同其他"90后"一样,具有时代性、社会稳定、科技发展赋予她们的一种特有个性特征。研究表明,"90后"大学生整体心理状态是良好的,具有情感强烈和积极乐观的情绪;个性张扬,渴望关注的人格;崇尚自由平等,思想活跃的信仰追求;追求效率,思维敏锐的认知学习等。[26]这些个性特征同样会影响到"90后"农村女大学生的心理状态特征,使其产生积极的就业心理,如强自主意识、敢于尝试与挑战、具有较强的自信等。对于创业的观念,研究表明,61.17%的学生曾有创业想法,10.26%的学生已经在一步步实现自己的创业梦想,将创业"落地",且在创业意识方面,男大学生与女大学生差别不大(江苏理工学院为例)。[27]可见"90后"农村女大学生亦受到创业情怀的积极影响。这些积极的心理状态特征在就业前能够使"90后"女大学生产生较大的就业动力和激情,然而,随着就业的展开,就业阶段性状况往往使就业者心理发生变化,其中包括消极心理状态特征的出现。

(二) 消极心理状态特征

"90后"农村女大学生的就业压力较大,这势必使其部分个体在就业过程中产生消极心理情绪,如焦虑、依赖、自卑、悲观、低就、自负、冷漠、懈怠、畏难等,[28][29][30]构成了就业的消极心理状态。研究表明,"90后"女大学生受就业过程中性别歧视、技术能力、单位应聘要求等方面的影响而产生焦虑心理的占61%,从众心理的占58%,自卑心理的占57%,逃避心理的占

43%（基于安徽省内某高校 2012 届市场营销和会计专业的女大学生调查），[31]这些消极的心理状态特征会严重影响其个体的就业热情、就业自信、就业选择和就业质量。

四、"90 后"农村女大学生就业心理状态特征时变模型

（一）（人）个体心理状态特征时变性

本文假设当某（人）个体的心理状况处于心理状态 i 时，可用心理状态量 α_i 来量化表示，且 $\alpha_i \in [-1, 1]$（$i = 0, 1, 2, 3\cdots$）。当 $\alpha_i = 1$ 时，表示其处于极大积极心理状态；当 $\alpha_i \in (0, 1)$ 时，表示其处于积极心理状态；当 $\alpha_i = 0$ 时，表示其处于平常心理状态；当 $\alpha_i \in (-1, 0)$ 时，表示其处于消极心理状态；当 $\alpha_i = -1$ 时，表示其处于极大消极心理状态。假设，活动开始时刻和活动结束时刻，个体的心理状态特征均处于平常心理状态，即 $\alpha_i = 0$，则该个体在某一活动时期内，心理状态特征随时间发生变化的规律可用某一曲线来表示，如图 2 所示。

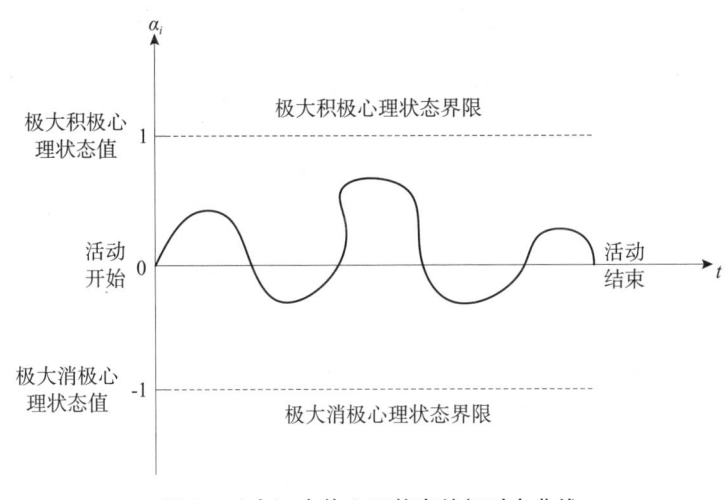

图 2 （人）个体心理状态特征时变曲线

资料来源：本研究整理。

（二）"90 后"农村女大学生就业心理状态特征时变模型

对于"90 后"农村女大学生这一特殊群体中的个体，据前文分析可得，

在就业过程中,"90后"农村女大学生个体的就业心理状态特征是随时间变化的,具有时变特性,且其心理状态处在积极心理状态和消极心理状态之间。本文假设其初始就业时,个体的心理状态特征为积极状态,故 $\alpha_0 \in (0, 1)$;在就业结束时,其心理状态量用 α_{ov} 表示,且 $\alpha_{ov}=0$。则"90后"农村女大学生个体在就业全过程中的心理状态特征变化历程可用心理状态特征时变模型来表示和说明,如图3所示。

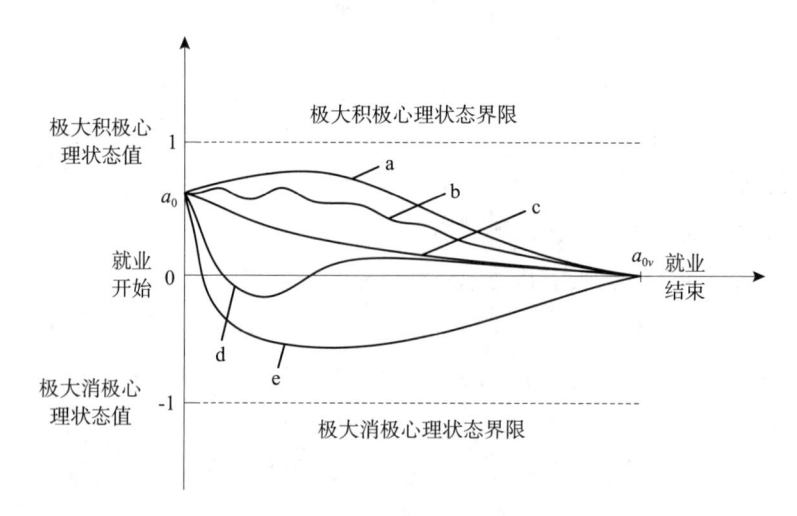

图3 "90后"农村女大学生个体就业心理状态特征时变模型

资料来源:本研究整理。

图3为"90后"农村女大学生个体就业心理状态特征时变模型,表示其从"就业开始"到"就业结束"的心理状态变化历程;当"就业开始"时,其心理状态量为 $\alpha_0 \in (0, 1)$,表示处于某一积极心理状态;当"就业结束"时,其心理状态量为 $\alpha_{ov}=0$,表示处于平常心理状态。图3中共有5条模型曲线,分别为a、b、c、d和e,表示5种不同的就业心理状态历程,下面进行详细说明。

1. "a"曲线为"上升—下降"积极就业心理状态历程曲线

该模型曲线表示就业过程促进了就业者的积极心理状态的发展。或因某专业就业形势好,需求人员供不应求;或因就业者本身素质非常好,得到许多招聘方的青睐,就业非常顺利,暂时的成功感进一步促进了其积极、乐观、自信的积极心理状态,直到就业结束时,就业者恢复到平常心态;在整个过程中,就业者一直保持积极的心理状态（$\alpha_i > 0$），直至就业结束。

2. "b"曲线为"波动—下降"积极就业心理状态历程曲线

该曲线表示就业者在就业过程中心理状态波动的情况。就业者时而受积极情绪的影响，如意外得到录用通知而感到惊喜，找到暂时的理想工作而欣慰等；时而受到消极情绪的影响，如投出简历无人问津等。但整个过程中，就业者依然保持积极的心理状态（$\alpha_i > 0$），直至就业结束。

3. "c"曲线为"下降"积极就业心理状态历程曲线

该曲线表示从就业一开始，就业者的积极心理状态随着就业过程的进行而逐渐削弱。表明就业过程不是很顺利，积极心理状态逐渐被消磨，但就业者依然保持积极的心理状态（$\alpha_i > 0$），直至就业结束。

4. "d"模型曲线为"积极—消极—积极"就业心理状态历程曲线

该曲线表示在就业初期，就业者就受到较为严重的打击，出现了消极心理（$\alpha_i < 0$），但经过自我心理调节、或同学的鼓励、或家长的支持、或学校干预等，又回到积极的心理状态（$\alpha_i > 0$），直至就业结束。

5. "e"模型曲线为"积极—消极"就业心理状态历程曲线

该曲线表示在就业初期，就业者就受到较为严重的打击，出现了消极心理状态（$\alpha_i < 0$），且在今后的就业过程中到就业结束，消极心理一直占据着主导。

通过对5种就业心理状态历程分析可知，处于"a""b""c"状态的就业者在整个就业过程中表现出较为积极的态度；处于"d""e"状态的就业者在就业过程中均有消极的时刻，且"e"对应的就业者心理状态大部分是消极的，这时我们就需要采取相应的措施，提升就业者的心理状态。

五、"90后"农村女大学生就业心理辅导对策

就业心理辅导的目的是消除就业者的消极心理状态。根据"90后"农村女大学生就业心理状态特征时变模型，我们对可能具有"e"心理历程个体进行心理辅导时，应注意一个时刻和两个时间段，下面简称"一刻一段"。"一刻"为初始时刻t_0，"一段"为心理状态下降阶段（$t_0 - t_1$），其中t_1对应就业者的消极心理状态量为最大值，即α_1，如图4所示。

图4为心理辅导前后"90后"农村女大学生就业心理历程曲线，其中虚

线为心理辅导前的"e"心理历程曲线，实线为心理辅导后的心理历程曲线。对其分析可得：对于"一刻"，只需进行较小的努力，即可将心理状态量提高到新的曲线上；在"一段"内，心理状态量是随着时间增大而减小的，这正是需要进行心理辅导的阶段（当 $t > t_1$ 时，心理状态量随着时间增大而增大，进行心理辅导的意义不大），且随着时间增大，心理辅导所需的程度越大，即心理辅导成本越大，A 时刻对应的曲线差值明显小于 B 时刻对应的差值，如图 4 所示。根据以上分析，本文认为可采取以下两方面措施来提高"90 后"农村女大学生的就业积极心理状态。

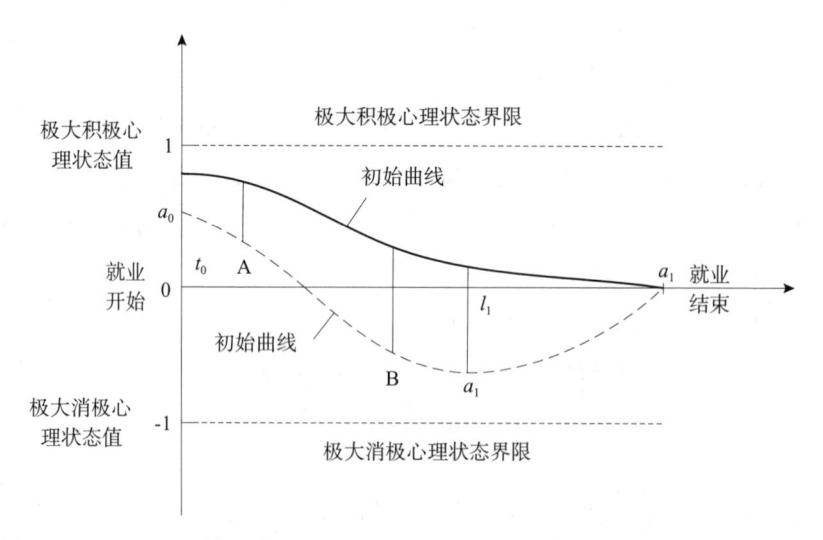

图 4　心理辅导前后"90 后"农村女大学生就业心理历程曲线

资料来源：本研究整理。

第一，在就业前进行"动员大会"，帮助增加其对就业的认知，提高自信，提高初始就业心理状态值。也可对某些个体单独进行就业前心理辅导，采用基于"积极心理学"的心理辅导方法、"合理情绪疗法"等。这些需要学校相关机构在平时就对学生进行心理观察和分析，储备数据，找出容易被消极因素影响的个体，同时，发挥"心理自助中心""大学生自我管理中心"等相关学生组织，以及"心理辅导员""学生辅导员""心理委员"等相关人员的全方位协调帮助。

第二，开始就业一段时间后，可初步统计就业情况，然后对具有一定就业压力或消极心理的"90 后"农村女大学生再次进行心理辅导干预，从而提高其心理状态量。

六、结论

(1) 提出了"90后"农村女大学生"三维度七元素"就业结构问题,其中"三维度"为"90后"时代特征、农村地域特征和女性性别特征;"七元素"为"90后"时代歧视、地域不平等、性别不平等、生理不平等、经验不平等、婚育不平等、相貌不平等的特征。

(2) "90后"农村女大学生就业过程中具有积极和消极两方面的心理状态特征。

(3) 建立了"90后"农村女大学生就业心理状态特征时变模型,给出了5种就业心理历程变化曲线,包括"上升—下降"积极就业心理状态历程曲线、"波动—下降"积极就业心理状态历程曲线、"下降"积极就业心理状态历程曲线、"积极—消极—积极"就业心理状态历程曲线和"积极—消极"就业心理状态历程曲线。

(4) 对"90后"农村女大学生进行就业心理辅导时应注意"一刻一段";提出了就业前"全体"动员和"个体"干预辅导相结合的心理辅导对策。

参考文献

[1] 杜晓静,李慧娟,王智红,等. 心理资本视角下"90后"大学生就业问题实证研究 [J]. 高教探索,2014 (3):159 – 166.

[2] 董晶晶,姚本先. 90后大学生就业心理问题现状的调查研究 [J]. 社会心理学,2015 (30):84 – 89.

[3] 李翠霞. "90后"大学生就业心理问题分析与对策研究 [J]. 海南广播电视大学学报,2014 (3):82 – 85.

[4] 陈丹. 积极心理学视野下的大学生就业心理问题研究 [J]. 中国大学生就业,2016 (5):47 – 49.

[5] 臧运蕾,游凌燕. 积极心理学对大学生就业心理的影响及探讨 [J]. 劳动保障世界,2016 (9):9 – 14.

[6] 谷利民. 积极心理学视野下的高校创业课程教学改革的探究 [J]. 教育教学论坛,2016 (39):115 – 116.

[7] 宋志东. 关于"90后"大学生择业心理问题分析及其应对策略 [J]. 吉林省教育学

院学报，2014（4）：10 - 12.

[8] 魏晓芬，陈国创. 农村大学生就业心理问题及其对策研究［J］. 武夷学院学报，2015（10）：56 - 58.

[9] 侯其锋. 女大学生就业失重心理的形成、影响及其自我效能感提升［J］. 高校辅导员，2013（5）：18 - 21.

[10] 范定祥，向长春，韩彤彤，等. "长株潭" 90 后农村大学生面向基层就业的调查研究——基于利益相关者视角［J］. 产业与科技论坛，2016（23）：113 - 116.

[11] 万美容，曾兰. "90 后"女大学生心理特点的实证研究——基于与男大学生的比较［J］. 中国青年研究，2014（4）：67 - 72.

[12] 周艳，周频，张扬传，等. 农村女大学生就业形势下的心理状态及调适策略［J］. 佳木斯教育学院学报，2013（4）：182 - 183.

[13] 叶雨婷. 女性就业面临哪些新难题［N］. 中国青年报，2016 - 11 - 28（3）.

[14] 胡维芳. 后危机下"90 后"大学生就业观的特点、成因与对策研究［J］. 青海社会科学，2010（6）：72 - 75.

[15] 杨旭华. "90 后"大学生就业能力结构模型研究［J］. 人口与经济，2012（191）：41 - 48.

[16] 居马别克. "90 后"大学生的时代特点及其思想引领对策［J］. 科教导刊，2013（18）：164 - 164.

[17] 高树文，邵欣霞. 新时期大学生就业价值观念取向变化研究［J］. 教育与职业，2016（16）：78 - 79.

[18] 刘蕴. "90 后"大学生就业心理问题及其引导［J］. 学校党建与思想教育，2015（16）：64 - 65.

[19] 陈烨，符周利. 农村大学生就业难问题探析［J］. 继续教育研究，2015（3）：22 - 23.

[20] 张玉林. 中国城乡教育差距［J］. 战略与管理，2002（6）：55 - 63.

[21] 王新，江楠. 农村大学生就业难的困境、原因及对策［J］. 教育与职业，2013（26）：94 - 95.

[22] 张金英，陈通. 我国城乡教育资源配置的实证分析［J］. 中国农机化，2009（6）：115 - 119.

[23] 张抗私，盈帅. 中国女大学生就业搜寻研究——基于 63 所高校的数据分析［J］. 中国人口科学，2012（1）：94 - 101.

[24] 张抗私，班晓娜，贾帅帅. 女大学生就业为什么难？——基于全国 63 所大学的问卷

调查 [J]. 财经问题研究, 2015 (3): 114 – 119.

[25] 李丽, 张旭. 理工科贫困女大学生就业不平等问题与对策研究 [J]. 思想政治教育研究, 2015, 31 (2): 110 – 111.

[26] 张小平, 邵雅利. 网络时代下的"90 后"大学生心理特征及教育创新 [J]. 重庆邮电大学学报 (社会科学版), 2014 (2): 69 – 76.

[27] 郑秋娟, 李跃进, 胡冰. "90 后"大学生就业观念调查及应对策略 [J]. 湖北函授大学学报, 2015 (4): 22 – 23.

[28] 王兰锋. 女大学生就业焦虑心理及干预策略研究 [J]. 学校党建与思想教育, 2013 (7): 53 – 55.

[29] 李萍. 女大学生就业心理障碍及对策 [J]. 教育探索, 2013 (11): 146 – 147.

[30] 刘春雷, 于妍. 大学生就业心理现状及其影响因素研究 [J]. 人口学刊, 2011 (6): 81 – 88.

[31] 陆维玲. "00 后"女大学生就业心理分析及对策刍议 [J]. 宿州教育学院学报, 2015, 18 (6): 95 – 100.

优化高校选调生就业服务工作机制与对策研究[*]

——以W大学为例

周 琪[**]

(武汉大学,湖北武汉 430072)

摘 要:2015年至今,从中央到地方,在W大学开展定向选调生选拔工作的地区已达到12个。见微知著,高校与国家和地方干部人才选拔工作的结合越来越紧密。随着国家与地方政府机关对优秀高校毕业生的需求增加,对人才的要求越来越高,高校选调生就业服务工作也应因势而新,不断优化服务机制与内容,做好选调生的培养和选拔,提升准选调生能力素质,为国家和地方的人才工作提供高校的"智力"支持,这应该是高校不卸的社会责任。本文以W大学为例,从探讨选调生工作现状与发展对策为出发点,以用人单位需求与评价为指导依据,从高校层面提出改进选调生就业服务工作的合理化建议,为高校选调生就业服务工作理论和实践提供可行性建议。

关键词:高校;就业服务;选调生工作现状;个体发展需求;工作机制优化

选调生制度作为一项特殊的公务员选拔制度,经过几十年的发展革新,在中央、各级党委组织部门以及基层用人单位的共同努力下相关政策体系日趋完善,选调生群体也日益壮大,为新时期党政工作输送了大量年轻的优秀人才,有效推动了领导干部队伍建设,成为"培养选拔优秀年轻干部工作整体规划"

---

[*] 该论文在全国高等学校学生信息咨询与就业指导中心举办的"2017大学生就业创业实证研究论文征集评奖活动"中荣获二等奖。

[**] 作者简介:周琪(1985—),女,湖北武汉人,硕士研究生,武汉大学学生就业指导与服务中心科员,毕业生就业服务与管理。

的重要组成部分。[1]进入新世纪以来,有关选调生的课题也越来越受到关注,但多集中在两大方面:一是关于选调生政策发展历程的探讨,二是关于选调生政策实施效果特别是存在问题的总结。[2]多数的研究者把视角投射在政策、政府工作部门和选调生心理动机研究上,而对高校在选调生选拔和培养方面的定位和作用却很少。莫坷曾指出:必须在大学阶段有意识地加强大学生选调生应该具备的能力和素质的培养。但从实际情况看,高校有意识地针对选调生应该具备的能力和素质进行培养的个案还不多。[3]梁军等也提出:作为选调生的培养摇篮,高校应该对选调生的选拔培养以及选调工作的质量采取一些行之有效的措施,进一步提高其质量。[4]莫坷等提出选调生复合培养模式等是从高校工作层面提出的对选调生工作的改进思路。[5]刘毅等指出:选调生是校地联系的又一桥梁,高校通过对选调生的跟踪与考察,既可发挥人才和科技优势为基层带去科技项目,解决技术难题,充分履行高校服务地方的职能。[6]很多学者已经充分意识到高校选调生就业服务工作在整个选调生制度中起到的积极作用,但并未系统探讨如何优化高校选调生就业服务工作的内涵。

本文力图"另辟蹊径",以高校作为第一视角,结合 W 大学近年选调生的工作现状和个体发展需求,深入探讨选调生工作现状与发展对策,力图从高校层面提出改进选调生就业服务工作的合理化建议。

一、W 大学选调生工作现状及需求分析

(一)选调生基层工作现状

1. 选调生职业动机与满意度调查

职业动机是职业观中的动力成分,在职业选择中起指导作用。考察选调生的职业动机、满意度的联结情况,或可对高校在选调生的宣传、引导及职业规划工作中起到指导作用。本调查参考了 2009—2016 年毕业的 108 名选调生的职业动机、满意度情况。29.91% 的选调生把"从政、做官,实现个人理想"作为职业的初衷,这部分人群中 50% 对目前的工作现状表示"很满意,充满信心";43.75% 表示"不是很满意,对未来很迷茫",6.26% 表示"不满意或很不满意"。这说明有"仕途之心"能从动力层面给选调生带来较好的工作状态。28.04% 的选调生认为这项职业"能够发挥专业特长和个人优势",他们

中有43.33%对目前的工作状态"很满意";46.67%表示"不是很满意,对未来很迷茫",这说明对专业和个人优势比较自信的选调生在工作中能获得较好的状态。在108人中,有14.02%的选调生的职业初衷是"到基层锻炼,实现人生价值",他们对工作现状"很满意"的比例为60.00%。选择职业动机为"公务员是铁饭碗,工作稳定、有地位"的人群为10.28%,他们之中表达工作"很满意"的比例最高,达到63.64%;这说明对公务员系统的肯定有助于激发工作的良好状态。选择职业动机为"就业压力大,先就业后择业"和"听从家人的建议"的这部分人群中工作现状满意度极低。选调生的工作地点多在基层,工资不高,环境不优越,没有激情与热情,没有坚定的信念,没有扎根基层、不怕吃苦的勇气,没有奉献的精神,误入"选调生"是很痛苦的。

2. 选调生专业与岗位匹配度调查

相对于其他职业而言,选调生的工作可能对专业的依赖度低,那么实际工作中的情况是:39.25%的选调生认为专业知识"在工作中发挥了一定作用";38.32%的选调生认为专业知识"很少运用,主要依靠自身综合素质",13.08%的选调生选择"结合紧密,帮助很大",只有9.35%的选调生认为专业知识"完全没用"。横向比较选择同种选项所属的专业情况发现,并不存在哪种专业特别适合做选调生,这也说明专业知识在基层的工作中并不是决定性的技能,专业的运用率可能与所分配的岗位有直接关系。在考察能力与岗位匹配度情况时,71.03%的选调生认为目前的工作岗位可"凭借个人的综合素质,使自身才能得以发挥";10.28%的选调生认为"专业对口,工作得心应手";11.21%的选调生认为"专业不对口,工作压力大",还有7.48%的选调生认为"工作都是琐碎小事,大材小用";可见大部分的选调生能肯定工作内容与自身能力的匹配,但也有近19%的选调生感受到理想与现实的差距,在工作中或充满压力,或充满无趣。

3. 选调生培训及工作经历调查

单位组织选调生开展活动的情况能够反馈单位对选调生的重视程度和培养情况。表1中所示,单位开展最多的活动是"选调生座谈交流",占到总回答次数的21.03%;其次是"定期培训",占到总回答次数18.46%;选择"考核评定"的占总回答次数17.95%;选择"明确专人传、帮、带"选项的比例为13.33%,也是受众较多的方式。而选择"其他"选项的选调生有多种情况:

有的是单位未将选调生和其他公务员分开培养,有的是单位不重视,不开展针对选调生的活动,有的则是单位开展的过少。另外,"组织部门或领导走访慰问并指导工作""定期沟通了解情况"这类活动在单位开展的力度不大。总体来看,用人单位对选调生的培训内容还比较单一。

表1 用人单位开展选调生培训或教育管理活动情况

用人单位开展的培训或教育管理活动	人次	占总回答次数百分比(%)	占总人数百分比(%)
明确专人传、帮、带	26	13.33	24.30
定期沟通了解情况	18	9.23	16.82
组织部门或领导走访慰问并指导工作	17	8.72	15.89
定期进行选调生培训	36	18.46	33.64
选调生座谈交流	41	21.03	38.32
考核评定	35	17.95	32.71
其他	22	11.28	20.56
合计	195	100.00	182.24

资料来源:本研究整理。

为应对复杂多变的基层选调生工作,用人单位对选调生的实践培养方式多种多样,表2反映出44.86%的选调生都经历过在党政办公室等综合性岗位工作,其次是"没有具体的部门,随时参与各种工作"的经历,这说明基层选调生工作对文字表达能力、应变能力的要求高,需要选调生有扎实的文字功底和基层工作相关知识。

表2 选调生实践培养方式

选调生实践培养方式	人次	占总回答次数百分比(%)	占总人数百分比(%)
"包村"锻炼	19	12.84	17.76
上挂锻炼	14	9.46	13.08
党政办公室等综合性岗位	48	32.43	44.86
综治、信访、计生等专门岗位	15	10.14	14.02
没有具体的部门,随时参与各种工作	27	18.24	25.23
其他	25	16.89	23.36
合计	148	100.00	138.31

资料来源:本研究整理。

(二) 选调生工作成长需求

1. 选调生工作能力需求调查

选调生入职后多在基层，这些地方是社会的末端，但却是党和国家各项工作的落脚点，是党和人民群众的桥梁纽带。随着政府社会管理和公共服务职能突显，基层干部的工作越来越多，越来越烦琐，越来越难。在这些纷繁复杂的工作背后，选调生们感受到哪些能力最欠缺呢？获得选调生对自身不足的认识，是进行培养需求分析的重要办法：排位最靠前的几项分别是："语言文字表达能力""处理急难险重问题的能力""组织协调能力"，而排名靠后的几项是："领导、服务能力""政策理论水平""沟通与处理人际关系的能力"。这些能力的提升毋庸置疑地需要在工作中通过磨练获取，但是选调生最需要的如"语言文字表达能力""处理问题的能力"和"组织协调能力"则是可以通过在校期间的培训和实践去提前打下基础的，以方便选调生在入职后迅速适应工作，胜任工作。通过选调生几年的工作经历，回过头来反思"在校期间就应该着重提高的能力"时，答案多集中在"公文写作能力""沟通及处理人际关系能力"和"组织协调能力"。在访谈中，几位组织部负责干部也提到工作中文字水平和沟通协调能力的重要性。可见高校确实有必要选拔和培训环节中重视这几项能力的检验和训练。在考察选调生"工作中最常被运用到的知识"时，多数选调生选择了"工作方式与方法"。不难理解，选调生自离开校门就进入基层，在基层的工作模式和方法可能是他们以前的人生经历中没有涉及的，他们可能对乡镇的基本情况、基础设施建设、经济发展模式、产业结构调整等情况知之甚少。从前沿阵地高校，突然来到可能相对落后的地区，可能会颠覆部分人一贯的工作方式和方法。职前对基层知识的了解是必须的，同时能从"过来人"身上汲取工作的方式和方法对选调生而言应该会大有助益，而这些工作都是可以提前在高校学习期间接触的。

2. 选调生工作环境状况调查

在考察用人单位对选调生的重视程度时，绝大多数选调生认可用人单位对选调生的重视度。在我们对选调生及选调生用人单位负责人访谈时，也发现各地各部门对选调生的关注度是比较高的，如遂宁安居区委组织部副部长段守科在访谈中提到："我们对于选调生的培养，和一般的公务员有所不同。日常的管理、培训和考核是一样的，但对于选调生，组织上又多了另外的环节和程序，选调生到岗之后，德才表现、能力素质、动手能力我们组织部长期跟踪重点关注。我们对选调生的成长，不管是工作能力和工作水平的成长，包括他的进步我们都是重点关注的。"可见，选调生所处的基本工作环境还是相对普通公务员更为有利的。

在问到选调生与其他基层干部相比在提拔中受到的制约因素时，51.4%的选调生认为是"工作时间短，基层工作经验缺乏和能力不足"造成的；有20.56%的选调生提及"相对基层干部资历浅，领导不好平衡，担心影响其他干部的工作积极性"会牺牲掉选调生的提拔机会；还有14.95%的选调生认为"基层干部对选调生政策有抵触情绪，民主推荐不占优势"；还有小部分言及存在职位数不够、收到排挤等问题。虽然基层选调生的提拔可能会面临"按资排辈""排挤"等不公正的情况，但大部分选调生能认识到提拔的关键在于基层工作经验和能力的提升。

78.5%的选调生认为"组织部门的重视和培养"是在基层成长最重要的外部因素；近几年各大高校纷纷开始重视选调生入职后的工作情况的追踪，加强了与当地职能部分的沟通和联系，希望能为本校的选调生博得眼球，这也正是基于帮助选调生们获得组织部门更多的重视和培养而做的努力。还有14.95%的选调生认为"干部和群众的认可"最重要，他们更看重被认可的"努力"，这会成为他们在基层成长的最强动力；还有极少部分的选调生认为"所在乡镇的工作氛围""所在乡镇的经济社会发展状况"是影响选调生基层成长的重要因素；没有选调生认为"名校出身"影响到他们在基层的成长，所谓"英雄不问出处"，选调生间的竞争环境还是相对公平的。

二、选调生用人单位满意度及用人要求调查

从问卷调查反馈的结果来看，14家选调生用人单位对W大学选调生的整体满意度较高，有85.7%表示"非常满意"，有14.29%表示"比较满意"（见表3）。说明W大学选调生在工作中的表现被用人单位广泛认可，这充分肯定了学校人才培养工作。

调查着重考察了用人单位对选调生知识结构、工作能力结构和职业素养三者的重视度以及对选调生三方面表现的满意度。

表3 用人单位对知识、能力和职业素养重视度、满意度调查表

用人要求		重视度	满意度
知识结构	专业基础知识	34.29%	27.14%
	专业前沿知识	11.43%	11.43%
	跨学科专业知识	11.43%	11.43%
	社会人文知识	24.29%	34.29%
	现代科技基础知识	18.57%	15.71%
工作能力结构	文笔能力	24.29%	24.29%
	创新能力	11.43%	12.86%
	沟通能力	28.57%	28.57%
	组织管理能力	18.57%	18.57%
	实践能力	17.14%	15.71%
职业素养	知识更新	18.57%	17.14%
	创新能力	12.86%	18.57%
	团队意识	22.86%	28.57%
	稳定性	21.43%	12.86%
	适应力	24.29%	22.86%

资料来源：本研究整理。

选调生用人单位选人时比较重视专业基础知识和社会人文知识的考察，且对W大学选调生在这两方面的得分占知识结构满意度得分总分的27.14%和34.29%，表明满意度较高；在工作能力方面，用人单位最为看重沟通能力和文笔能力，W大学毕业生得分的占比分别为28.57%和24.29%也处在较高的水平；在职业素养方面，用人单位比较重视团队意识、适应力和稳定性，W大学毕业生的得分占比为28.57%、22.86%和12.86%，W大学毕业生在稳定度方面还没有达到用人单位的期待。部分选调生虽然工作能力优秀，素质过硬，但在基层工作中却不能踏实投入，这对用人单位和毕业生本人都是一种损失。这也反映出，部分选调生在职前缺乏对职业选择的深思熟虑，尤其面临基层工作困难时见异思迁，后悔"误入歧途"。在对W大学在校生开展的问卷调查中，54.22%的在校生能明确选调生是党政领导干部后备人选和县级以上党政机关高素质的工作人员，但仅2.41%的学生认为自己对基层工作的内容和环境"非常了解""比较了解"的有25.3%，这说明大部分在校生对选调生这

个概念仅停留在对选调生身份的解读上，但实际上对选调生的职业内涵了解并不多。如果毕业生在选择前对选调生有更清晰的了解，对未来的选调生之路有明确的规划，那前述的"误入"可能会被降到最低。高校有责任在工作中降低这种"误入"。

在考察用人单位认为选调生需要加强培养的方面时，64.29%选择"处理急难险重问题的能力"，其次是领导力和服务能力，同时政策理论水平、组织协调能力和语言文字表达能力也被认为更需要加强培养。"处理急难险重问题""领导力和服务能力"都是需要在反复实践中培养的能力，高校应为毕业生多争取"实习体验"和"实地调研"的机会，同时通过开展研讨会、交流会等方式加强毕业生的政策理论水平、组织协调能力和语言文字表达能力。

三、高校选调生就业服务工作机制优化探索

上述各项调研的结果显示，目前高校在选调生就业服务工作的组织保障、宣传、选调生培养、选拔和服务工作上存在短板，在与用人单位的需求对接以及服务选调生个人发展需求上有作为的空间。高校作为"源头"不能仅仅只是提供一湾"活水"，让组织取用，而应该调动主观能动性，通过优化高校选调生就业服务工作机制，在这湾"活水"中引导和培养有志仕途、愿意投身基层建设的"水分子"，让其蒸腾为各地组织部门亟须的"水蒸气"，播散到各地基层部门。

（一）优化选调生就业服务组织保障机制

选调生就业服务工作不能简单看成是学校就业部门的工作，它是党和国家后备人才工作中重要的一环，它是完善和优化高校基层公共部门人才布局的重要的一步。从宣传到组织，从培养到选拔，从实践到服务，它需要全校各单位多级联动，为选调生建立健全科学的工作体系。

1. 依托校党委组织部与各地组织部门和用人单位建立联系，建立"资源库"，加强与地方单位的战略合作，为有志选调的学生争取实习实践的机会。特别是要与各地区党委组织部门加强合作，扩大定向选调生的范围，让毕业生通过定向选调生这一途径充实到各地的基层干部储备中，为国家的基层建设贡献力量。

2. 除了依托校党委组织部与各地区组织建立常态的联络工作外，在学校内部也应将选调生就业服务工作常态化：校党委宣传部要持续深入宣传选调生相关的政策，大力宣传典型人物。学工部、研工部、教务部、团委等单位应努力加强学生的就业观教育和推进选调生实习实训、实践基地的建设；学生就业指导与服务中心要广泛利用各种资源，积极为有意愿做选调生的同学提供针对性的指导和服务；校友会要充分挖掘选调生校友的先进事迹，整合校友资源，帮扶校友发展。各院系要在平时加强学生的思政教育和宣传引导，帮助毕业生树立科学的就业观，将个人的发展与国家的需要紧密结合。只有全校上下齐抓共推，才能保证高校选调生就业服务工作有序发展。

（二）优化选调生就业服务宣传工作机制

目前地方组织部对选调生政策的宣传方式非常单一，宣传时间也较短，很多学生对选调生是什么都不了解，对将来的培养方向、将来要从事的工作、可能面临的问题更是无从得知，造成有的同学盲目报考或是盲目放弃。高校有必要对选调生进行广泛的宣传解读，鼓励真正有志选调的同学尽早做好准备，培养与之匹配的能力，同时也避免无意去基层工作的高校毕业生"误入"选调生队伍。

第一，要加强政策宣讲通过汇总中央和各地方政府系列优惠政策，在学校层面进行宣讲，利用宣传册、网络媒体等手段详细介绍选调生的政策，让更多学生了解报名的条件信息；第二，要依托学校党委组织部与各地党委组织部建立联动。深入了解基层工作的具体情况，并推送到校内相关的平台上，让更多学生了解基层工作的性质、环境、内容及工作的定位和发展走向；第三，注重加强思想引领和文化建设，通过先进典型、先进事迹发挥"榜样效应"，增强学生对选调生职业的认同感，促进学生将个人发展与国家需求紧密结合；第四，应指导和鼓励学生社团成立基层工作相关的组织，架起与已入职选调生的桥梁，让在校生能亲耳听到师兄师姐在基层工作中的真实情况，加深他们对基层工作的认识。

（三）优化高校选调生培养机制

从选调生的工作现状调查情况来看，选调生在工作中遇到的很多问题很大程度上来自于选调生对基层工作的认识不足，缺乏心理和能力上对应的建设。当他们真正接触到基层一线工作时，会感到茫然无措，无从下手。一部分人经过调整磨合后能逐渐适应并融入到基层工作中，而另一部分人却怎么都不能适应只能选择退却。这与部分选调生在入职前没有充分认识和了解基层工作，没有锻炼与基层工作有关的能力素质有关。

1. 加强毕业生选调之路规划指导

高校既要宣传引导有志做选调生的毕业生积极投身国家基层建设，又要帮助他们认真审视其职业规划与选调生之路是否契合，是否应该选择做选调生；一旦决定做选调生，又应该如何加强相关的能力，如锻炼自己的口才，学习相关的管理、心理方面的知识，学会构建良好的人际关系等能力。

2. 加强毕业生理论素养和政治觉悟

高校要结合团、党校的培训，引导学生树立正确的世界观、人生观、价值观，坚定共产主义理想和信念，将个人的发展与国家的需要紧密结合，学会如何将所学更好地应用到为人民服务中去。同时，可以依托学生社团组织专题讲座、团队训练、工作研讨等，可以邀请政府部门的工作人员及思政课专业教师给学生们做讲座，帮助他们了解什么是选调生以及弥补自身理论知识储备和技能上的不足，以满足基层工作的需要。

3. 加强毕业生职业技能培训

从一个初出茅庐的毕业生到经得起考验的基层管理干部，必将经过一个脱胎换骨的过程。通过前文对选调生成长需求的调查发现，选调生对工作环境的认可度较高，说明选调生们大部分认为能否成才的关键在于自身能力培养上，除了过硬的专业知识背景，还有许多软实力，是应该提前在大学校园里准备好的。学校就业工作部门可以根据选调生的工作特点，有针对性地制订培养计划，通过开设培训讲座、情景模拟等方式提升在校生的"公文写作能力""沟通及处理人际关系能力"及"组织协调能力"。同时，学校要适应新时期基层党政管理工作的需要，引导被选录的选调生学习选调生必知的管理知识、专项业务知识和基础人文知识，为今后从事基层工作打下坚实的基础。

4. 加强毕业生基层工作实践

一是以"三下乡""进社区"等实践活动为契机，让有志选调的在校生深入农村、企业和社区，了解和熟悉基层的基本特点，增加大学生对基层工作经验的积累，提高综合能力，实现全面发展；二是高校可以在学生毕业前主动联系选调地方和单位，为毕业生争取见习和实践锻炼以及有针对性的培训活动，让选调生提早适应基层工作，提前做好能力和心理准备；三是要创造条件搭建平台，成立校级选调生研究协会等学生组织，为有意愿加入选调生队伍的在校生提供一个交流学习的平台，有针对性地开展理论知识学习和实务技能培训；引导优秀在校生深入基层，在实际调研中了解国情民情，了解基层工作环境；加强在校生与基层选调生的联结，长期关注选调生校友，根据他们的经验和经历，总结规律更好地推动高校选调生就业服务工作。

（四）优化高校选调生选拔机制

在选调生的招录中，现行的考察环节多流于形式。一般毕业生通过笔试、面试后，组织部门会组织审查小组到校与入围人员的同学老师看展一对一的谈话，谈话的内容也多是有何优缺点等较空泛的内容。组织部门其实很难从简单的几个问题全面了解入围人员的情况，不利于组织部门选拔到最合适的人才。高校承担着大学生的思想政治教育和日常管理工作，处于这样一个"源头"地位，高校在为组织部门提供高素质候选人才的工作上其实最具发言权。高校可与组织部门协同选拔合适的选调生人才，在某些高校和专业内提前实施对学生的遴选考察、有针对性地引导教育和实践锻炼，提高候选大学生的质量。

高校可在低年级生中选拔有志于党政部门工作的优秀学生，开展"选苗计划"。在经过一系列培训之后，遴选出优良的培养对象进入下一培养阶段。在整个选拔培养环节中，各院系党团组织、校团委、学生工作部、研究生工作部和组织部应发挥重要作用：各院系党团组织结合团校、党校进行国情、理想信念及党的基本知识和路线方针教育，从中遴选推荐一批表现突出，有志于党政部门工作的学生进入"育苗计划"；而校团委、学工部、研工部和组织部可为培养对象提供校院相关职能部门、学生社团或地方组织部门的基层岗位锻炼的机会，并在其就业推荐表上反映其受培养的情况。组织部可直接从"育苗计划"中遴选合适的人才，这既省了"盲选"的成本，又可选得合适的而且是有过培训基础的好苗子，这种校地合作的形式，避免了地方单选的缺陷，形成了地方和高校互动选才的良好格局。

（五）服务选调生可持续发展

选调生是一支特殊的毕业生队伍，他们踏出校门便来到社会的"神经末梢"。比起一般的校友，他们更需要给予特别的关心和跟踪培养。高校应及时跟进，结合综合调研，掌握选调生群体的工作和成长情况，在给予关怀的同时，应总结规律给今后选调生的就业服务工作提供参考；甚至还可以通过校友基金等形式，长期联系和帮助选调生，为他们提供更多的资源，让他们更好地在基层工作；加强和当地政府的合作和沟通，与地方进行产学研合作、办学合作等，促进地方政府对选调生的重试、培养和使用力度，加快选调生成长步伐。

参考文献

［1］中共中央. 2009—2020 年全国党政领导班子后备干部队伍建设规划［Z］. 中发〔2009〕5 号。

［2］萧鸣政，卢亮，王廷涛. 选调生政策及其实施效果［J］. 北京大学教育评论，2015 (13)：18 - 30.

［3］莫珂，张红勇，巍伟. 广西选调生工作的主要做法、存在问题及改进对策［J］. 传承，2011（15）：81.

［4］梁军. 关于高校选调生工作的几点思考［J］. 高教论坛，2003（4）：142 - 144.

［5］莫珂，冯英富，魏维. 新时期高校选调生培养模式研究［J］. 学校党建与思想教育，2011（11）：72 - 73.

［6］刘毅，张乃军，王晓蕙. 高校选调生工作探析［J］. 淮阴工学院学报，2011（20）：75 - 77.

大学生就业精准服务实证研究[*]

——以西南政法大学行政法学院 2016 届本科应届毕业生为样本

张 静[**]

（西南政法大学，重庆市 401120）

摘 要：西南政法大学行政法学院本科2012级将分类指导、教练技术等就业指导思想和方法运用到大学生就业精准指导服务工作中，通过组建年级"求职技能提升训练营"，并依据学生求职意向、个性特点、择业观的不同，组建不同类型的求职小组，对学生进行分类的就业指导。年级通过"求职技能提升训练营"，充分调动学生的能动性，注重训练的针对性，强调求职意愿与学生自身能力的匹配性，为学生提供就业精准服务，取得一定的成效。

关键词：就业精准服务；教练技术；分类指导；求职技能提升训练营

2016级西南政法大学行政法学院本科441名应届法学专业应届毕业生，共有142名学生正在准备当年的硕士研究生复试或申请出国留学，除去升学的这部分学生外，只有66名学生已签订三方协议或劳动合同，占年级就业学生总数的22.07%。虽然法学专业就业有其特殊性，许多学生正在尝试和选择的路上，加之各省市上半年的公务员招考结果未出或者有些省市的公务员招录工作尚未启动，但作为年级辅导员，仍然感到肩上沉甸甸的压力和责任。对于学生而言，人生第一份工作至关重要，它将深深影响一个人的职业发展，某些时

---

[*] 该论文在全国高等学校学生信息咨询与就业指导中心举办的"2017大学生就业创业实证研究论文征集评奖活动"中荣获二等奖。

[**] 作者简介：张静（1987— ），女，四川广安人，硕士研究生，西南政法大学本科辅导员，助理研究员，研究方向为思想政治教育。

候学生的一个选择甚至比努力更重要。现在的大学生思维活跃，对社会、对人生、对就业有一定的认识和见解，但有时又难免失之偏颇。如何对这一庞大的待就业学生群体开展有针对性的就业指导，为他们提供精准的就业指导服务，帮助他们树立正确的择业观，正确认识自我、清晰定位自我，在毕业之前找到一份满意的工作，成为笔者思考的问题。

经多番调研，年级决定组建"求职技能提升训练营"，邀请资深的就业培训指导老师向学生传授职业选择、简历制作、面试礼仪、面试方法等求职技能，再根据学生不同的求职目标和不同的性格特征，有针对性地开展就业指导工作，帮助学生顺利找到人生的第一份工作。通过开展"求职技能提升训练营"，年级就业指导工作初见成效，现将工作中的部分经验与大家分享。

一、行政法学院本科 2012 级学生求职现状调研工作

为了制订行之有效的"求职技能提升训练营"实施方案，年级安排学生干部对西南政法大学行政法学院本科 2012 级学生求职现状开展了调研。

（一）学生求职现状调研

为全方位了解 299 名学生的就业准备、就业期望、就业态度等求职现状，年级设计了《西南政法大学行政法学院本科 2012 级学生求职现状调查问卷》，共发放调查问卷 299 份，回收调查问卷 287 份，有效调查问卷 285 份，男生 92 人，女生 207 人，大致符合年级 1∶2 的男女比例。

（二）调研数据的整理与分析

通过对调研数据的整理和分析，年级大致掌握了学生的求职现状：

1. 学生求职信息获取渠道

在就业信息获取渠道上，29.1% 的学生主要依赖党委学工部就业指导中心发布的就业信息，获取招聘信息的渠道过于单一，大于 1/4 的学生仍存在等、靠、要等思想，学生获取就业信息的主动性不够，可能减少就业选择。

2. 学生求职意向

62.9% 的被调查人员意向行业是国家机关或事业单位，部分学生将进入公务员队伍作为唯一的就业选择，就业选择面相对狭窄，影响顺利就业。

3. 学生就业地域选择

在就业地域的选择上，41.2%的同学意向工作城市是东部大中城市，学生对于到西部落后地区以及基层就业的主观意愿不强，对国家大力号召大学生毕业后到西部地区和基层锻炼的就业导向不认同，可能会无形中减少就业机会。

二、结合调研数据，启动"求职技能提升训练营"

结合调研反馈的数据，"求职技能提升训练营"正式启动。年级邀请党委学工部就业指导中心老师或资深的 HR 担任授课教师，为同学们进行就业技能培训。在培训开课前，年级将前期收集的学生求职现状分析与培训授课老师进行了沟通，希望老师在培训课程中，能通过恰当的方式帮助学生树立正确的就业观和择业观，潜移默化地影响学生。

"求职技能提升训练营"采用学生自愿报名的方式，共 50 个名额。就业训练营课程采用"5+10"模式，即 5 天就业技能培训课程，主要包括简历制作、面试礼仪、面试技巧；10 次模拟面试，主要包括结构化面试、半结构化面试、无领导小组讨论等多种形式。下面简单介绍一下"求职技能提升训练营"工作开展情况。

（一）根据学生求职意向进行分组指导

在"求职技能提升训练营"中，年级辅导员运用教练技术等职业生涯指导领域新方法，要求学生结合自身人生目标、优劣势、社会实践经历完成职业生涯规划，依据教练技术中的 SMART 和 PEC 等原则制订求职目标并制作求职简历。

按照求职意向，"求职技能提升训练营"分别组建了公务员 1 组、公务员 2 组、律师组、企业组、银行组 5 个小组，公务员 1 组 10 人、公务员 2 组 10 人、律师组 10 人、企业组 10 人、银行组 10 人，年级辅导员担任"求职技能提升训练营"总负责人，每组设组长 1 名，负责小组日常活动，执行年级"求职技能提升训练营"工作方案。

不同的小组由组长组织组员设计不同的就业技能提升训练项目，模拟不同的面试情景，设计不同的面试题目、采用不同的面试方式，针对性开展模拟面试和经验交流。比如，针对当前公务员、银行面试多采用结构化面试或无领导小组讨论的实际情况，公务员1组、公务员2组、银行组的训练题目以历年省市公务员面试或银行面试原题为主。又如，律师组和企业组多采用结构化或半结构化面试，训练题目以律师事务所或大型企业面试真题为主。

精准就业指导服务的核心是让学生动起来。"求职技能提升训练营"改变传统注重教师讲授求职技能而学生被动参与就业指导形式，将调动学生的主动性作为就业指导工作开展的核心。比如，在简历制作培训前，要求学生在课前制作好简历并交给授课老师，学生带着制作简历时的疑惑来到课堂，就能发现自身简历存在的问题，增强培训效果。在课程结束后，辅导员会同授课老师对学生的简历进行"一对一"指导，从制作技巧、职位匹配、投简礼仪等方面给出意见建议，指导学生进一步修改完善简历。通过反复修改简历，学生的主动性充分调动起来，培训效果立竿见影。又如，每次模拟面试结束后，要求学生对自我面试表现进行评价，然后小组成员相互点评，让学生找准和认清自身的优势劣势，明确进一步提升面试技能的努力方向。通过发挥学生的主动性，让学生自己结合实际情况思考并有所行动，学生在模拟面试中进步很快，面试能力显著提高。

通过运用科学方法开展指导，不仅节省了学生培训的时间，同时提高了培训的针对性，使就业能力提升训练更加实效性。

（二）根据学生个性与择业观的不同进行分类指导

在指导学生的过程中，年级辅导员运用教练技术，根据学生的性格将学生大致分为三种类型，运用不同的教练工具开展就业指导工作，以提高就业指导工作的针对性和实效性。

1. 迷茫型——逻辑层次工具

部分学生缺乏职业生涯规划，对前途感到迷茫，求职目标不明确，自我管理能力较弱，行动力欠佳。教练技术式生涯指导相比通常的职业生涯咨询迅速而有效，通常的职业生涯咨询要经过确定志向、自我评估、生涯机会评估、确定职业、职业生涯目标、行动计划、职业评估等几个步骤，其中还要涉及兴趣、特长、性格、学识、技能、智商、情商等测评或评价。[1]教练技术式生涯指导与通常的职业生涯指导不同，通常的职业生涯咨询把焦点集中于问题本身，通过寻找导致问题的原因来解决问题，教练技术式生涯咨询并不囿于问题本身，而是抛开导致问题的原因，指向解决问题的可能性和方案。将教练技术运用到生涯指导中，能够省略许多不必要的步骤，迅速直接地帮助解决学生找到目标。

面对这类学生时，年级辅导员主要运用逻辑层次工具，帮助学生聚焦目标，探寻资源，制订计划并有所行动。通过漏斗式问话帮助学生在最短的时间内抛开问题的外在与表象，了解自我，认知自我，迅速聚焦，通过"你想得到什么？""你有什么资源？""你将要做什么？"这类漏斗式开放式提问，帮助学生直接将问题和矛盾的实质及重点挖掘出来，制订目标和计划。目标和计划制订以后，不论遇到什么困难，都鼓励学生尝试迈出第一步，在行动中一步一步追寻自己想要的答案。对话结束后，年级辅导员在每一次的交流中注重行动效果的检查和追踪，要求组长及时了解组员的状况，年级辅导员和组长充分调动组员主动性，帮助其在行动中一步步明确前进的方向。[2]

2. 自卑型——闪光时刻工具

部分学生对面试缺乏信心，加之面临过多次求职被拒之门外的窘境，变得害怕参加招聘面试，有的学生甚至拒绝参加招聘。面对这类学生，年级辅导员结合时间维度问题，挖掘这类学生在过去的人生经历中的闪光时刻，通过询问学生"请描述一下你做得最成功的一件事？""你认为是什么样的品质帮助你成功？""在过去的人生旅途中，你曾经遇到和今天类似的困境，当时你是怎么做的呢？""接下来你将怎样做呢？"等问题，从积极正向的视角引导学生行动起来，激发他们自身的潜能，探索不断进步的可能途径，推动其在一点一滴的行动中获得信心和力量，拥有直面困难的勇气，最终走向成功。[3]

面对这类学生，年级辅导员要求组长定期开展求职经验交流讨论，每位组员畅谈求职被拒的经历及获得的启发，学生在讨论中发现求职被拒绝其实是正常现象，每个人可能都曾遇到过求职被拒的情况，从而迅速的调整心态，继续投入下一次的求职中。

3. 固执型——换框工具

部分学生主要面向经济发达地区求职，对在西部及基层就业不屑一顾，但由于各种原因在求职中屡屡碰壁。面对这类学生，年级辅导员运用换框工具着力帮助学生转变就业观念，并辅之以"职场面对面"等活动，邀请参加基层项目的学长交流基层就业经验，鼓励学生积极尝试西部基层服务项目，到西部基层去施展才华。经过多次交流，这类学生逐步改变就业观念，从心态上有所转变，部分学生主动选择报考西部基层服务项目。[4]

三、大学生精准就业指导服务工作有益经验分享

在开展大学生精准就业指导服务工作的过程中，主要有以下三个创新点。

（一）调动学生的能动性，从强调"被动倾听"到注重"主动出击"

受国家宏观经济运行情况和高校毕业生人数逐年增加影响，就业竞争十分激烈，要想顺利实现就业，需要学生积极关心当年就业形势，认真分析自己就业愿景与自身情况的关系。充分的信息意味着更多机会，学生在进入求职阶段后，要主动通过各类信息渠道掌握尽可能多的求职招聘信息，根据用人单位的需求来反观自身是否具备相应条件，以此为据来准备相关的材料。

在就业指导的开展过程中，笔者发现部分学生常常以不是意向的工作地域或不是属意的行业为由，将来校招聘的很多就业机会在主观上拒之门外。有些同学以专心考公务员为理由，从不参加来校招聘的宣讲会。通过"求职技能提升训练营"，这部分学生转变了求职观念，主动去跑招聘会或宣讲会，利用一次次面试提升面试能力，当真正的工作机会来临的时候一击而中。[5]

（二）注重训练的针对性，从采取"全面指导"到注重"精准服务"

从采取大水漫灌到注重精确滴灌。在从事高校辅导员工作时，笔者一直坚信每位学生都是一个丰富多彩的独立个体，每个人都具备不同特质和优势，因此在"求职技能提升训练营"中，笔者根据学生的求职意向、择业观念、个性特点以及行业需求等方面，将学生分别纳入不同的指导小组，有针对性的开展就业指导精服务工作，回应不同学生的不同求职需求，为其提供精准服务，避免过去粗放式的指导，没有考虑个体的差异，既节约了学生时间，让相同目标的学生共同向着目标奔跑并进行资源共享，又提高了求职技能训练的效率。

（三） 强调求职意愿与学生自身能力的匹配性

顺利实现就业最关键的问题在于学生的就业愿景要与其个人能力相协调。眼高手低和悲观不自信等问题都是就业指导服务工作中辅导员需要极力帮助学生纠正的问题，前者容易造成学生高不成、低不就，后者往往导致学生畏葸不前，不敢参与就业竞争，均会阻碍学生顺利就业。因此，就业指导服务最核心的任务是要使学生"认识你自己"，对自身综合实力有一个全面而清醒的认识，以此种意识来指导自己参与就业竞争，才能实现各得其所，顺利就业。

四、结语

截至 2016 年 12 月 30 日，西南政法大学行政法学院 50 名参加"求职技能提升训练营"培训的 2016 届毕业生 48 人顺利就业，已就业人数占参训学生人数的 96%，其中 21 人进入企业工作，13 人进入律师事务所工作，3 人进入国家机关或事业单位工作，9 人参加大学生志愿服务西部计划专项项目，2 人选择自由职业，参加培训学生的就业情况整体较好，行政法学院 2012 级就业率 90.18%，参训学生就业率高于行政法学院 2012 级就业率 5.82 个百分点，就业精准服务指导工作取得一定成效。

参考文献

[1] 杨长征，王小丹. 一生只做八件事［M］. 北京：北京大学出版社，2012：12 - 15.

[2] 欧阳彦坤. 教练技术在大学生就业指导中的应用［J］. 中国大学生就业，2011（5）：34 - 36.

[3] 吴燕. 国内教练技术的发展现状和培训效果迁移研究［D］. 上海：上海师范大学，2008.

[4] 张婧群. 教练技术在大学生职业发展与就业指导课程教学中的应用与实践研究［J］. 长春师范大学学报，2015（7）：177.

[5] 北森生涯培训公司. 全球生涯教练认证培训课件［R］. 北森生涯培训公司，2017.

高校毕业生精准就业服务机制实践探析[*]

——以湖南理工学院为例

刘 理[**]

（湖南理工学院，湖南岳阳 414006）

摘 要：信息化、大数据时代背景下的传统高校毕业生就业服务机制需要调整，精准就业借助时代特征成为指导高校毕业生就业工作的新航标。本文以湖南理工学院为例，通过精准工作方向、精准意向采集、精准就业指导、精准信息对接、精准困难帮扶、精准就业管理六大块探索高校毕业生精准就业服务机制的构建。

关键词：高校毕业生；精准就业；就业云平台

高校毕业生就业工作事关国家民生，事关社会稳定，毕业生顺利充分就业是高校需承担的重要工作责任，"精准就业"工作理念的提出，对高校毕业生就业服务工作提出了新的要求，给出了新的导向。因此，在信息化、大数据背景下，探寻高校毕业生精准就业服务机制，具体重要的现实意义。

一、精准就业服务机制内涵

信息化、大数据是当代社会的重要特征，高校毕业生就业工作的理念和方式势必跟随着时代发生着变化。从教育部2015年发布的《关于做好2016届全国普通高校毕业生就业创业工作的通知》中首次提出了"建立精准推送就业

---

[*] 该论文在全国高等学校学生信息咨询与就业指导中心举办的"2017大学生就业创业实证研究论文征集评奖活动"中荣获二等奖。

[**] 作者简介：刘理（1985— ），男，湖南岳阳人，硕士，湖南理工学院招生与就业指导处主任科员，研究方向为校园招聘、职业生涯规划、就业跟踪调研。

服务机制"到2016年专门下发《关于开展全国普通高校毕业生精准就业服务工作的通知》。教育部正式明确要求各高校要高度重视精准就业服务工作，主动适应经济发展新常态，"准确掌握供求信息""建立精准对接服务平台""实现就业服务个性化、差异化""精准帮扶困难群体"，不断满足高校毕业生就业创业新需求，提升高校毕业生就业指导服务质量和水平。[1]随着工作要求的明确，"精准就业"的概念越发清晰，在市场用人需求逐步细分、学生要求差异化指导服务的背景下，精准就业借助时代特征成为了指导高校毕业生就业工作的新航标。构建以精准就业为核心的就业服务机制，有助于进一步完善就业服务工作体系，以精准工作方向、精准意向采集、精准就业指导、精准信息对接、精准困难帮扶、精准就业管理为核心高校毕业生就业服务机制，对毕业生就业率和就业质量的提升能起到积极推动作用。

二、精准就业服务实现的基础现状

（一）信息化建设为精准就业服务提供了强有力的保障

近年来，各高校都在大力打造"智慧型校园"，随着信息化建设的不断深入，与高校毕业生就业工作相关的信息系统和管理平台均呈现快速发展。就湖南省而言，全省所有大中专院校毕业生就业去向统计都统一使用"湖南省大中专院校毕业生就业办公信息系统"进行管理，学生就业单位所在区域、所属行业、单位性质、单位地址等都有详细记录并进行了分类统计；全省80%以上本科院校均建有专门的校园招聘服务平台。传统的宣传栏、报纸、广播、短信等就业信息发布渠道也逐步被微信、微博、App等新型信息传播媒介所取代。

就业管理工作更加趋于数据化，就业服务更加趋向人性化和便捷性。以湖南理工学院为例，学院打造了便捷高效的"互联网＋就业服务"工作模式，通过微信公众平台，企业可以申请校园招聘，学校管理部门可利用平台简化工作流程，提高工作效率，利用平台数据进行相关数据分析和精准就业指导，学生可通过平台获取招聘信息，实现"指尖上的就业"。

众所周知，就业工作的主要参与者是学校、学生、企业，三者相互影响、相互关联。三者在信息时代背景下通过网络进行了数据化处理，产生了庞大且相互关联的就业大数据。通过对大数据的整理和分析，我们可以精准研判当前就业形势、精准掌握学生多元化需求、精准强化就业指导服务薄弱环节等，进而真正意义上提升高校毕业生就业工作服务水平。

（二）精准就业服务面临的问题和挑战

高校信息化建设为精准就业服务提供了一定基础，但目前精准就业服务还处于探索摸索阶段，构建一套健全的精准就业服务体系仍然存在一些问题和挑战。

1. 工作队伍专业化程度不高

当前，绝大部分高校均专门成立有毕业生就业指导中心且配备了一定数量的专职工作人员，由于精准就业服务需要对就业大数据进行整理和分析，要求工作人员具备相当的数据处理分析能力，一般高校的毕业生就业指导中心人员配备还达不到要求。同时，精准就业服务不仅仅是学校管理层面的工作，更具体的工作需要各院系的就业同志去落实和执行，而各院系的就业同志往往是年级辅导员或班主任担任，本身就担负着繁重的日常学生管理的事务性工作，工作时间受限且缺乏连续性，导致精细就业服务工作不细致、不系统、不到位。

2. 数据收集方式滞后

精准就业信息服务要求充足的基础数据做支撑，但目前高校普遍采用的信息收集手段和渠道存在明显不足，导致信息采集不完整，就业服务不精准。比如说对学生就业意向的采集，主要集中在学生基本信息、意向岗位、意向薪资、单位所在区域和性质等显性指标的采集，而忽略了家庭背景、性格兴趣特征、职业发展路径等重要隐性指标的采集。就业大数据不仅仅只包括企业用人需求信息、学生就业意向信息，不是简单的企业与学生供需匹配。比如，对毕业生参加校园活动情况统计，绝大多数高校只能做到单纯的单场招聘会毕业生参会数、应聘数和签约数等数字统计，不能精准到毕业生参加各类招聘的个人数据统计，从而无法对毕业生参加多场活动进行系统分析，无法对毕业生情况保持持续关注，难以找到毕业生未就业的真正原因。同时，就业大数据的获取渠道不是单纯的通过发放问卷调查、查看学籍档案等方式获得，而是需要通过收集学生学习、生活、工作等多个方面的维度的数据获得。

3. 数据分析缺乏连续性

当前高校开展的就业信息的收集，往往集中在学生入校前或进入毕业季前等固定时间段，数据分析往往依据的是单次数据，只能采取简单的基础性分析，缺乏对整个大学期间学生职业发展变化的分析，比如学生在入校时设定自身的职业生涯规划路径时，由于缺乏对外部世界的理解，职业生涯路径会随着自身阅历发生调整和变化。同时数据分析不应该只仅限于在在校期间，应该延伸至毕业后3~5年，从学生毕业后的职业发展路径分析，能更加有效地反馈大学期间所开展的就业指导服务工作效果。

4. 就业指导服务缺乏差异性

现阶段的大学生较"80后"一批大学生有着明显的个体差异，主要表现在具有相对独立的价值观、较稳定的心理认知。网络信息化时代让学生接触到了较为丰富的社会信息，通过自身专业学习情况和外界行业资讯的匹配，使其对待自身职业发展有着自己的认知。因此，在信息时代背景下，高校大学生的个人需求也呈现多元化和多样化，对高校就业服务的需求也相应提出了更高的要求，而不是传统标准化的就业指导，高校就业服务要根据学生群体的不同针对性制订差异化的就业指导，实现真正的精准就业指导。[2]

三、精准就业服务机制的具体实施

高校毕业生精准就业服务机制的构建，可以从精准工作方向、精准意向采集、精准就业指导、精准信息对接、精准困难帮扶、精准就业管理六个方面进行探索，本文以湖南理工学院精准就业服务体系为例进行研究。

（一）精准工作方向

1. 准确理解精准就业服务内涵

精准就业服务体系的构建对高校毕业生就业服务工作体系提出了明确的要求，高校在体系构建时需要有顶层设计，要有合理的规划布局。学院将"精准化"理念作为当前就业服务工作的核心，贯穿于毕业生就业工作的整个过程，结合最新国家和地方促进大学生就业创业的政策措施，梳理政策重点和具体要求，根据学校的实际情况，通过政策和问题导向、通过供需的匹配来引导精准就业服务体系构建。

2. 明确精准就业服务构建主体责任

学院形成了毕业生精准就业工作的"联动机制"。从学校层面来说，提高各级、各部门的责任意识，使每个部门、每个领导、每个教职员工在毕业生精准就业工作上都成为责任主体，形成"全员参与、齐抓共管"的工作格局；加强对毕业生就业工作人力、财力、物力的投入，为精准就业工作提供有效的支持；完善精准就业工作目标责任制，明确院、系两级的毕业生精准就业工作职责。精准就业服务主体责任的明确，对于促进精准就业服务体系的构建能提供推动作用。

3. 加强就业工作队伍建设

按照"职业化、专业化、信息化、全程化"的要求打造一支高素质的就业工作队伍，是做好毕业生精准就业工作的前提。学院专门下发了《关于设置固定就业专干的通知》，并对设立了固定就业专干的院系补贴0.5个编制的工作量，改变了以往由毕业班辅导员担任就业专干造成的队伍不稳定状况，构建了就业专干、毕业班辅导员、论文指导教师、学生就业工作志愿者"四位一体"共同开展就业工作的模式。同时，定期举办就业专干培训会、聘请专家开展就业政策解读、职业生涯规划、就业指导等方面的专题讲座，提高理论水平；组织进行"湖南省大中专院校毕业生就业办公信息系统""远航职业测评软件系统""湖南理工学院云就业平台"的操作培训，提高业务水平；组织参加教育部、人保部组织的职业规划师和职业指导师的资格认证培训，提高专业化水平。

（二）精准意向采集

精准就业服务的基础需依托就业大数据，而精准就业服务的主体是高校大学生，因此学生数据的采集就显得尤为重要。

学院将学生就业意向采集作为精准就业服务的重要内容，在学生进入毕业季前，通过微信公众平台开展就业创业意向问卷调查。通过调查主要采集学生基本信息、就业态度、择业意向、指导需求以及意见和建议五个维度的信息，注重隐性信息的采集。其中个人基本信息采集延伸到家庭背景、兴趣性格等隐性数据；就业态度采集延伸到学生个人职业发展路径规划；择业需求采集延伸到国家和地方基层项目、中小企业就业选择等。[3]

信息采集不仅仅是单次数据的收集，要针对性做好精准就业服务，还需收集学生日常学习、生活、工作相关的动态信息，比如担任干部情况、实习实践情况、校园活动参与情况、学业科研情况等，基础信息是能反映学生当下现状，而动态信息能反馈学生发展过程，只有静态、动态信息的融合，才能更好地差异化进行精准就业指导。

意向信息采集的精准和完整，取决于信息采集的方式和信息指标的设计。通过 2016 年、2017 年、2018 年三年不同的大学生就业创业意向调查方式研究分析，我们发现大学生在一定程度对实名制信息采集有抵触情绪，一方面表现在对传统纸质、网页信息采集方式的不便捷；另一方面表现在信息采集出现了信息不准确的情况，特别是涉及家庭背景、兴趣性格、职业发展路径等隐性数据的采集。就业信息的采集方式要尽可能采用大学生日常学习、生活中常用的新媒体媒介，如微信公众平台、校园 App 等，便于学生填写；要利用信息科技手段对学生信息进行实名制匹配，如学院通过开发微信公众平台的后台程序，将求职、就业指导、课程学习、就业调研等功能集于一体，通过前期将学生基础数据导入和学生课程学习认证，系统在平台后端自动匹配学生基本信息，完成实名制认证。学生在后续开展就业创业意向问卷调查时，无须进行个人基本信息的填写，能够极大地缓解大学生对个人信息采集时的敏感和抵触情绪，从而提高信息采集的精准度和完整度。[4]

（三）精准就业指导

高校大学生个人需求的多元化和多样化，决定了精准就业指导的核心是个性化、差异性指导。传统标准化、灌输式的就业指导方式已不适应新的就业服务体系。

做好精准就业指导，主要把握好两个方向。一是要明确精准就业指导源于学生群体发展的不均衡和个体差异性，开展精准就业指导要深入挖掘指导对象的个人基础信息和发展动态信息，了解到学生需求，找出影响个人职业发展的因素，结合个人意愿以及市场需求情况给予针对性的指导。比如，我们毕业生通过手机微信二维码即可完成校园招聘会参会登记，实现个人数据化的管理。通过数据我们发现：有部分毕业生没有签约但又从未参加过校园招聘会，有部分毕业生参加招聘频率很高，但得不到面试机会，迟迟未签约。两者均需我们进行介入指导，前者可能需要从学生就业态度、择业意向入手进行精准就业指导，后者需要从求职技巧、就业材料准备入手进行精准就业指导。二是做好精准就业指导的跟踪反馈服务，依靠就业大数据实时了解学生接受指导后的情况，根据情况适时调整就业指导方式、方法以及频率。

（四）精准平台对接

在市场需求主导，"双向选择、自主择业"的就业竞争机制下，用人单位和学生群体是就业的两个主体，搭建精准供需交流平台是促进毕业生顺利充分就业的重要手段。做好精准平台对接，可以从三个方面落实。[5]

1. 收集整理就业市场需求大数据

数据主要包括形势政策类信息和用人单位需求信息，前者包含国家当前经济形势和发展规划、各层级促进毕业生就业的优惠政策、各类招考政策和信息等；后者便是我们常规收集的用人单位日常招聘需求信息，行业状况和学科发展信息。[6]其中行业状况和学科发展信息的收集往往是我们所忽视的，认为其主要跟教育教学相关。学院近五年的校园招聘数据表明，行业发展状况信息的收集，不仅仅有助于教育教学改革，还能帮助我们针对性开展就业市场对接。比如说通过开展2015年、2016年体育行业发展调研，我们发现体育行业发展状况跟企业进校招聘体育专业学生的数量极不对称，不对称主要表现在地域差异性和行业发展信息不通畅，一线、二线和沿海城市体育人才的需求量非常大，体育人才的需求不仅仅局限于教练、教师岗位，而是朝场馆运营、赛事活动组织方向发展。信息的不对称导致进校企业招不到毕业生，毕业生对未知的体育发展方向感到迷茫，从而错失就业良机。

2. 建立快速便捷对接平台

校园招聘是解决毕业生顺利充分就业的重要途径，按照类型不同可以分为网络招聘和现场招聘，快速、便捷的校园招聘平台有助于提高校园招聘工作效率。校园招聘服务平台既要满足企业的招聘需求，也要满足毕业生的求职需求，除了具有较强的服务功能外还应具备有较强的数据统计功能。以湖南理工学院为例，学院打造了便捷高效的"互联网+就业服务"工作模式，搭建了传统毕业生就业网与微信工作公众平台互联互通的"云就业平台"。通过云就业平台，用人单位可快速申请线上、线下各类校园招聘，在线与毕业生开展招聘交流；毕业生可通过平台获取最新校园招聘宣讲会和网络就业求职信息，直接网络投递简历并与用人单位开展在线交流，也可通过平台开展职业生涯规划测评、网络课程学习，真正实现指尖上的就业。学校毕业生就业工作管理部门可简化就业工作流程，实现工作信息化管理，通过平台的用人单位基础数据、学生参与校园招聘的数据精准开展就业指导服务。云就业平台自 2016 年搭建，用人单位入驻数量达 3086 家，进校招聘企业数量较上年度增长 110%。用人单位数量的急剧增加带动了毕业生求职欲，1 年来，毕业生对校园招聘宣讲会点击次数达 35 万人次，毕业生生均参加校园招聘场次系数由之前的 1.6 提升至 3.7。

3. 实施个人定制性信息推送

当前，绝大部分高校就业工作管理部门在进行就业信息推送时，基本采用的是通过就业网、微信、微博、QQ 群、宣传栏等宣传媒介统一推送。由于学生个体发展差异性，每位学生对就业信息的需求方向均不相同，导致学生会接收海量与自身需求无关的信息，加之学生系统的信息筛选能力不强，甚至给学习生活带来干扰，部分学生选择关闭信息提醒，进而错过一些重要信息。因此，精准就业信息推送对提高信息传送有着重要意义。落实精准就业信息推送，实施个人定制信息推送，就必须要采取信息化手段实现。以湖南理工学院为例，学院搭建的云就业平台具备信息推送定制功能，学生在完成就业创业意向问卷调查时，系统会记录学生求职择业意向相关数据，学生可以通过手机定制自身所需的就业信息和招聘会，每当有相对应的就业信息和招聘会发布时，学生可以第一时间通过手机微信接收相对应的定制信息，非定制信息将直接屏蔽掉。同时，院系两级的就业工作管理工作人员，可以将就业信息根据学生专业、班级、不同的求职意向单独或集中推送，真正实现了个体需求信息推送。

（五）精准困难帮扶

就业困难帮扶首先要摸排就业困难群体，建立困难情况和就业意向档案，了解他们的经济状况、学业情况，掌握他们的思想动态。针对家庭经济困难毕业生、残疾毕业生、少数民族毕业生、零就业家庭、重灾区、农村生源等就业困难毕业生群体，建立"一对一"的帮扶机制、实行"一生一策"的动态管理，通过开展个性化辅导，精准岗位信息推送，做好精准帮扶，帮助他们尽快实现就业创业。以湖南理工学院为例，每年 6 月，学院就业管理部门均会组织离校未就业的毕业生外出求职，提前将毕业生求职意向与用人单位人才需求进行匹配，带领毕业生直接跟用人单位面对面交流，直接精准解决困难学生就业。

（六）精准就业管理

精准就业服务是全过程管理，精准就业服务不仅仅只面对在校大学生，应延伸至学生毕业3~5年后，由于该阶段毕业生职业发展趋向于稳定，就业跟踪反馈数据具有一定的现实意义。要建立完整的精准就业服务体系，就要实施用人单位、学校、学生三位一体的就业跟踪精准反馈机制，通过企业对毕业生的质量跟踪评价，通过毕业生对自身职业发展路径的跟踪，收集人才培养和职业发展教育的反馈信息，对于促进学校教育教学改革，提升毕业生就业质量具有重要作用。

精准就业服务的延伸，给就业管理工作带了新的挑战，要求就业管理更具有整体性。精准就业管理到位与否，直接关系到精准就业服务的效果。精准就业服务工作考核，既要有就业率的保障，也要有就业质量的体现。在就业率保持相对稳定的基础上，要有专业对口率、职业发展状况、签约率等体现高质量就业的数据为评判标准。

参考文献

[1] 王美丽. 大数据时代高校精准就业服务工作研究 [J]. 思想政治教育，2016 (6)：84-88.

[2] 吕媛. 高校毕业生精准就业服务的理论内涵与实践探析 [J]. 理论前沿，2017 (13)：40-44.

[3] 石云生，宗胜旺. 构建大学生精准就业服务体系校 [J]. 劳动/就业，2017 (2)：136-138.

[4] 张莉鑫，黄冠. 信息化条件下高校精准就业服务工作路径探索 [J]. 实践探索，2017 (4)：44-47.

[5] 李明月，张朝红. 建立健全高校精准就业服务机制——以西北农林科技大学机械与电子工程学院为例 [J]. 教育时空，2016 (21)：136-137.

[6] 王晓玲. 构建普通高校毕业生公共就业服务体系路径探析 [J]. 白城师范学院学报，2016 (11)：45-47

新形势下高校应届毕业生就业期望匹配度调查研究*

——以武汉大学 2017 届毕业生为例

吴蓉芳**

（武汉大学，湖北武汉　430072）

摘　要：不断变化的就业市场需求、日渐个性化的高校毕业生对于就业服务的精准度提出了更高的要求，用人单位招不到合适的人才与应届毕业生找不到合适的工作之间的矛盾日渐凸显。高校校园招聘已经出现用人单位进校时间提前化、招聘形式"空中化"、能力考查综合化等特点。本研究通过对武汉大学 2017 届毕业生校园招聘专场招聘单位情况以及毕业生就业期望情况的调查，发现双方的匹配差异，并针对性地提出对策和建议。

关键词：校园招聘；就业期望；能力匹配度

一、前言

中共十九大报告发出了实现更高质量和更充分就业的"动员令"，首提"大规模""全方位"和"人人"，意味着今后中国积极就业政策覆盖面将更广，就业服务更加周到细致，受益者将更多。

2016 年，教育部要求建立健全精准推送就业服务机制，促进毕业生更加充分和更高质量就业。高校校园招聘作为高校毕业生就业的最主要渠道，在毕

---

* 该论文在全国高等学校学生信息咨询与就业指导中心举办的"2017 大学生就业创业实证研究论文征集评奖活动"中荣获二等奖。

** 作者简介：吴蓉芳（1987— ），女，湖北宣恩人，硕士，武汉大学学生就业指导与服务中心就业信息与市场开拓办公室副主任，国家二级心理咨询师，国家二级人力资源管理师，研究方向为就业市场、就业指导、职场礼仪。

业生更高质量就业过程中承担着举足轻重的作用。高校就业市场走在毕业生就业第一线，在毕业生就业与用人单位招贤纳才过程中充当桥梁，为二者的匹配提供平台，开放、活跃的高校就业市场必将带动毕业生就业热情、提升就业质量。

近几年来，社会经济形势迅速变化，用人单位的用人需求也相应发生了较大的改变，特别是对于高校毕业生的招聘要求越来越严格。社会经济形势的变化必将会影响高校校园招聘以及高校就业市场，越来越多的用人单位选择更早地进校抢占优质生源，大量的校园招聘会集中召开，毕业生目不暇接，这在一定程度上丰富了高校就业市场，但是过于集中的校园招聘会，也使毕业生更加难以选择。

高校毕业生的就业需求也随着整个社会的不断变化而随之变化，一部分毕业生已没有就业的紧迫性要求，而是更多的选择满足自己个性化的需求。对于这部分群体，用人单位如果只是依靠已有的招聘模式，难以留住个性化人才。

高校就业市场的建设与拓展必须跟随经济形势的变化趋势，因势利导，促进用人单位与毕业生之间的高效匹配。当前众多高校就业市场更多的依然是依靠已有的就业市场模式，对于经济形势的感知度并不明确，高校就业市场创新模式有待开发。

二、高校校园招聘现状和发展趋势

（一）高校校园招聘研究综述

高校校园招聘作为大学应届毕业生就业求职的主要途径，近十年来逐渐成为社会关注的热点问题，国内也对其进行一定的研究，主要集中在校园招聘现状、优势、有效性、存在的问题以及具体的对策几个方面，各位学者普遍认为校园招聘不管是对于毕业生个体，还是对于高校、企业以及对于整个社会都有举足轻重的作用。对于毕业生个体来说，钟申娟（2014）、邱浩（2013）提出校园招聘首先能够切实解决毕业生就业的现实问题，为毕业生提供就业途径，相对来说也降低一部分毕业生求职成本。[1]对于企业来说，邱浩（2013）认为校园招聘有利于企业吸收优质人才，提高企业招聘的针对性，同时有助于企业培养潜在的消费人，更重要的是有助于加强企业知名度，树立企业良好的雇主形象（钟申娟，2014；邱浩，2013）。[2]

高校校园招聘的有效性也有相应研究，主要集中在有效性的影响因素方面，其中招聘人员的专业性是普遍认为的因素（王倩、程杏花，2013；张晓春、卢平平，2012），除此之外，王倩、程杏花（2013）认为企业提前进校开展校园招聘、高校地理位置、校园招聘会的不同形式、就业指导和职业生涯辅导的不完善等也是影响有效性的重要因素。[3]张晓春、卢平平（2012）从企业角度开展研究，发现除了招聘人员之外，高校实力、毕业生能力、求职技巧、高校培养方式、职业生涯咨询、企业招聘准备等对是校园招聘有效性有较大影响。[4]

高校校园招聘也存在一定的问题，高校层面，主要是筛选不严、重视不足、服务不规范等；用人单位层面，主要是人员不专业、信息不准确、进校时间点不恰当等；毕业生层面，主要是求职观念偏颇、求职途径多样、违约等（钟申娟，2014；吴红波、薛童，2010）。[5][6]李向荣（2012）认为除了其他学者提到的问题之外，还提出了反馈的重要性，认为缺少招聘结果的反馈是存在的很重要的问题。[7]聂婷（2006）从公正性角度研究了校园招聘问题，指出招聘的公正性会对应聘者的行为和态度以及职业选择产生影响。[8]

国外因为体制的关系，校园招聘跟国内有较大差异，相对来说用人单位直接进入校园进行校园招聘也较少，荆德刚（2009）全面分析了英国、美国、日本、德国、俄罗斯等一些国家高校毕业生就业模式，指出校园招聘仍是多数国家大学生就业的主要渠道，而国外主要是采用学生自主择业、学校强化指导和政府宏观调控的机制。国外学者 Rynes、S. L、Orlitzky、M. O. 和 Bretz, R. D.（1997）研究了校园招聘和社会招聘的差异性，认为社会招聘更具有优势，适应力更强，应聘者对企业的掌握更全面，对企业的期望更具优势。Slaughter Jerel E.、StantonJeffrey M. 和 Mohr David（2005）通过对 223 名校园招聘的应聘学生的调查发现，不同应聘者感知到的组织吸引力有显著差异，进入每个甄选环节的应聘者也都有显著差异。

（二）基于工作搜寻理论的校园招聘研究综述

我国学者对基于工作搜寻理论的校园招聘也进行了分析，除了王倩、程杏花（2013）以外，汪霞、钱小龙（2012）基于工作搜寻理论，分析了高校课程机构调整与大学生就业的关系，认为成本问题是大学生工作搜寻的主要影响因素[9]。韩宏华、孟益宏（2010）基于扬州大学2008届毕业生的调查，分析了工作搜寻理论视角下的地方高校毕业生就业问题，发现毕业生工作搜寻存在成本和渠道的差异性，个体的预期、能力水平、专业、性别等主观因素以及学校名气、就业服务水平、社会环境、政府政策等客观外部因素也对工作搜寻行为产生影响。[10]冯小俊、韩慧（2014）以及朱姝（2014）在之前研究的基础上，也对大学毕业生工作搜寻行为的影响因素进行了分析，除了之前提到的自身的各方面因素外，外在因素方面还增加了家庭因素，同时企业搜寻成本也会对用人单位搜寻行为产生影响进而影响毕业生的搜寻行为。[11][12]

（三）基于长尾理论的校园招聘研究综述

丁纯杰2014年提出了基于长尾理论的高校毕业生就业市场开拓战略，认为高校毕业生就业市场具有长尾市场的特征，并提出了相应的市场开拓策略。[13]2017年，叶晓勤也讨论了长尾理论在高校就业工作中的适应性问题，认为大学毕业生和就业市场都符合"长尾"特征，大学毕业生的多层次需求满足了尾部就业市场的丰饶性和多样性，网络时代降低了供应尾部市场的成本，提高了供求匹配效率，同时就业市场的多元化需求造就了无限长的长尾。[14]并在此基础上提出了相应的对策。

（四）高校校园招聘新特点

1. 校园招聘招资源分布两极分化

根据近几年各大高校校园招聘情况来看，越来越多的用人单位倾向于去重点院校、行业背景院校、职业类院校，相比一般院校校园招聘不管是从数量上还是质量上都有所欠缺。

2. 校园招聘进校时间提前化、形式空中化

高校校园招聘用人单位进校时间基本都是集中在秋季学期的9月、10月和11月以及春季学期3月、4月，从2014届到2016届校招时间分布来看，有明显的提前进校趋势，这在专场招聘方面表现更为明显，大部分仍然集中在10月和11月，但是9月进校的单位数明显增加，2014届占6.1%，2015届占8.62%，2016届占11.46%。加上越来越多的用人单位采用"空中宣讲"方式

进行互联网渗透，甚至在 8 月就已经开始提前进行校招。

3. 用人单位更重于考核学生综合素质，专业边界模糊化

未来职业的一大发展趋势是职业和行业边界的模糊化，这已经在校园招聘中表现得越来越明显。越来越多的用人单位校招时考察的更多的是学生的软性技能，对于专业的要求除了一些特定的岗位外，要求已不太严格。越来越多的用人单位选择了专业不限，然后通过面试等技术手段筛选出软技能特别是综合素质突出的应届毕业生。大学生就业市场上表现比较突出的一点就是，越来越多的用人单位提出了管培生计划，大量的投入人力、物力、财力进行这类人才招聘和培养。

4. 学生职业忠诚度表现明显

现在的大学应届毕业生大都是"95 后"，他们的教育和生活背景决定了他们在选择就业时，已不再是仅仅考虑温饱问题，更多的是考虑平台、发展、职业规划等，这在很大程度上决定了他们在就业并选择一份职业时，考虑更多的是行业、职业发展前景，而不再仅仅是考虑企业的规模和性质，他们更多的是希望在工作中能够突出自身的个性特质和特色。

三、高校大学生就业市场用人单位需求和应届毕业生能力匹配情况

我们针对在武汉大学召开专场宣讲招收 2017 届毕业生的用人单位全部进行了统计。同时，为了做对比分析，我们从 2017 年 2 月 15 日开始，截至 6 月 15 日，针对武汉大学 2017 届参加校招的毕业生进行了调研，共收到问卷 300 份，其中有效问卷 288 份，问卷有效率达到 96%。我们特意选择了在春季做这个调研，是希望能够在毕业生已经参加了至少一个学期的校园招聘之后能够对自身有个更加成熟的自评。

（一）单位性质匹配情况

从表 1 中可以看出，进校招聘单位性质分布与学生期望有所差别，特别是党政机关和事业单位，学生进入这些性质单位工作的期望远远超过了实际来校招聘单位比例。而企业单位方面，进校需求比例明显高于学生期望比例。这一方面可能与不同性质单位本身的招聘需求有关，经济的持续稳定增长，使得企业单位必然是招人用人的大头，加上本身开放流通的人才流动环境也使得企业

单位的用人需求更大。同时众多党政机关和事业单位还不适应于直接进入高校开展招聘工作，大都是沿用以前的统一考试的办法。但是我们也发现不乏有机关单位开始调整形式、吸纳人才，突破已有的招聘模式，开展新的招聘渠道和模式，吸引更多高层次人才。同时学生方面，也存在着一定的认识问题。虽然机关单位和事业单位的热度近几年在逐渐降低，但由于这些单位的稳定性等特点仍然吸引着一部分的高校毕业生。

表1 2017届专场招聘单位性质与学生期望对比分布

单位性质		来校专场招聘单位比例（%）	学生期望就业单位比例（%）
党政机关		2.82	10.41
事业单位	科研设计单位	2.06	9.72
	高等教育单位	2.54	9.38
	中初教育单位	0.76	4.51
	医疗卫生单位	0.34	3.13
	其他事业单位	3.58	1.74
	小计	9.28	28.48
企业单位	国有企业	24.28	19.44
	三资企业	12.04	11.81
	其他企业	51.38	29.86
	小计	87.69	61.11
部队		0.21	0
合计		100.00	100.00

资料来源：本研究整理。

（二）单位行业匹配情况

从表2中可以看出，进校招聘单位行业分布与学生期望就业的行业分布有较大差别，进校招聘单位行业排名前五主要是房地产/建筑/建材/工程（11.83%），金融/银行/投资/基金/证券（8.87%），计算机软件（7.08%），互联网/电子商务（6.53%），教育/培训（6.12%）。学生期望就业的行业分布方面，位于前五位的分别是金融/银行/投资/基金/证券（13.89%），政府/

公共事业/非盈利机构（10.07%），互联网/电子商务（9.03%），教育/培训（6.6%），学术/科研（6.6%），6~8位分别为计算机软件（6.25%），IT服务（系统/数据/维护）/多领域经营（4.86%），咨询/管理产业/法律/财会（4.86%）。

表2 2017届专场招聘单位行业与学生期望对比分布（部分）

行业	来校专场招聘单位比例（%）	学生期望就业单位比例（%）
房地产/建筑/建材/工程	11.83	3.82
金融/银行/投资/基金/证券	8.87	13.89
计算机软件	7.08	6.25
互联网/电子商务	6.53	9.03
教育/培训	6.12	6.6
IT服务（系统/数据/维护）/多领域经营	4.61	4.86
政府/公共事业/非盈利机构	3.37	10.07
咨询/管理产业/法律/财会	1.38	4.86
学术/科研	1.31	6.6
合计	51.1	65.98

资料来源：本研究整理。

我们发现虽然进校开展专场招聘的房地产类用人单位比例较大，但是学生对于进入该行业的期望并没有排在前列；对于银行投资类，学生的热度仍居高不减；同时学生对于计算机和互联网类用人单位的热度虽然相比进校单位的比例而言并不靠前，但是我们发现因为分类比较细，可能存在着部分学生对于行业分类有难以区分的情况存在，如果把几个相关（互联网/电子商务、计算机软件、IT服务（系统/数据/维护）/多领域经营）行业合并来看的话，仍然占据了绝对高度。特别是，我们发现在这之中表现特别突出的是教育/培训类行业，不管是进校比例上，还是学生期望比例上，都表现较为突出，这与该行业的发展态势以及行业的待遇因素有较大关系，特别是近几年非学历教育/培训机构的兴起，他们花大量的精力和财力吸引大学应届毕业生，使得毕业生对于该行业的认知有了较大的改变。

（三）用人单位最关心的条件匹配情况

我们对用人单位和应届毕业生分别进行了问卷调查，调研双方对于用人单位在校招过程中最关心的条件进行了排序选择，具体情况如表3所示。

表3　2017届专场招聘用人单位最关心的条件匹配情况

项　目	用人单位看中情况	应届毕业生认为情况
毕业院校	3	1
综合能力	1	2
实习实践经历	8	3
学历	9	4
专业技能	2	5
性格与岗位吻合度	6	6
发展潜力	4	7
学习成绩	7	8
职业素养	5	9
其他	10	10

资料来源：本研究整理。

从表3中我们发现，应届毕业生普遍认为毕业院校是用人单位最为看重的，其次是综合能力，再是实习实践经历，而对于职业素养、发展潜力等条件则较为忽视。而实际情况来看，用人单位最为看重的是毕业生的综合能力、专业技能和毕业院校，同时职业素养、发展潜力也排在比较靠前的位置。这说明应届毕业生对于用人单位的选人标准以及用人标准认识方面还比较欠缺，这也在很大程度上导致了用人单位招不到合适的人才，毕业生招不到合适的工作的这一矛盾的大量出现，这对于高校的就业指导提出了较高的要求。

（四）用人单位最看重的在校经历匹配情况

我们对用人单位和应届毕业生分别进行了问卷调查，调研双方对于用人单位在校招过程中最看重的在校经历进行了排序选择，用人单位排在前六位的是：同行业的实习经历、项目经历、学生工作经历、科研经历、多元化的实习经历、比赛经历，应届毕业生排在前六的是：同行业的实习经历、学生工作经历、项目经历、科研经历、比赛经历、多元化的实习经历。

我们发现对于在校经历，应届毕业生认为的情况与用人单位实际看中的情况比较统一，只是有细微的差别，这在很大程度上显示了武汉大学学生比较了解用人单位在在校经历这一方面的喜好，同时本身在校期间对于这些经历也比较看重，进而相对来说经历也比较丰富，这对于毕业生应聘来说，是很占优势的方面。

（五）应届毕业生应聘过程中各项素质和能力表现的匹配情况

对于应届毕业生在应聘过程中各项素质和能力的表现，我们也分别对用人单位和毕业生进行了问卷调查，具体情况如表4所示。

表4 2017届应届毕业生应聘过程中各项素质和能力表现匹配情况

项目	用人单位看重情况	应届毕业生认为看重情况	用人单位评价毕业生表现情况	应届毕业生自评表现情况
积极进取	1	8	11	2
分析解决问题能力	2	4	12	5
求真务实	3	9	2	1
专业能力	4	1	1	9
人际沟通能力	5	3	4	8
组织与协调能力	6	7	14	11
团队协作能力	7	5	10	6
自我管理能力	8	11	5	7
学习能力	9	2	3	3
实干与执行能力	10	10	9	4
语言表达能力	11	6	13	10
计算机应用能力	12	13	8	12
创新能力	13	12	6	13
外语能力	14	14	7	14
其他	15	15	15	15

资料来源：本研究整理。

从表4中我们可以看出，对于各项素质和能力，用人单位普遍最为看重的是积极进取、分析解决问题能力、求真务实、专业能力以及人际沟通能力，但是应届毕业生则认为用人单位最为看重的是专业能力、学习能力、人际沟通能力、分析解决问题能力和团队协作能力。这并不表示其他能力用人单位不看重，只能表示在应聘过程中用人单位更加注重这些能力的考察与考核，这也有可能是因为得分比较靠前的几项能力更加容易在应聘过程中考察。

同时我们还对应届毕业生的表现进行了调查，用人单位认为应届毕业生在应聘过程中表现比较突出的几项是专业能力、求真务实、学习能力、人际沟通能力和自我管理能力。同时应届毕业生对于自身的表现进行了自我评价，普遍认为自身表现比较好的几项是求真务实、积极进取、学习能力、实干与执行能力、分析解决问题能力。这说明应届毕业生对于自身能力表现的自我评价方面与用人单位的评价有一定出入，一方面有可能是因为学生对于用人单位的考核方法和标准不熟悉所致；另一方面也有可能是学生偏向于过高自我评价。

四、对策与建议

（一）高校继续加强就业市场的建设与开拓，巩固已有市场，关注长尾市场

继续通过"请进来"和"走出去"形式增加就业机会，巩固已有基础市场。虽然新行业新产业正在以飞快的速度出现，同时也增加了很多的就业机会，但是当今已具规模的就业市场仍然是高校毕业生的就业主要渠道。大平台、重发展仍然是毕业生就业考虑的重要因素。这部分市场需要加大巩固力度，高校需要加强与这部分用人单位的长效联系，开发出新的更深层次的合作模式。

同时要重视网络就业信息加工，关注长尾市场。就业市场之所以会出现企业招不到合适的人才与毕业生找不到合适的工作的矛盾，除了是因为较难改变的人才培养模式不能完全满足市场需求之外，很大程度上源于信息不对称和不能有效地运用信息。这就需要加大网络就业信息的加工力度，以更加明晰和快捷的方式向毕业生和用人单位提供信息，提高信息推送的精准度。特别是对尾部市场就业信息的处理，更需要进行细分和归类，如果不能快速、便捷地过滤筛选，长尾效应就会大打折扣。

（二）高校加强就业市场与就业指导信息双向反馈机制的建立，提高精准服务水平，有效进行资源整合

就业市场与就业指导二者是相辅相成的关系，就业市场是就业指导的先导。[15]大学生就业市场上的信息相对来说能够较大程度地反映当今职场上对于毕业生的各项要求，大学生就业市场是职场与高校之间一个很好的对接区域，然而目前并没有对这部分资源进行有效的利用，大部分高校就业市场只是充当了明面上的桥梁角色，给双方提供一个交流的场地，并没有把双方的资源进行有效的整合。就业市场上的实时信息如果能够及时反馈到就业课堂上，反馈到人才培养机制上，助力大学生职业能力和素养的提高，同时如果就业指导能够把课堂信息反馈到职场上，让更多的用人单位了解到当前大学生的真实想法，必定能够提高二者匹配度，提高校招有效性。

（三）用人单位改变校园招聘观念，开拓校园招聘新模式

很多内陆的用人单位以及众多的机关单位和事业单位仍然还是以前老旧的招聘观念和模式，认为"酒香不怕巷子深"，但是实际上很多高校毕业生对于这些单位了解甚少，信息不对称的现象仍然还是存在，大批想在这些单位就业且能力强的优质生源往往由于信息不对称而错失机会，用人单位也失去了宝贵的人才。这类用人单位应该加强与高校的合作，即使是通过全国统一考试的方式进行招聘，仍然可以在前期进行校园宣传，让更多的优质生源了解单位情况，只有了解了，才有可能应聘。同时，还可改变已有的招聘模式，将定向招聘与学校推荐相结合，提早进入高校，定向锁定优质生源，招聘更多合适的人才。

（四）大学生加强自身职业能力与素养的培养，注重职业生涯规划

作为校园招聘环节中最为重要的一方主体，除了提前了解招聘单位情况之外，更重要的是提升自己的职业能力与素养，增加自身与招聘单位的岗位匹配度，同时更加需要注重自身职业生涯的长远规划，未来职业和行业边界将会越来越模糊化，这对劳动者的软技能的要求将会越来越高，竞争者也会越来越多，如何才能在职业环境中逐步实现职业理想，考量的是全过程的匹配度。

参考文献

[1] 钟申娟. 高校举办校园招聘会的困境及对策分析 [J]. 北京教育学院学报, 2014 (28): 55-58.

[2] 邱浩. 高等学校校园招聘项目管理体系设计及优化研究 [D]. 吉林大学, 2013.

[3] 王倩, 程杏花. 工作搜寻理论视角下校园招聘有效性探讨——以西北农林科技大学2013届毕业生为例 [J]. 企业经济, 2013 (12): 64-67.

[4] 张晓春, 卢平. 企业校园招聘有效性影响因素研究——基于企业角度的问卷调查 [J]. 江苏商论, 2012 (8): 150-152.

[5] 钟申娟. 高校举办校园招聘会的困境及对策分析 [J]. 北京教育学院学报, 2014 (3): 55-58.

[6] 吴红波, 薛童. 高校校园招聘活动的运行基础和模式研究——以武汉大学为例 [J]. 中国大学生就业, 2010 (12): 2-5.

[7] 李向荣. 校园招聘中存在的问题及对策研究 [J]. 经济师, 2012 (12): 92-93.

[8] 聂婷. 校园招聘的公正性研究 [J]. 中国青年研究, 2006 (12): 57-61.

[9] 汪霞, 钱小龙. 高校课程结构调整与大学生就业: 基于工作搜寻理论的分析 [J]. 清华大学教育研究, 2012 (3): 21-27.

[10] 韩宏华, 孟益宏. 工作搜寻理论视角下的地方高校毕业生就业问题分析——基于扬州大学2008届毕业生的调查 [J]. 黑龙江高教研究, 2010 (5): 78-81.

[11] 朱姝. 基于工作搜寻理论的大学生就业问题分析 [J]. 思想理论教育, 2014 (6): 95-98.

[12] 冯小俊, 韩慧. 工作搜寻理论视角下我国大学毕业生就业问题研究 [J]. 中国劳动, 2015 (24): 30-34.

[13] 丁纯杰. 基于长尾理论的高校毕业生就业市场的开拓策略 [J]. 中国成人教育, 2014 (2): 31-33.

[14] 叶晓勤. 基于长尾理论的高校大学生就业促进对策研究 [J]. 黑龙江教育学院学报, 2017 (6): 17-19.

[15] 吴蓉芳. 高校就业市场与就业指导双向反馈机制初探——以武汉大学为例 [J]. 中国大学生就业, 2016 (16): 60-64.

基于经济视角下的吉林省女大学生就业成本问题研究

张婧群

(长春师范大学,吉林长春 130032)

摘 要:"就业,乃民生之本",大学生就业不仅事关大学生群体的切身利益和所在家庭的利益追求,更关乎我国高等教育的健康持续发展和全面小康社会的构建。本文正是基于这样的时代背景,从经济学的视角系统研究女大学生就业成本问题,并以吉林省为例探寻新形势下女大学生就业成本降低的合理化对策。文章首先就我国女大学生就业基本概况、女大学生就业成本构成及主要理论进行阐释,而后就基于经济视角下的吉林省女大学生就业成本进行实地调研和实证分析,在科学分析吉林省女大学生就业成本高的主要原因之后,有针对性地设计切实降低吉林省女大学生就业成本的合理化对策,即优化经济结构、完善女大学生就业保护制度、完善立法引领规范用人单位消除性别歧视、强化性别文化宣传营造良好公平就业氛围、更新观念全面提高个人素质提高就业能力。

关键词:经济视角;吉林省女大学生;就业成本

---

* 该论文在全国高等学校学生信息咨询与就业指导中心举办的"2017大学生就业创业实证研究论文征集评奖活动"中荣获二等奖。

基金项目:吉林省教育厅"十三五"社会科学研究规划项目(就业创业专项)研究成果,项目编号:吉教科文合字〔2016〕第423号,项目名称:应用教练技术提升吉林省高校"双困学生"就业能力研究。

** 作者简介:张婧群(1982—),女,吉林长春人,研究生硕士,长春师范大学副教授,就业指导教研室主任,研究方向为大学生就业创业教育。

一、女大学生就业现状与就业成本概要

（一）我国女大学生就业基本概况

从某种意义而言，大学生就业问题是一个十分沉重而又严峻的现实问题，尤其是从 1999 年扩招以来我国每年毕业的大学生数量日益增加，加之往届未就业的待业大学生也在参与到就业市场竞争之中，从而导致本就十分严峻的大学生就业问题更加突出。来自中国人力资源和社会保障部的权威统计数据显示，2015 年全国各级各类高校毕业生规模达 749 万，预计到 2016 年全国高校毕业生总数会达到 761 万。2015 年 7 月，由麦可思研究院调查编著的《2014 中国大学生就业报告》显示，全国 2014 届高校毕业生在毕业半年以后全职受雇的比例仅为 80.1%，相对于 2012 年和 2013 年分别下降了 3 个百分点与 2.5 个百分点；与此同时，处于完全失业状态的人数占比高达 8.1%。在我国大学生群体中，女大学生的比重已经超过 45%，然而在就业方面女大学生的就业率仅为男大学生就业率的 80%，女大学生就业机会好、就业质量低和就业成本高的问题十分突出。全国妇联 2016 年 3 月发布的权威报告显示，女大学生要获得一个面试机会平均需要投递 10 份简历，远高于男生平均 6 份简历水平。在就业质量上，用人单位由于性别歧视，导致女大学生的就业空间窄、就业质量不高，"高精尖领域，女大学生的占比仅为 30.5%"。最为严峻的则是，女大学生的就业成本，主要包括资金、时间、精力和心理等方面投入远高于男生。一句话，女大学生就业问题十分突出！

（二）女大学生就业成本构成要素

经济学认为，"成本"是指从事一项投资计划所消耗的全部资源的总和。[1]

关于女大学生就业成本的构成，本文认为主要可以从经济学层面进行分类，即女大学生的显性就业成本和隐性就业成本，前者主要包括金钱成本和时间成本，后者主要包括精力成本和心理成本。女大学生就业成本中，金钱成本的付出是显而易见的，不仅像男大学生那样要为考取各种资格证书、制作精美的简历、参加各种招聘会和交通信息等方面花上一笔不菲的费用，还要为包装自己再花上一笔不菲的费用,即购买各种化妆品、饰品、做头发甚至包括美容和整形而导致的一笔开支。时间成本对于女大学生求职而言,主要包括利用寒暑假进行社会实践和做各种兼职,尤其是到了毕业班很多女大学生由于要面对课堂学习和求职的两难境地,往往选择游走于各种招聘会,专业学习几乎成为了毕业班的副业。在隐性成本中,女大学生就业的精力成本主要是指在求职中,要充分发挥自己的主观能动性,展现自己的才华,以便赢得用人单位的青睐,从而必须要耗费大量的精力和心血,造成不少女大学生的毕业论文无法如期完成或者质量不高匆匆了事。心理成本主要是指女大学生在就业过程中,往往要面对用人单位的性别歧视,必须要承受巨大的社会压力,从而给女大学生的就业带来严重冲击,导致本来就十分严峻的就业形势更加严厉。

(三)女大学生就业成本理论基础

女大学生就业成本的理论基础十分丰富,限于篇幅本文在这里主要就机会成本理论和交易成本理论进行简要阐释,从而为后文的实证分析和对策设计提供坚实的理论基础。机会成本是现代西方经济学中的一个重要成本理论和假说,它是指由于资源稀缺导致经济主体在从事某种经济行为时而不得不放弃其他相关经济行为而导致的利益损失。比如,对于女大学生而言,在毕业班期间时间整体上就是一年,如何平衡在这一年时间内的专业学习和求职以及进一步深造等就会涉及机会成本的概念。为何很多女大学生在毕业班期间宁愿放弃专业学习,也要提前进入职场进行实习和锻炼呢?其目的显而易见,就是为了提升就业能力,在这期间自然就放弃了在教室内接受专业教育的机会。交易成本理论是由美国著名经济学家、诺贝尔经济学奖得主科斯在1937年提出的一种理论假说,其核心要义是指交易主体为了达成市场交易在整个过程中为了寻找交易伙伴、查询价格信息并进行货比三家而花费的全部费用之和。女大学生在就业过程中,为了找到符合自己意愿的就业行业和领域,尤其是喜欢的就业单位和岗位,必须要在激烈的市场竞争中参加各种招聘会、准备面试而进行的各种开支,尤其是为了包装自己所进行的衣着、穿戴和饰品配置等费用构成了就业和求职交易成本的重要内容。

二、基于经济视角下的吉林省女大学生就业成本调查及分析

(一) 货币成本及分析

为了深入系统地研究我国女大学生的就业成本问题，本文在这里主要从经济学视角，围绕吉林省的女大学生就业成本进行问卷调查和访谈，毕竟作为我国老工业基地的东北省份其就业压力，特别是女大学生的就业压力更为沉重，对吉林省女大学生就业成本进行分析更具有针对性。本次问卷调查主要围绕吉林大学、北华大学、长春师范大学、白城师范学院、长春职业技术学院等几所高校 2013—2015 届的 800 名女大学毕业生进行问卷调研和访谈。

问卷数据统计结果显示，吉林省女大学生从 2013 届到 2015 届用于就业方面货币资金规模越来越大，其中 2013 届、2014 届和 2015 届的生均就业花费分比为 2680 元、2945 元、3287 元。总体来看，吉林省女大学生就业成本在 2000～3500 元的比重为 69.7%。从就业成本的资金来源来看，吉林省女大学生中只有 18.5% 的资金来源是通过学生的奖助学金解决，其余 71.5% 的女大学生就业资金主要来源于家庭资助，其中有 23.4% 的女大学生因家庭经济困难在就业过程中的各项花费给家庭带来了很大的经济压力。问卷数结果统计表明，吉林省女大学生就业成本开支中主要有 5 大类别，即形象包装、应聘材料、考试培训、手机通信和其他项目，其中形象包装、考试培训、手机通信三项费用占据了总就业成本的 85% 以上，充分反映了女大学生就业难和成本高居不下的性别特征。

(二) 时间精力成本及分析

在问卷调研和访谈中，我们发现吉林省女大学生在就业中，不仅要花费不菲的资金成本，还要投入大量的时间和精力成本，甚至为了找一份好工作，经常要面临专业学习和求职的两难境地，并最终倒向了就业一方。在访谈中，吉林大学的不少女大学毕业生向我们反馈，总体而言伴随就业形势的逐步严峻，求职时间早已从 2013 年的周末与课余参加各种面试招聘会，逐步转向请假甚至旷课去参加各种面试招聘会，这种情况在 2015 届毕业生中表现的尤为严重，"经常旷课，甚至学院何老师默许我们为了求职可以不上课"。在访谈中，我

们发现吉林省女大学生中有超过80%的就业时间是从每年的10月开始，一直持续到次年的6月，尤其是次年的3~6月是大学生的就业旺季和集中求职时间。统计数据显示，吉林省女大学生的就业时间逐步延长，比如2013届的平均就业时间为4.5个月，2014届的平均就业时间为5.6个月，到了2015届则成了6.8个月，由此可见近年来吉林省女大学生的就业时间逐步拉长，并由此导致就业时间成本逐步增加。研究发现，吉林省女大学生在就业中不仅要投入大量的时间成本，还要付出相当多的精力，重点查阅各种就业信息、收集和整理就业资料及面试经验，系统了解用人单位的薪酬水平和发展空间等。

（三）心理情感成本及分析

从事业发展和职业价值追求来看，大学生在就业中主要是为了找到自己心仪、具有发展前景和发展空间、薪酬待遇优厚和人际关系和谐的用人单位，并以此为基础来回报家人多年来的悉心培育之恩，可以说整个求职期间大学生投入了丰富复杂的心理情感。[2]然而，在访谈中我们发现吉林省女大学生中很多由于担心找不到合适的工作而产生焦急、忧虑甚至信心全无的心理特征，从而进一步加剧了女大学生的就业难问题。问卷数据统计结果显示，吉林省女大学生在求职中的紧张焦虑和信息不足情况越来越严重，比如2013届女大学生中就业信息不足的占比为35.9%，到了2014届和2015届这一数字分别为44.5%和56.1%，由此可见女大学生的就业形势越来越严峻。与此同时，吉林省2013—2015届女大学生中，能够以轻松自如积极的心态面对就业的人员占比越来越低，从2013届的21.8%到2015届则降低为8.9%。由于就业压力大，大学生整体上供过于求，吉林省女大学生中不少求职人员，因在求职过程中经受了挫折，导致自信乐观的情绪逐步下降，甚至不少人员为此精神低迷，对未来就业和生活失去了信心，从而进一步抑制了自己就业竞争力的提升。统计数据显示，在吉林省2013—2015届女大学生中，不就业甚至陷入"啃老族"的人员比例逐步加大，比如2015年这一比例高达11.4%，相对于2013年提高了3.2个百分点。

（四）就业成本与就业效果的对比分析

从前文的统计数据来看，近年来吉林省女大学生的就业成本逐步提高，不仅表现在资金成本方面，更在时间成本和心理情感成本方面得到了淋漓尽致的体现，更为严峻的是庞大的就业成本并没有给她们带来良好的回报，即就业成本与就业效果不呈正相关关系。理论研究和实践表明，女大学生的就业效果主要体现在面试机会、成功概率和就业行业与岗位等方面，尤其是相对于同期男大学生的就业效果进行对比，则更具有生动性和说服力。统计数据显示，吉林省2013—2015届女大学生中，尽管就业成本不断攀升，但是面试机会和成功概率却逐步下降，比如2013届女大学生平均投递11份简历就有一次面试机会，到了2015届女大学生平均要投递15份简历才会得到一次面试机会；与此同时，一次就业率也从2013届的65.4%一路下跌到2014届的59.7%和2015届的53.4%。最后，从吉林省女大学生的就业行业领域与岗位来看，制造业、服务业以及中小企业以及营销、贸易和服务等是女大学生的主要工作行业和就业岗位，尤其是中小企业就业占据56.7%的就业岗位，日益成为吉林省女大学生的主要就业领域。最后，在制造业和服务业中从事管理和技术岗位工作的比例严重偏低，这一比例在2015届毕业生中仅有23.8%，这反映出吉林省女大学生的就业质量和就业效果不高。

三、吉林省女大学生就业成本高的主要原因及分析

（一）劳动力供大于求、女性就业保护制度不健全

总体来看，造成吉林省女大学生就业成本高居不下的原因是多方面的，这里面既有外部环境的因素，也有制度建设不力的原因，更有女大学生自身素质方面的因素，首当其冲的就是劳动力供大于求，女性尤其是女大学生就业保护制度不健全。众所周知，从1999年开始我国高等教育进入快速发展期，高校扩招规模逐步扩大，尤其是2000—2005年全国高校总数和在校生规模达到空前水平，我国高等教育逐步从精英教育向大众教育迈进。实际上，吉林省女大学生就业成本高是我国大学生就业难的具体体现，尤其是女大学生由于性别因素导致本来就十分严峻的大学生就业，显得更为严重，对女大学生本人的职业发展和家庭发展带来严重冲击。另外，我国现有的法律法规对女性尤其是女大学生就业缺乏应有的保护，导致女大学生在就业市场缺乏竞争力。不可否认，我国管理当局先后颁布实施了一些劳动法律法规，如《劳动法》《妇女权益保

障法》《中国妇女发展纲要》和《就业促进法》等。尽管这些政策法规从原则上强调劳动市场要消除性别歧视，切实保护女大学生的平等就业权益，然而由于这些法规缺乏配套的实施细则，加之相应的执法检查和整治力度不够，导致女大学生在就业市场中处于劣势地位，不仅就业成本高居不下，而且就业效果不佳。[3]

（二）用人单位过于追求利益对女大学生有歧视

吉林省女大学生就业成本高居不下并不断攀升，从经济学的视角来看，主要原因就在于用人单位过于追求自身利益，将企业价值放在第一位，忽视了自己应当承担的社会义务，从而在用人中不可避免地将男大学生列入首选，导致女大学生就业难和就业成本不断攀升。在市场经济条件下，用人单位尤其是民营企业作为劳动力市场的经济主体，往往将能够给企业创造更多价值和剩余价值的就业者列为首要选择目标，其根本目的就是实现企业价值的最大化，从而可以选择在人力资源管理中具有较高"性价比"的男大学生，无形之中将女大学生的就业难问题进一步放大，并逐步导致女大学生就业成本一路走高。在访谈中，一些企业人力资源主管向我们反馈，尽管女性为人类再生产做出了重要贡献，但是由于女性尤其是女大学生蕴含了巨大的附着成本，集中体现在到单位工作不久就要面临结婚、怀孕和哺育孩子的任务，从而不可避免地给企业的人力资源管理带来严重压力和冲击，"毕竟，在女大学生生育期间，企业不仅要支付工资，还要找合适的替代人员；与此同时，在她们恢复以后有可能技能已经落后，企业还要支付一笔教育培训费用"。最后，相对于男大学生，女大学生员工要提前5年退休，"这就意味着雇用女员工较之雇用男员工会增加额外福利成本的支出，增加企业成本支出"。

（三）传统社会文化观念严重拖累女大学生就业

在问卷调研和访谈中，笔者发现造成吉林省女大学生就业成本高、就业困难和就业质量不高的原因中，传统的社会文化和认识理念，尤其是"男强女弱"和"男尊女卑"的思想理念和社会分工认识逻辑，给女大学生的就业带来严重不利影响和冲击。伴随我国高等教育的快速发展，越来越多的女生进入高等学府，接受高等教育，并进入我国劳动力市场。客观来讲，我国女大学生具有思想开放、受教育程度高、追求平等的性格特质，并对就业和择业充满了期待和希望。然而，女大学生就业是一项复杂的系统工程，不仅受劳动力市场供求关系的影响，还受我国传统文化的制约。几千年来，我国传统文化始终强调性别差异和男女有别，尤其是"男主外、女主内"的角色定位和社会分工认识，给很多用人单位的性别歧视提供了很强的思想认识支撑。在访谈中，延边大学的一位2015届女大学毕业生向我们反馈，自己在求职中经常受到这种思想冲击，甚至一些用人单位认为女性主要擅长具体、细腻和语言性的工作，而对那些研发、管理和创新性的岗位不太适合，"很令人气愤"。北华大学的一位就业指导教师在访谈中向我们强调，"女大学生就业成本高，就业困难，在很大程度上就是由于传统观念的影响"，破除文化偏见，是提高女大学生就业质量的重要着力点。

（四）女大学生就业理念滞后、综合素质亟待提高

从某种意义而言，造成吉林省女大学生就业成本、就业质量和就业效果不佳还有其自身层面的原因，尤其是部分女大学生缺乏正确的就业理念，加之综合素质不是很高，从而进一步加剧了就业困难程度。[4]就业缺乏理性，片面认为到大城市和发达地区就业才可以实现自身理想和社会价值，这一点在问卷调研和访谈中我们有深刻的体会。比如，问卷数据统计结果显示，在就业区域的意向选择上，有75.4%的被调查者愿意到大城市和发达地区去就业，有56.9%的被调查者愿意到党政机关和事业单位就业，仅有16.8%的被调查者认为到中小企业和基层就业"才是明智之举"；甚至，还有18.7%的被调查者认为"找个好工作不如嫁个好老公"。由此可以看出，目前吉林省女大学生在就业理念上显得还很"好高骛远"，脚踏实地和艰苦奋斗精神还有待于进一步加强。众所周知，现代女大学生就业市场，属于典型的买方市场，要想在激烈的竞争中找到理想的职位，需要女大学生具备较高的综合素质。然而，在本次问卷调研和访谈中，我们发现2013—2015届吉林省女大学生的学习成绩整体较好，但是在实践动手能力和交流沟通能力方面却不是很强，尤其是在实践创新方面还有待于进一步提高，否则提高就业技能、降低就业成本、实现求职理想将会成为无本之末和无源之水。

四、切实降低吉林省女大学生就业成本的合理化对策

（一）优化经济结构、完善女大学生就业保护制度

新时期，切实降低包括吉林省在内的广大女大学生就业成本，提高女大学生就业质量和就业效果，管理当局必须强化顶层设计，加快经济结构转型升级步伐，推进第三产业和中小企业快速发展，完善女大学生就业保护制度，从而提高女大学生就业竞争力。长期以来，吉林省乃至全国的经济发展大都属于粗放型发展模式，第三产业和服务业发展滞后，由此导致社会就业岗位供不应求。未来，吉林省乃至全国经济发展要加快经济结构和产业结构转型升级进程，重点发展第三产业和服务业，从金融、财政和税收等方面加大中小企业发展的支持力度，从而创造出更多、更好的就业岗位，切实解决女大学生的就业难和就业成本高问题。首先，管理当局要进一步修订完善《劳动法》《妇女权益保障法》《中国妇女发展纲要》和《就业促进法》等与女大学生就业密切相关的政策法规，切实提高其操作性，为消除就业性别歧视奠定坚实的法律保障。其次，管理当局要逐步完善女大学生就业社会保障制度和社会服务体系，重点将企业负担的生育保障逐步过渡到社会保障，切实降低企业经济负担。最后，要积极借鉴发达国家，实施夫妻双方休假保险制度，真正实现男女同工同酬，有效地解决女大学生就业歧视和就业成本高问题。[5]

（二）完善立法引领规范用人单位消除性别歧视

新时期，切实降低包括吉林省在内的广大女大学生就业成本，提高女大学生就业质量和就业效果，管理当局必须要从完善立法层面着手，切实通过法制建设来引领和规范用人单位消除性别就业歧视，保障女大学生平等就业权，从而保障女大学生的生育、就业和工作以及可持续发展。"就业，乃民生之本"，切实降低女大学生的就业成本，逐步消除就业性别歧视，必须要切实发挥政府的行政干预作用和政策法规的刚性约束作用，仅仅依靠市场机制无法实现男女就业平等。

首先，管理当局要逐步健全和完善女大学生就业保障制度以及女大学生生育保险制度，切实做到与《劳动法》《妇女权益保障法》《中国妇女发展纲要》

和《就业促进法》等法规制度的有序衔接。众所周知，吉林省乃至全国女大学生就业成本高和就业难，从某种意义而言是由于用人单位的性别就业歧视，核心在于其也承担了本应由社会承担的女性生育经济责任。为此，管理当局要通过政策设计和机制创新，比如成立女性生育保险基金，来有效解决由企业承担的女大学生生育经济负担，从而将女大学生的结婚、怀孕和生子等责任纳入社会保障范畴。其次，管理当局要针对就业歧视，完善法律建设，强化执法力度，严重惩罚就业歧视行为，确保女大学生平等就业，低成本高效就业。

（三）强化性别文化宣传营造良好公平就业氛围

新时期，切实降低包括吉林省在内的广大女大学生就业成本，提高女大学生就业质量和就业效果，管理当局必须要强化性别文化宣传，充分调动高校、家庭和大众传媒以及用人单位的积极性，引领社会树立良好的平等就业理念，大力营造公平的就业氛围，切实降低女大学生就业成本，提高女大学生就业质量和效果。从某种意义而言，我国大学生就业难尤其是女大学生就业难，就业歧视现象突出，有着极其深刻的社会文化背景，性别差异和男耕女织的传统文化对用人单位的就业歧视产生了严重影响。首先，大众传媒尤其是机关党报和新媒体，要精心挖掘女大学生就业中的先进典型，树立女大学生能够"顶得起半边天"的积极正面形象，从而在社会上塑造女大学生的重要地位和作用。其次，高校要充分发挥自己的育人优势，在向女大学生传递和传授专业知识的同时，引领女大学生积极开展社会实践活动，切实提高她们的动手能力和创新能力。最后，家庭要大力支持女大学生的就业和创业行为，鼓励她们积极接受挑战，勇于创新实践，积极为社会做贡献，努力实现自己的人生价值和社会价值。总之，要多管齐下，创新模式，宣传女大学生的优势和特长，大力营造良好的平等就业氛围和科学的用人观，促进女大学生顺利就业、高效就业。

（四）更新观念全面提高个人素质提高就业能力

新时期，切实降低包括吉林省在内的广大女大学生就业成本，提高女大学生就业质量和就业效果，女大学生必须要自立自强，更新就业理念，强化专业技能和实践动手能力，提高创新能力，增强就业综合素质，从而在激烈的市场竞争中脱颖而出，顺利实现就业目标，体现自己的个人价值和社会价值。首先，女大学生要强化专业知识学习，切实提高专业技能。在大学学习期间，女大学生要珍惜来之不易的学习机会，学通、学懂、学精各科文化课和专业课，为今后开展专业研究奠定坚实的理论基础。其次，女大学生要强化社会实践，切实提高自己的实践动手能力。女大学生只有做到理论与实践的有机结合，积极参加顶岗实习和社会实践，才可以在今后的社会中增强动手能力，提高操作能力，从而顺利完成由大学生向社会人的角色转换。最后，女大学生要努力提高综合素质，努力形成自信、自立、自强的就业心态，积极塑造乐观向上的人生观和价值观，培育广泛的兴趣爱好与良好的人际关系，从而顺利实现低成本就业、高质量就业的目标。

参考文献

[1] 陈良华. 成本管理 [M]. 北京：中信出版社，2006：21.

[2] 王婷婷. 当代高校毕业生就业成本研究 [J]. 时代经贸，2012（18）：102-104.

[3] 温静. 女大学生就业难的现状、原因与对策探讨 [J]. 齐鲁师范学院学报，2012（27）：45-48.

[4] 韩静文. 基于经济学视角研究女大学生的就业问题 [J]. 安徽电气工程职业技术学院学报，2016（21）：66-70.

[5] 陈啸，邵一江，董承军. 大学毕业生就业成本的调查与分析 [J]. 中国高教研究，2006（5）：35-36.

two

大学生创业实证研究

基于"大众创业、万众创新"的高校在校生创业意向影响因素研究[*]

——来自山西省部分高校的调查

刘淑芳　张丹丹　李　琳[**]

（山西财经大学工商管理学院，山西太原　030000）

摘　要：文章选取山西省部分高校的专科生、本科生、硕士研究生为研究对象，利用问卷星网上发放问卷的方式，从创业目标意向和创业执行意向两个维度出发，通过探索性因子分析法、验证性因子分析法、SEM（结构方程模型）、巢模式法检验探究山西省大学生职业价值观、创业态度、学校因素、环境因素这四个方面对两个维度的影响路径，并使用独立样本 t 检验、单因素方差分析法进一步探究性别、生源地性质、学生干部担任经历、家庭成员创业经历、大学生有无工作经历与创业意向之间的关系。研究结果发现（1）大学生职业价值观、创业态度、学校因素、环境因素都是影响大学生创业意向的显著因素；（2）山西省高校大学生在创业目标意向和创业执行意向方面，男女性无显著差异；（3）来自城镇和农村的山西省高校大学生在创业目标意向和创业执行意向方面无显著差异；（4）担任过班干部的学生的创业意向强于没有担任过班干部学生的创业意向；（5）家庭成员中有过经商者或创业者学生的

---

[*] 该论文在全国高等学校学生信息咨询与就业指导中心举办的"2017 大学生就业创业实证研究论文征集评奖活动"中荣获一等奖。

基金项目：山西省教育科学"十三五"规划 2017 年度规划课题（课题编号：GH－17037）研究成果之一。

[**] 作者简介：刘淑芳（1977—　），女，山西繁峙人，山西财经大学工商管理学院讲师，硕士，研究方向为创新创业。

张丹丹（1995—　），女，山西洪洞人，山西财经大学统计学院硕士，研究方向为计量经济学。

李琳（1991—　），女，山西盂县人，山西财经大学工商管理学院硕士，研究方向为教育管理。

创业意向强于没有过经商者或创业者学生的创业意向；（6）山西高校大学生有无实习经历在其创业意向方面没有显著差异。

关键词：大学生创业意向；影响因素；结构方程模型；实证分析

一、引言

在"大众创业、万众创新"这一政策的推动下，各大高校相继掀起了大学生创业的新浪潮，根据相关研究，近年来"90 后"的创业者不断涌现，创业群体的学历层次也在不断提升，因此创业研究这一领域应该加强对大学生创业群体的关注，研究他们的创业问题将有助于改变我国创业者队伍的结构。山西省作为煤炭资源大省，近几年来正不断进行着产业结构调整与经济转型，而高校大学生就业压力日益严峻不断成为一大社会问题，因此研究山西省高校大学生创业意向影响因素一方面在提高该群体的创业意向、缓解该群体的就业压力上具有一定的现实意义，另一方面通过研究山西省高校在校生创业意向现状及影响因素，对未来山西省创业发展有一定的预测作用，对有关部门做出决策有一定的参考意义。

二、研究回顾

（一）文献综述

本文对近几年来国内创业领域的相关文献进行总结，具体如下：李翠翠《大学生创业意向影响因素的实证研究》（2015）文章以台湾省屏东市的两所高校的本科毕业生为研究对象，以问卷调查法从创业能力、主观感知、创业态度、创业动机这四个方面的维度进行探讨研究，运用相关性、差异性统计研究方法进行实证检验与分析，得出结论的同时提出政策指导。[1]周宪、胡中锋（2015）《大学生创业意向影响因素的实证研究：广州案例》中选取广州市九所高校的大学生作为研究对象，在问卷调查的基础上，运用巢模式法检验、路径分析、T 检验和非参数性检验的方法，探讨了大学生创业意向的影响因素。[2]刘敏（2016）《大学生创业意向及其影响因素分析》中以我国东、中、西部三个区域不同类型以及不同层次的大四毕业生为研究对象，运用描述性统计方法以及多元线性回归的方法进行分析，通过实证分析发现大学生的创业意向处于中等水平，创业环境因素、大学生个体因素、高校因素、家庭因素等都是影响大学生创业意向的显著要素。[3]孙俊华、周晓虎等（2017）《大学生创业意向及其影响因素研究——基于高校在校生的实证分析》中，基于风险承担意愿的视角，将创业意向界定为创业承诺度和开始创业时间两个维度，以人口学特征等自变量，加入控制变量，运用多元回归的统计分析方法进行实证分析，研究结果表明家庭背景特征与大学生的创业意向在一定程度上呈出"U"形关系。[4]董青春、庞少召（2017）《大学生创业意向制约因素实证研究——基于北京市高校的调查》中，作者从拒绝创业意向这一创新的角度出发，研究结果呈现了"大学生具有普遍的创业意向的同时也具有普遍的拒绝意向"这一创业现状，多样化的拒绝因素导致了这一现状的产生，具体包括能力、特质分化不足、知识水平较低等。[5]范雪莹等（2017）《江苏高校大学生创业意愿及其影响因素研究》中，以江苏省5所高校在校生为研究对象，从创业动机、创业环境、创业资源、创业认知、个人特征这五个维度出发，运用有序Logistic回归模型，分别进行了单因素、多因素实证分析。[6]

（二）文献述评

根据对国内创业意向影响因素相关文献的分析，可以得出如下结论：第一，创业意向的度量有多种不同的方式，有定性、定量之分；第二，创业意向影响因素的分析研究领域从全国性的研究逐渐出现了地区性、区域性的研究，内容上更具有针对性；第三，创业意向影响因素实证研究方法不断改进，从基础的描述性统计、多元线性回归分析方法到逐渐采用结构方程模型，构建的模型逐渐优化；第四，创业意向影响因素研究角度的创新，从单纯的探索性分析到从大学生拒绝创业的新颖角度着手，阐述说明问题。

（三）本文可能的创新点及不足

本文可能的创新点主要体现在以下四个方面：一是研究对象的创新，近几年来地区性创业领域的研究虽然很多，但以山西省高校在校生为研究对象的文献很少，并且现有的文章以描述性统计居多，实证研究领域尤其匮乏，本文以山西省高校在校生为研究对象，并结合山西省高校在校生创业意向的现状对研究结果进行了合理解释，具有一定的时效性；二是研究方法的延伸，此方面的研究大部分的学者采用的都是线性回归模型，极少数采用结构方程模型，而采用结构方程模型的文章也只有很少一部分采用多维构念进行维度划分，本文通过以因子分析方法对创业意向、职业价值观、创业态度这些因素进行二维打包降维，另外加入学校因素、环境因素构建结构方程模型，通过巢模式法检验方法和假设检验相结合进行山西省高校在校生创业意向影响因素的探索，以使研究结果更优；三是创业意向维度上，从创业目标意向和创业执行意向两个维度出发，首次探索了各因素对这两个维度的影响路径；四是将加入词云图这一文本信息可视化技术，使山西省高校在校生打算创业的具体领域跃然纸上，生动活泼。

通过整个研究过程及研究结果呈现，本文的不足主要体现在以下两个方面：一是对于学校因素和环境因素这两个变量的度量，问卷分别采用多选题和单选题的方式，而结构方程模型大多针对的变量是以量表的形式呈现，为了弥补变量数量的不足，本文采用少数学者提出的采用题项平均数的方式加入学校因素和环境因素进行度量，本人资历尚浅，文献阅读数量有限，研究能力也有待提升，因此这一处理方式的优劣还望各位提出意见；二是样本数量虽然满足研究的需要，但限于问卷星网上非概率抽样的不确定性，还有发放问卷的客观和主观性的原因，导致某些群体的样本分布不是很均衡，比如：女性样本数明显高于男性；硕士研究生和专科生的数量明显少于在校本科生，可能会给研究结果带来不可避免的偏差。

三、研究设计

（一）理论与假设

本文的问卷设计参考南开大学李静薇（2013）博士论文《创业教育对大学生创业意向的作用机制研究》、[7]陆海娟（2014）《大学生职业价值观与创业意向的相关性研究》。[8]本文基于三元交互决定论与计划行为理论这两个基础理论选取研究变量，构建理论模型。根据以上理论，我们做出的假设 H1—H14 具体见表 1。

表 1　研究假设归纳

标号	研究假设
H1	山西高校在校生的职业价值观对其创业目标意向有显著的正向影响
H2	山西高校在校生的创业目标意向对其创业执行意向有显著的正向影响
H3	山西高校在校生的创业态度对其创业执行意向有显著的正向影响
H4	山西高校在校生的创业态度在职业价值观影响创业执行意向中的中介作用显著
H5	山西高校在校生的创业态度在创业环境影响创业执行意向中的中介作用显著
H6	山西高校在校生的职业价值观在创业环境影响创业目标意向中的中介作用显著
H7	山西高校在校生的创业态度在学校因素影响创业目标意向中的中介作用显著
H8	山西高校在校生中男同学的创业目标意向强于女同学
H9	山西高校在校生中男同学的创业执行意向强于女同学
H10	山西高校在校生中来自城镇与农村同学的创业目标意向有显著差异
H11	山西高校在校生中来自城镇与农村同学的创业执行意向有显著差异
H12	山西省高校在校生中有过学生干部担任经历同学的创业意向强于没有过学生干部担任经历同学的创业意向
H13	山西省高校在校生中家庭成员中有过创业经历同学的创业意向强于家庭成员中没有过创业经历同学的创业意向
H14	山西省高校在校生中有无工作经历同学的创业意向有显著差异

资料来源：本研究整理

（二）研究样本

1. 样本来源

此次题为基于"大众创业、万众创新"的高校生创业意向影响因素研究，研究对象为山西省老八所高校在读专科生、本科生、硕士研究生；其中山西省部分高校包括：太原理工大学、山西大学、山西财经大学、中北大学、山西医科大学、太原科技大学、太原师范大学、山西中医学院；此次调查以问卷星在线发放问卷的方式，因此采用的是非概率抽样方式，答卷时间从 2017 年 7 月 15 日 18：10 延续至至 2017 年 7 月 27 日 8：46，约 12 日，其间共收集了 797 份在线问卷，以每个题目样本量大于 30 为标准，剔除了山西大学、太原师范大学、山西中医学院的共计 22 个样本，同时剔除了关键问题无回答的 7 份问卷，剩余 768 个有效样本，样本有效率为 96.36%，符合样本数量的基本要求。

2. 变量选取与筛选

通常，我们参考相关标准删减题目和确定因子，对变量进行筛选和剔除，得出影响创业意向的因子及相关题目。

四、实证分析过程

通过相关的理论研究基础及建立的研究假设，将山西省高校生创业态度、职业价值观、环境因素和学校因素作为外生变量，高校生的创业目标意向和创业执行意向作为内生变量，运用 SPSS 21.0 和 SPSS Amos 21.0 统计软件进行实证分析。

山西省高校在校生的创业态度和职业价值观这两个变量为二阶结构，为了使模型更加简单，参照温忠麟等前辈提出的题目打包策略，以求这3个变量维度所得的均分（每个维度对应下各个条目得分加总后除以条目总数）进行二阶维度打包，这样三个变量对应的二阶维度就变成了一阶指标；这种处理一方面可以使模型得到简化的目的，另一方面也会整体上提高所建模型的拟合优度，并且计算得出的参数准确度不会降低。另外，对学校因素和环境因素也以变量维度所得均分进行打包处理。

（一）模型的信度和效度检验

一般测量模型要满足下列几个条件，称为具有收敛效度（Hair 等，2009，Fornell and Larcker，1981）：

第一，因素负荷量大于 0.7；第二，组成信度大于 0.7；第三，平均变量数萃取量大于 0.5；第四，多元相关系数的平方大于 0.5。[9]

1. 创业意向影响因素模型中各要素的信度检验

各要素的信度系数均大于 0.9＞0.7，因此通过信度检验。

2. 创业意向影响因素模型中各个要素的效度分析

此次研究通过探索性因子分析来检验所编辑问卷的建构效度。在探索性因子分析这一步骤之前，通过 KMO 值、Bartlett 球形检验来检验调查搜集的数据适不适合做因子分析，众多例证表明，如果 KMO＞0.7，那么调查搜集的数据适于做因子分析，并且 Bartlett 球形检验必须达到显著水平。[10]

(1) 职业价值观因素的探索性因子分析

由结果可知，KMO 值为 0.970 > 0.7，Bartlett 通过显著性检验，因此该研究使用的数据适合进行因子分析。通过应用统计方法（主成分分析法）提取出来 6 个因子的累计方差解释率数值为 74.944% > 50%，可以看出因子负荷均大于 0.5，可以看出，本文设计的问卷题目与预先设定的维度相符，因此职业价值观这一因素建构效度达到了比较理想的效果。

(2) 创业态度的探索性因子分析

由结果可知，KMO 值为 0.916 > 0.7，Bartlett 检验显著，因而可以继续进行因子分析。通过主成分分析抽取出 3 个因子，累计方差解释率达到 69.986% > 50%，可以看出因子负荷均大于 0.6，可以看出，本文设计的问卷题目与预先设定的维度相符，因此创业态度这一因素建构效度达到了比较理想的效果。

(3) 创业意向的探索性因子分析

由结果可知，KMO 值为 0.914 > 0.7，Bartlett 检验显著，表明数据适合进行因子分析。通过主成分分析抽取出 2 个特征根大于 1 的因子，因子旋转采用极大方差法，2 个因子的累计方差解释率达到 71.747%，超过 50%，且所有的因子负荷均大于 0.7，同时，旋转后的题项分配与该问卷的维度结构假设相一致，故创业意向因子具有良好的建构效度。

3. 各变量指标的描述性统计分析

各变量指标的描述性统计分析见表 2。Curran、West 和 Fmch（1996）建议偏态绝对值 2 以内，峰度为 7 以内，表示资料符合单变量正态分布。

4. 构建职业价值观维度、创业态度维度、创业意向维度的测量模型。

(二) 假设检验

本文采用 Nested – model approach（巢模式法检验）与 Path analysis（路径分析）相结合验证表 1 研究假设及相关的理论假设。

1. 巢模式法检验

以建立的理论模型为基础，本研究在 M0（虚假模式）和 Mt（理论模型）之间建立与表 1 ——对应的 7 个巢模式 M1—M7，即 H1—H7 的路径系数全部假设为 0。通过结构方程模型，具体结果见表 2，减少模式 M1—M7 需要估计的参数，在 $P = 0.001$ 的水平下 Δc^2 的显著性检验通过，该结果表明减少需要估计参数改变了模型的拟合优度,同时证实和支持了假设 H1—H7。模式 M6 减少需要估计的参数后,在 $P = 0.05$ 的水平下 Δc^2 的显著性检验通过,该结果表明减少需要估计参数改变了模型的拟合优度,同时证实和支持了假设 H6。而模式 M5 在待估计参数减少后,卡方的增加量 $\triangle c^2$ 在 $P = 0.05$ 的水平下并不显著,这说明该参数的减少未能影响模型的拟合度,即表明假设 H5 未能得到检验的支持。

表 2　巢模式法比较分析

模型	c^2	DF	Δc^2	p 值	GFI	CFI	TLI	IFI	RMSEA
Mt 理论模型	579.397	202			0.891	0.940	0.932	0.941	0.064
M1：H1 = 0	653.263	203	73.866 ***	0.0000	0.882	0.929	0.919	0.929	0.070
M2：H2 = 0	686.798	203	107.401 ***	0.0000	0.878	0.923	0.913	0.924	0.073
M3：H3 = 0	610.022	203	30.625 ***	0.0000	0.886	0.936	0.927	0.936	0.067
M4：H4 = 0	767.271	203	187.874 ***	0.0000	0.871	0.911	0.898	0.911	0.078
M5：H5 = 0	583.229	203	3.832	0.0503	0.891	0.940	0.931	0.940	0.064
M6：H6 = 0	584.179	203	4.782 *	0.0290	0.890	0.940	0.931	0.940	0.064
M7：H7 = 0	598.136	203	18.739 ***	0.000	0.887	0.937	0.929	0.938	0.066
M0：虚拟模型	1058.871	209	479.474		0.821	0.865	0.851	0.866	0.095

注：*** 表示 0.001 水平上显著,** 表示 0.01 水平上显著,* 表示 0.05 水平上显著。
资料来源：本研究整理。

2. 路径分析

通过 SEM（结构方程模型）检验,研究结果表明路径 M1、M2、M3、M4、M6、M7 在 $P = 0.05$ 的水平下显著,即假设 H1、H2、H3、H4、H6、H7 得到了支持。但是在 $P = 0.05$ 的水平下路径 H5 的显著性检验没有通过,所以不能证实假设 H5 通过。SEM 检验同巢模式法检验两者得到的结果大体一样。

以上所述的证实过程支持了假设 H1—H7,但是没有证实 H5 的正确性,即 H5 这一假设被推翻。

(三) 模型修正及结构模型的构建

经过上述假设检验,基于假设检验结果,对理论模型进行修正,删除路径 H5,达到优化模型的作用。修正后的模型适配度系数 c2/df 为 2.873,GFI、AGFI、CFI、IFI 均在理想要求标准内,构建的模型如图 1 所示。

图 1 结构模型的构建

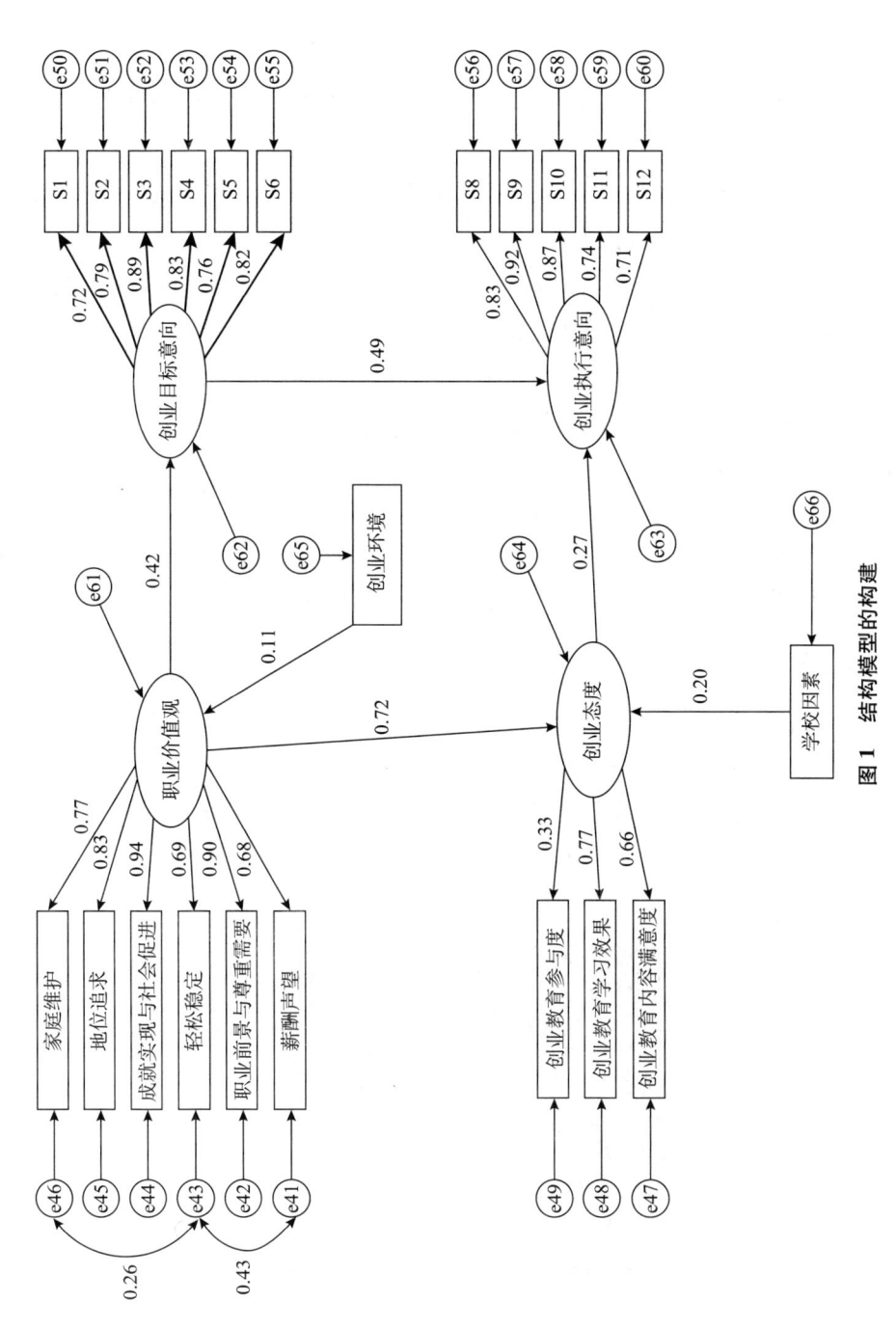

资料来源：本研究整理。

（四）个人背景因素差异分析

本文应用独立样本 t 检验，发现山西省高校大学生性别不同，创业目标意向、创业执行意向没有显著差异，未验证假设 H8、H9；山西省高校大学生生源地不同，创业目标意向、创业执行意向没有显著差异，因此未验证假设 H10、H11。

研究发现，班干部担任情况不同，山西省高校在校生创业意向有显著差异，担任过班干部学生的创业意向高于未担任过班干部学生的创业意向，验证假设 H12；家庭成员创业情况不同，山西省高校在校生创业意向有显著差异，家庭成员中有过经商者或创业者学生的创业意向强于家庭成员中没有过经商者或创业者学生的创业意向，验证假设 H13；高校在校生工作经历情况不同，山西省高校在校生创业意向没有显著差异，未验证假设 H14。

（五）问卷开放问题补充

通过在问卷设置"如果您有创业的打算，那么请您写出打算创业的领域。"这一开放性的问题，收集了解山西高校在校生的创业意向领域的大致方向，根据数据收集结果，将其绘制成词云图，如图 2 所示。研究结果表明大多数有创业意向的创业者打算创业的领域都与本专业有关；从图 2 可以看出，山西高校在校生未来创业的领域主要集中在服务业方面，比如互联网方面、餐饮业、教育业；也有一部分集中在心理学方面、医疗行业、数据行业等。

图 2　样本创业意向领域

资料来源：本研究整理。

五、结论

本文基于以往对创业意向影响因素的研究,通过网上发放问卷的方式手机数据构建了大学生创业,以太原理工大学、山西财经大学、中北大学、山西医科大学、太原科技大学 5 所高校的在校专科生、本科生、硕士研究生为研究对象,运用 SEM 模型进行实证分析,得出的结论总结如下:

山西省高校在校生职业价值观对山西省高校在校生创业执行意向是间接效果影响,其间接效果路径有两条,第一条为"职业价值观→创业目标意向→创业执行意向",其间接效果值为 0.206(0.42×0.49);第二条为"职业价值观→创业态度→创业执行意向",其间接效果值为 0.194(0.72×0.27);山西省高校在校生创业态度对山西省高校在校生创业执行意向是直接影响效果,直接效果值为 0.270;创业环境对山西省高校在校生创业执行意向是间接效果影响,其间接效果路径有两条,第一条为"创业环境→职业价值观→创业目标意向→创业执行意向",其间接效果值为 0.022(0.11×0.42×0.49)、第二条为"创业环境→职业价值观→创业态度→创业执行意向",其间接效果值为 0.021(0.11×0.72×0.27);山西省高校学校因素对山西省高校在校生创业执行意向是间接效果影响,其间接效果路径为"学校因素→创业态度→创业执行意向",其间接效果值为 0.054(0.20×0.27);山西省高校在校生职业价值观对山西省高校在校生创业目标意向是直接影响效果,直接效果值为 0.420;创业环境对山西省高校在校生创业目标意向是间接效果影响,其间接效果路径为"创业环境→职业价值观→创业目标意向",其间接效果值为 0.046(0.11×0.42);关于个人背景因素对山西省高校在校生创业意向的影响中,首先担任过班干部学生的创业意向强于未担任过班干部学生的创业意向;其次家庭成员中有过经商者或创业者学生的创业意向强于家庭成员中没有过经商者或创业者学生的创业意向。

参考文献

[1] 李翠翠. 大学生创业意向影响因素的实证研究 [J]. 中国高等教育评估,2015(2):44-49.

[2] 周宪,胡中锋. 大学生创业意向影响因素的实证研究:广州案例 [J]. 教育研究与实

验,2015(5):66-72.

[3] 刘敏. 大学生创业意向及其影响因素分析 [J]. 创新与创业教育,2016(1):25-28.

[4] 孙俊华,周小虎,金丹. 大学生创业意向及其影响因素研究——基于高校在校生的实证分析 [J]. 扬州大学学报(高教研究版),2017(2):67-73.

[5] 董青春,庞少召. 大学生创业意向制约因素实证研究——基于北京市高校的调查 [J]. 教育评论,2017(3):70-73.

[6] 范雪莹,吴琪瑶,张泽楷. 江苏高校大学生创业意愿及其影响因素研究——基于有序 Logistic 模型的实证分析 [J]. 科技和产业,2017(5):37-42.

[7] 李静薇. 创业教育对大学生创业意向的作用机制研究 [D]. 南开大学,2013:106-111.

[8] 陆海娟. 大学生职业价值观与创业意向的相关性研究 [D]. 广西师范大学,2014:8-16.

[9] 张伟豪,郑时宜. 与结构方程共舞:曙光初现 [M]. 前程文化事业有限公司,2012:4-108.

[10] 吴明隆. 结构方程模型:Amos 实务进阶 [M]. 重庆:重庆大学出版社,2013:1-236.

吉林省高职高专院校创业教育的现状及对策研究[*]

刘凤珠　赵　宇　翟雨来[**]

(长春汽车工业高等专科学校,吉林长春　130013)

摘　要：创业教育已经成为高职高专教育改革的方向,但高职高专院校还存在创业教育理念表层化、师资力量不足、课程设置不合理、教学方法单一等问题,要更好地开展高职高专的创业教育,必须依靠创业者的思维变化的过程来为学生提供创业服务,确立创业教育的知识目标、行为目标和结果目标。通过课程体系、实训体系、帮扶体系这三种内容体系的教学活动,培育学生的跨界合作、主动实践、自由探索的三种精神,从而提升自主学习、实践创新、技术创业三个方面的能力。

关键词：创业；创业教育；高职高专

联合国教科文组织把创业能力视为未来社会的人应掌握的"第三本护照",要求把创业能力提高到"与目前学术性和职业性教育护照同等的地位"。

---

[*] 该论文在全国高等学校学生信息咨询与就业指导中心举办的"2017 大学生就业创业实证研究论文征集评奖活动"中荣获一等奖。

基金项目：高职高专汽车制造与装配技术（现场管理）专业四年制试点人才培养方案的研究（项目编号：JGJX2015D406）；吉林省职业与成人教育教学改革研究课题：汽车工程专业群发展规划的研究（项目编号：2014ZCY198）。

[**] 作者简介：刘凤珠（1970—），女,吉林长春人,本科学士,长春汽车工业高等专科学校副教授,就业创业中心主任,研究方向为就业创业。

赵宇（1968—），男,吉林长春人,研究生硕士,长春汽车工业高等专科学校教授,汽车工程学院院长,研究方向为创业教学。

翟雨来（1985—），男,吉林长春人,研究生硕士,长春汽车工业高等专科学校就业创业中心讲师,研究方向为创业教学。

从国家战略层面来看：2016 年我国颁布的《国家创新驱动发展战略纲要》，指出了把我国建成世界科技创新强国的"三步走"战略目标：2020 年进入创新型国家行列，2030 年跻身创新型国家前列，2050 年建成世界科技创新强国。

创新创业教育是中国高等教育改革的方向，目前高职教育已经占据中国高等教育的半壁江山，为更好地适应社会发展的需要，拓宽高职院校学生的职业发展空间，高职院校急需在人才培养体系中引入创业教育。

麦可思研究院发布的我国大学生就业报告充分说明了这一点："自 2010 年《教育部关于大力推进高等学校创新创业教育和大学生自主创业工作的意见》发布之后，大学毕业生创业比例年年稳步提升。2015 届的自主创业比例是 3.0%，比 2014 届（2.9%）高出 0.1%，比文件发布之前的 2009 届（1.2%）高出 1.8%。2015 届高职高专毕业生自主创业的比例（3.9%）高于本科毕业生（2.1%）"。

一、创业及创业教育的内涵

（一）创业的内涵

"创业"在英文中有两种表达方式：Entrepreneurship 和 Enterprise，目前更趋向于使用 Entrepreneurship。从词源上看，Entrepreneurship 来源于法文 Entreprendre 和德文 Unternehmen，意思是"从事（Under－take）"。《牛津高阶英汉双解词典》对 Enterprise 一词的解释是：第一是事业：一项事业，尤其指一项雄心勃勃、复杂且具危险性的事业；第二是企业：商业机构；第三是创业：进取的、系统的并以利润为目的的活动；第四是进取心：愿意冒新的危险。从总体上看，创业是指创业主体突破现有资源限制，寻找新机会，创造新价值的社会活动。[1] 创业具有三个特征：第一，创业是一种素质；第二，创业是一个过程；第三，创业是一种生活方式。

（二）创业教育的内涵

创业教育（Enterprise Education），联合国教科文组织将其定义为"从广义上来说是指培养具有开创性的个人，它对于拿薪水的人同样重要，因为用人机构或个人除了要求受雇者在事业上有所成就外,正在越来越重视受雇者的首创、冒险精神,创业和独立工作能力以及技术、社交、管理技能"。[2]创业教育是使受教育者能够在社会经济、文化、政治领域内进行行为创新,开辟或拓展新的发展空间,并为他人和社会提供机遇的探索性行为的教育活动。它为学生灵活、持续、终身学习打下基础。

(三) 高校创业教育

所谓高校创业教育,是指结合专业教育,向大学生传授创业知识,增强创业意识,培养创业精神,提高创业能力,使大学生毕业后大胆走向社会,实现自主创业或在以后的工作中实现自我发展的一种教育模式,它是集教育学、心理学、管理学、经济学、创业学、创造学、法学等学科于一体的综合性学科。它应该包括两层含义:第一,通过创业教育,让学生能够自谋职业、自主创业;第二,通过创业教育,让学生具备创业意识、创业技能和创新精神。

二、吉林省高职高专院校创业教育的现状及存在的问题

(一) 创业教育现状调查

通过对吉林省内4所高职高专院校1100多名学生进行了创业教育的问卷调查,和与学校创业教育管理机构的创业教育教师座谈,分析出我省高职高专院校创业教育的现状及存在的问题。

1. 对创业教育的认识

在创业教育方面,8%的学生很了解创业教育,34%的学生了解一些创业教育,58%的学生不了解创业教育。创业教育作为一种新的教育理念,对当前的人才观和教育观有巨大的冲击作用。但我国的创业教育发展较晚,高职高专院校的创业教育更需要加强。

从学生获取创业知识来源上看,主要来源是亲身实践、创业讲座和创业课程。纵观学生获取创业知识的来源,选择人数比例由大到小分别是亲身实践(22.81%)、创业讲座(20.62%)、创业课程(15.01%)、同学或朋友(11.73%)、家庭环境(10.36%)、媒体和社会宣传(9.95%)、阅读有关书籍(7.73%)、创业培训(1.71%)和其他(0.08%)。可见,大多数人的创业知

识来自实践经验、创业讲座和创业课程,同时我们也可以看到媒体和社会宣传的舆论引导尚有待加强,创业相关书籍的影响力尚有待提高,系统的创业培训缺失或者缺乏时效性等问题依然亟待我们去解决。

从不同学校来看,学生们获得的创业知识来源差别不大,长春汽车高专创业讲座效果较好,吉林交通学院学生阅读创业有关书籍较多,长职院家庭环境影响较大。

2. 创业教育课程的设置

19%的学生认为目前开设的创业课程对于创业没作用,67%的学生认为目前开设的创业课程对于创业有一定作用,14%的学生认为目前开设的创业课程对于创业非常有作用。可见高职高专院校在创业教育课程设置上还有一些缺陷与漏洞,不能适应当前学生的需求。学生对于课程的效果不满意,对课程质量评价不高。14%的学生希望创业教育应是全校的基础课,31%的学生希望创业教育成为全校的选修课,55%的学生希望创业教育应以创业实践活动进行。

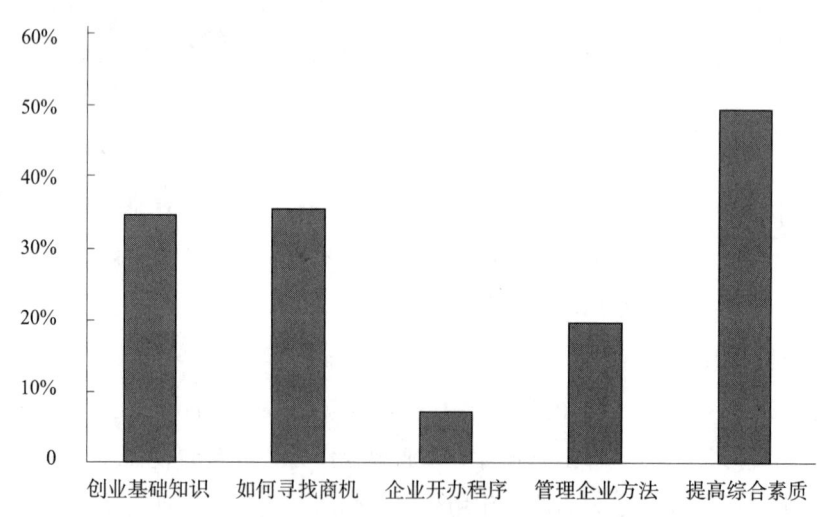

图1 您希望在创业教育课程中学到什么(多选)

资料来源:本研究整理。

如图1所示,35%的学生希望通过创业教育课程获得创业基础知识,36%的学生希望通过创业教育课程获得如何寻找商机的知识,7%的学生希望获得企业开办程序的知识,20%的学生希望获得管理企业方法的知识;50%的学生希望提高综合素质。这就要求学校了解学生对创业教育课程的需求,及时改革创业教育课程内容，建立多元化创业教育课程体系，创新创业教育课程授课方式，使开设的创业教育课程满足学生和社会的需求。

3. 创业教育师资建设

创业教育作为一门新课程，对授课教师的要求很高。授课教师不仅要对学生创业知识、创业心理品质、创业能力和创业技能等创业教育理论知识的进行传授，还要教授经营管理、组织策划、社交等企业组织运营所需的创业实践经验。创业教育教师多数没有创业经验，缺乏创业意识和创业经历，对于他们来说讲授创业教育课程任务巨大，难度颇高。大多数开设创业教育课程的高职高专院校，讲授创业教育课程的教师很多是抽调原来讲授思政课或就业指导中心的教师。许多教师对营业执照办理、企业融资、创业的法律法规等创业基础知识都不甚了解。然而，通过我们调查访问，75%的学校没有专职创业教育教师，大部分学校会聘请企业管理人员做有关创业教育的报告。

4. 创业教育模式

创业教育作为一门综合课程，不仅仅是开设几门课程，对学生进行文化知识的灌输与传授。而要渗透到教学的多个环节，渗透到培养学生的多个方面，不仅培养学生的创业知识，更要注重培养学生的创业能力、创业意志，综合系统的提升学生的实践操作与创新能力。所以需要运用系统的模式和多样化的方法，要改变以讲授理论知识为主的单一、僵化、无趣的教育模式。

在调查中，当问及你认为较有效的创业实践活动形式时，32%的学生选择创立创业团队，30%的学生选择参加创业大赛，29%的学生选择到公司实习，9%的学生选择听企业家讲座，见图2所示。

通过分析我们可以发现，大多数高职学生对创业有浓厚的兴趣，想通过创业教育来丰富自己关于创业方面的知识。但大多数学校对创业教育课程的开设只是"雷声大，雨点小"，虽然开设了创业教育课程，但大多以枯燥无味的理论讲授为主，没能给学生正在想要的关于创业方面的知识，所以造成多数学生对创业没有信心，认为自己没有能力创业，对创业的未来没有希望，积极性不高。

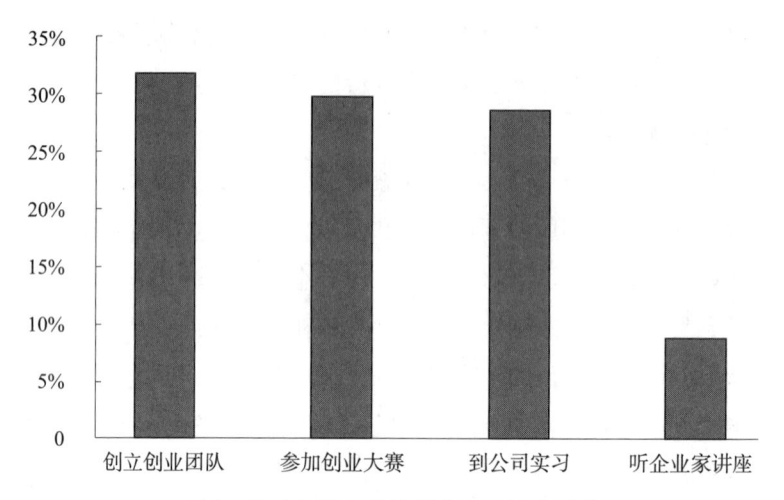

图 2　您认为较有效的创业实践活动形式

资料来源：本研究整理。

5. 创业教育满意度

学生对高校创业教育最满意的前三位分别是创业项目、创业竞赛和创业课程。表 1 显示，满意度由高到低依次是创业项目、创业竞赛、创业课程、创业科技园或孵化器、创业教育师资、创业讲座、创业氛围、创业实践、创业基金、创业辅导、创业社团、基本没接受过创业教育、其他。可见，创业项目、创业竞赛、创业课程是大学生对当前高校创业教育最为满意的前三个方面，比例分别为 15.25%、13.96% 和 10.32%。

表 1　学生对学校创业教育满意度统计

项　　目	比例（%）
创业项目	15.25
创业竞赛	13.96
创业课程	10.32
创业科技园或孵化器	9.92
创业教育师资	9.74
创业讲座	8.34
创业氛围	6.68
创业实践	6.65

续表

项　　目	比例（%）
创业基金	6.51
创业辅导	4.70
创业社团	4.16
基本没接受过创业教育	3.55
其他	0.22

资料来源：以上数据均来源于吉林省教育厅2015年度职业教育与成人教育教学改革研究课题，项目批准号2015ZCY112《吉林省高职高专院校创业教育的现状及对策研究》结题报告。

（二）存在的问题

根据调研结果，总结出吉林省创业教育还存在一些问题。

1. 创业教育理念表层化

近几年吉林省的职业教育发展很快，各学校很重视创业教育，但由于人员配备不足、课程建设不及时、经费保障不得力等原因未能对创业教育给予很好的支持。有些学校只是单纯地教授创业教育基础知识，有些学校只单纯地加强创业教育技能、技巧学习，致使创业教育与基础知识严重脱节，创业教育也成了脱离专业教育的"第二课堂"。

2. 缺乏一支高素质创新型教师队伍

创业教育对教师的学识、经历、经验有很多要求，使教授创业教育的教师面临很大挑战。创业教育重点在于培养学生的创新意识、创业能力，对学生的动手实践能力要求很高，所以教授创业教育的教师不仅要具备深厚的管理方面的基础知识，还要具有一定的实践经验。而吉林省高职高专院校的现状为具有理论知识和实践经验的创业教育的教师十分缺乏。尽管教育主管部门和各院校非常重视创业教育教师的培养，但仍然满足不了学生的需求。

3. 创业课程设置不合理

统观目前吉林省的高职创业教育的课程设置，只是对传统的经济管理或企业管理类课程"改头换面"而来。创业教育课程内部、创业教育课程同其他课程之间缺乏严谨性和系统性，课程设置不具有针对性，且学时不够。学校的创业教育仍停留在照本宣科，课程内容陈旧，多以理论性知识为主，忽视能力的培养，缺乏相应的技能训练，无创新性与实践性。课程涉及的知识结构单一、内容专业面窄、人文教育薄弱，学生不能根据自己的需要选择学习内容，组建知识结构。虽然开展了一些选修课、与创业相关的讲座、创业大赛、创业园等创业教育活动，这些活动主要停留在活动本身，未上升到理念指导层面，与实践脱离，与行为脱节，活动效果得不到预期的保证。

4. 教学模式老套，教学方法单一

当前吉林省多数高职院校开设的创业教育仍按统一的教学计划，一样的教学模式。使用"以教师为中心，课本为中心"的传统教学模式，单方面强调教师的作用，忽视学生的个性特点，不重视培养学生的学习能力，不能充分调动学生的学习主动性，学生始终处于消极被动的地位。在教学方法上，受学校条件及传统教育思想的影响，教师的教学方法死板，以"灌输式"为主，将创业教育仅仅局限在课堂上的理论传授，或者是纸上谈兵式的创业计划、创业设计。这种教学方法脱离了学生的创业性和创造性，挫伤了学生学习的积极性，也不利于学生创造力的发挥。教学手段单一落后，提供给学生的学习资源不丰富，学生视野无法开阔，从而抑制了学生的主动精神的发挥，妨碍了学生创造意识、创新思维的培养和提高。

5. 缺乏良好的创业环境

良好的外部环境是开展创业教育的重要条件，它主要包括家庭的支持、学校的鼓励、政府的扶持和社会的参与。而吉林省的创业教育环境有待优化。家庭方面，长期受"学而优则仕"传统思想文化观念的影响，"稳定"仍是许多家长和学生追求的目标，对于具有风险性的创业从心理上有很大的抵触，觉得自己的孩子去创业是没本事、找不到工作的表现。家长这种潜在的对创业不信任的社会心理对想创业的学生产生了巨大的心理压力。许多家长没有考虑过子女创业，不知道如何支持子女创业。大学生从家庭中受到的创业支持比较少。

创业政策环境方面，虽然最近几年，吉林省出台了一些支持和扶持学生创业的政策，但这些政策的支持保障方面存在机制不完善、政策落实衔接困难等问题。比如，目前各级政府针对大学生都有相应的创业贷款、税收减免、入驻孵化器等政策，但对于如何办理、简化行政手续等没有相应的配套政策。比如创业贷款申请成功比例非常低，学生办事难，需要两名事业单位工作人员或公务员担保，效率差，放款时间久，导致很多有创业热情的大学生最后都放弃了优惠的创业政策，让很多有意愿创业的学生望而却步。

三、吉林省高职高专院校创业教育工作的对策

（一）以培养创业胜任力为目标

确定创业教学的目标必须考虑社会对创业人才的需求，根据社会所需的能力要求标准，制订人才培养目标。它包括知识目标、行为目标和结果目标。知识目标是人才培养后受教育者应知道什么；行为目标是创业者将在工作中做什么；结果目标是通过创业培养社会要获得什么样的最终成果。南京财经大学奚国泉教授总结的创业人才胜任力模型将创业胜任力分为创业意识、创业能力、创业知识和创业特质四类，并细分了具体的指标。

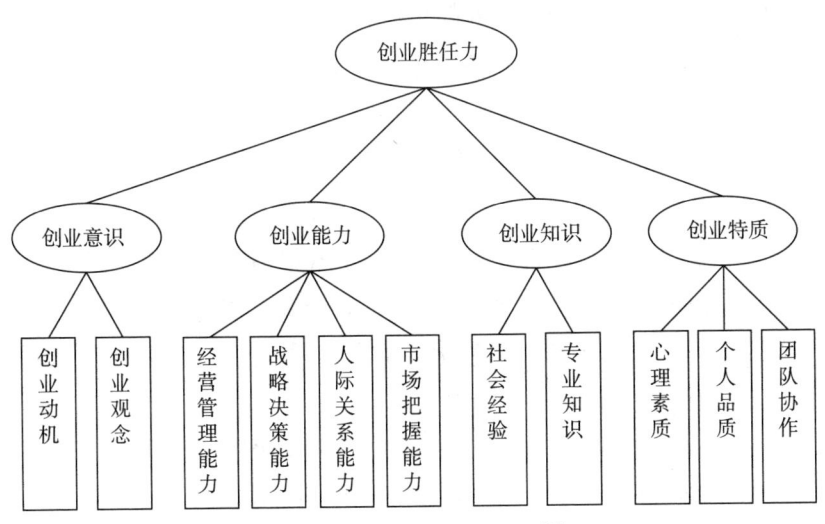

图3 创业人才胜任力模型[3]

资料来源：奚国泉. 创业人才培养研究［M］. 北京：清华大学出版社，2013：48.

从创业教育的内涵看，创业教育所要培养的人才应该是具备创业精神、创业知识、创业能力和技能，从而能够岗位创业、自主创业的人。为了完成这样教学任务，目标就必须更加细化，具体落实到创业教学的实践当中。

（二）建立高素质的师资团队

由于高职院校的创业指导老师多数都是由就业指导老师或是职业生涯规划

的老师来担任，也会临时请专业教师进行个别内容的讲解，教学效果都不十分理想。少部分是校外的特聘教师，如具有企业高层管理经历的人士或是创业成功的毕业生，他们多数都是以讲座的形式存在的。作为高职院校而言，对于创业教育的师资是相当缺乏的，尤其是缺乏具备专业知识创业指导老师。为了改善吉林省高职高专创业师资现状，根据吉林省各高职院校的特点，提出以下四个方面的对策。

1. 建立有利于创新创业师资队伍成长的引导激励机制

在制度上要保证教师的自我发展与进修，给予政策上的支持与肯定，提高教师的经济收入，吸引学有专长的技术骨干加入学校的教师队伍，认真解决新引进的专业型教师的资格认定和职称聘任的问题，妥善解决从事实践环节教学的教师的职称晋升问题。对于坚持到企业一线进行调查研究、参与项目研发和实习培训的教师，要给予精神上的鼓励和物质上的支持；对于坚持理论联系实际、潜心于应用开发的教师，要给予充分的肯定，对于其所研发的创新成果要给予充分的肯定与重视。

2. 建立能发挥教师潜力和作用的"产学研"创业机制

要引导青年教师在重视理论进修的同时，重视实际应用的研究，重视将科研成果转化为生产力。要重视发挥教师的潜质和潜力，鼓励他们在专业对口的条件下进行创业。学校要充分利用自己的教育资源、实训基地和社会影响，建立良好的"产学研"创业机制，鼓励一批有素质、能在"产学研"中创造较好效益的教师把科技成果转化成生产力。

3. 在教学部门中确定合理的创新创业型师资比例的机制

合理的创新创业型师资队伍结构，对于提高应用型高等院校的特色教学具有十分重要的作用。改善师资队伍结构，除了通过从专业部门引进技术骨干之外，还可以通过对青年教师进行定期的创新创业意识培训来实现。学校还要建立设备精良的实验室和实习实训基地，使创业型教师有"用武之地"，将学到的知识应用于实践，从而更好地为教育教学服务。

4. 组建专兼职结合的团队

创业指导教师需要有相应的专业知识和创业精神，在构建创业指导教师团队时，需要以各学科具备专业知识的教师作为主体，将专业知识和创业教育进行有机融合，使创业教育可以在职业教育中得以贯穿执行，并且增强学生的就业创业综合能力。建议就业指导教师参与学生管理和组织学生创业活动，培养学生的创业意志和能力。聘请社会上创业成功的企业家、有创业经验的高职毕业生，各行业中企业的中高管理者来作为外脑，以弥补专业课教师实践经验不足的问题，还可以为学生起到标杆作用，激发学生的创业激情。专兼职教师相互补充，拓宽思路和渠道，实现理论与实践的有效应用，使学生可以掌握丰富的专业知识并且可以应用于创业，还有了解外聘行业企业人士的实践经验，减少将来就业和创业过程中错误和难题。企业人士也可以在和学生相处的过程中，选择自己所需要的人才，或是在项目评估过程中发现好的项目进行投资，对于学生和企业是"双赢"。高职院校应该鼓励教师积极参与创业教育，参与社会创业，这也是教师提高自身专业能力和实践能力的一种有效途径。教师在参与的过程中，将创业精神和高职的人才培养目标相融合，才能真正实现为国家输送具有创新创业精神的高技能型人才的目标。

（三）建立适用的课程体系

创业人才培养的教学内容设计，可以根据人才培养的知识目标、行为目标、结果目标依序设计，也可以根据创业者的思维变化规律来设计，华中科技大学创业教学内容体系的设计就是根据后者进行的。华中科技大学根据创业者想创业—能创业—创成业这一思维变化过程，通过课程体系、实训体系、帮扶体系这三种内容体系的教学活动，培育学生的跨界合作、主动实践、自由探索的三种精神，从而提升自主学习、实践创新、技术创业三个方面的能力。[4]

建立课程体系的目的的是培育学生的创新创业意识，解决想创业的问题。主要通过第一课堂进行学习。包括创业精神学和创业知识论。创业精神是创业主体进行创业实践的灵魂和支柱。通过对创业哲理、创业伦理与创业心理知识整合，培养出创业者应具有的辩证思维方式，自信、自主、自立、自强的企业家精神与良好的道德情操。创业知识是创业主体必要的知识准备与创业的理论工具。通过经济理论、创业管理、创业环境、创业人才与创业法规等知识的协调与整合，使创业者掌握创立企业、合法经营、规划企业的创业文化和应对社会环境与市场需求变化的基本知识。

（四）打造开放的实训体系

建立实训体系的目的是提升学生的创新创业能力，主要是解决能创业的问题。主要通过第二课堂干中学的方式，进行体验式学习创业主体的行为规律与创业实务。这是创业者由理论到实践的中间环节，通过创业设计、案例教学与企业运营的计算机仿真等手段来培养创业者解决具体问题的能力。通过在众创空间、创新基地等孵化器完成某个大学生创业项目，由业界导师和校内老师共同指导完成。

为了让大学生将理论与实践相结合，把更多的理论知识运用到实践当中，培养学生"专业性创业"，将所学专业与创业相结合。培养具有创新意识、创新思维、创业能力和创业精神的创业型人才，激发大学生认真学习，实践成才的热情。高职院校以学科竞赛、双创项目、创新基地、创客空间、孵化园为主，全面打造开放的实训体系已经成为时代发展的客观要求，主要通过第二课堂干中学的方式，进行体验式学习创业主体的行为规律与创业实务。这是创业者由理论到实践的中间环节，通过创业设计、案例教学与企业运营的计算机仿真等手段来培养创业者解决具体问题的能力。通过整合学校现有创新创业教育资源，建议成立大学生创新创业实训中心，以开展创业指导和培训，接纳大学生实习实训，提供创业项目孵化的软硬件支持，为大学生创业提供支撑和服务，中心主要职责大致为，一是创新创业培训中心宗旨为创新教育及实用化人才的培养而服务。培养学生的创业精神，提升学生的实践能力，使大学生尽早地认识企业文化，实现对口产业所需人才的无缝对接，提高学生的就业竞争力，使学生实现创业成功。二是创新创业培训中心职责本中心通过学生自主组织、管理和运营，并邀请专业老师进行指导培训，组织学生参加相关专业学术竞赛，组织开展创业案例讨论会等活动，旨在培养学生创业知识，倡导创业意识，促进学院学生学术创新氛围，培养创业、创新人才。

（五）形成多维的帮扶体系

建立帮扶体系的目的是成就创业杰出人才，主要是解决能创业的问题。关于创成业的标准社会和学校的标准不是太一致。社会的标准比较高。一般学校认定创新创业的标志性成果有三种：一是领了执照，建立了公司；二是取得某项专利；三是研制出创新样品。而一些社会机构认为创成业的方式是拿到 A 轮投资。学校的目的是培养创新创业人才，所以在较大的范围内对有创新创业意愿的学生给予政策、资金、场地、信息上的全面的创业帮扶。[5]

四、根据高职学生特点，采取"干中学"的创业教育模式

  高职高专学生的特长是具备较强的动手能力，在这样群体的创业教育中，动手实践无疑是最为重要的。在进行必要的创业教育知识的教育之后，"依托专业干中学"的创新创业模式更适合这些同学的特点。这种以创新为核心的综合式的创业教学是将创新教育作为创业教育的基础，在专业知识的传授过程中注重学生基本素质的培养，同时为学生提供创业所需资金和必要的技术咨询。

  以培养学生的动手能力为目的，建立实验中心和创新基地。以基于专业进行科技创新为主，对学生的创业、创新活动进行指导、咨询和评价。拨出专项的"科技创新基金"，资助学生进行科技创新活动，尽可能地将大学生创业大赛中选拔出来的成果向应用端延伸，使学生成果走向产业化。同时改革学生评价机制，学生以实际创业经历、经验和收获作为毕业认定标准。获风险投资的企业，持续经营的项目，创业企业、项目失败的感悟和教训，都可以提交给导师评审团，作为毕业的认定。

参考文献

[1][2] 徐小洲. 创业概论［M］. 北京：教育科学出版社，2017：2.

[3] 奚国泉. 创业人才培养研究［M］. 北京：清华大学出版社，2013：48.

[4][5] 施永川. 创业教学论［M］. 北京：教育科学出版社，2017：12, 21.

河北省高职医学院校大学生创业意愿的调查与分析研究*

——以河北省C高职医学院校为例

刘 洋**

(沧州医学高等专科学校,河北沧州 061001)

摘 要: 高职医学院校大学生是大学生创业者的重要组成部分,通过对其创业意愿的实证研究为政府开展创新创业工作和高职医学院校开展创新创业教育工作提供一定的参考依据。基于对河北省C高职医学院校大学生创业意愿的现状调查与分析,阐述大学生创业意愿的现状和主要的激励与阻碍因素,从高校创新创业教育、创业社会环境方面提出对策建议。

关键词: 高职医学生;创业意愿;创业动机;创业教育

一、引言

2015年,国家将大学生自主创业提升到国家实施创新驱动发展战略。[1]高校大学生作为创新创业的重要生力军得到了各界的关注与支持。国家各个部门颁布多项创新创业政策鼓励和支持大学生创业,高校积极开展创新创业教育,培养大学生创业意识和能力。

在这种背景下,了解我国当前大学生的创业意愿,分析激励和阻碍大学生创业的因素显得十分必要。创业意愿作为产生创业行为的先前因素,是预测创业行为的重要指标。[2]通过研究当前大学生的创业意愿可以更加科学地了解和

---

* 该论文在全国高等学校学生信息咨询与就业指导中心举办的"2017大学生就业创业实证研究论文征集评奖活动"中荣获一等奖。

** 作者简介:刘洋(1991—),女,河北沧州人,硕士,沧州医学高等专科学校讲师,研究方向为高等教育。

把握大学生创业的倾向，促进政府和高校更有针对性地开展创业工作。

目前，学界对大学生创业意愿的研究更多将研究对象集中在本科、研究生，而对高职院校的学生关注较少，此外在学科类别差异上的关注有待提高，针对某一学科，尤其是医学类专业的专门研究较为匮乏。专门针对高职医学院校大学生创业意愿进行研究，对相关部门尤其是高职医学院校开展创新创业教育工作具有重要的意义。

二、研究内容与方法

本文的大学生创业意愿是指大学生在未来是否选择创业的可能性。[3]具体包括大学生创业意愿、创业偏好、创业动机等心理。采用直接设问"你是否具有创业意愿"的方式进行测量，设置了"完全没有""不太有""一般""比较有"和"非常有"五个选项。

问卷以多选题和单选题，封闭式和开放式相结合的方式进行编制，问卷内容主要涉及大学生创业意愿、包括创业时间、地点、形式、资金选择等的创业偏好、创业动机及来源、阻碍创业的困难，以对以上因素进行现状调查与分析。与此同时，设置了大学生实习或工作经历、亲朋的创业经历以及创业教育等题项，以进一步分析以上因素在大学生创业意愿上的差异和影响。

调查对象选取河北省C医学高职院校的大学生，C院校为河北省医学高职院校的典型代表，具有深厚的办学历史和经验。本研究采取方便抽样的方法面向该校全体在校学生共发放500份问卷，回收有效问卷433份，有效回收率为86.6%。

三、调查结果与分析

（一）大学创业意愿现状

1. 创业意愿

采用直接测量的方法，问及是否有创业意愿？结果表明，大学生选择"一般"选项的人数最多，占到了总数的45.5%，其次依次为"比较有"（27%）、"不太有"（16.9%）、"非常有"（6.9%）和"完全没有"（3.7%）。整体来看，大学生创业意愿处于处于中等偏下水平，有创业意愿的大学生共147人，占总人数的33.9%。此外，在所有调查对象中，有非常强烈的创业意向的大学生为6.9%。

进一步调查147位有创业意愿的大学生是否产生创业实际行为，发现有14.3%的大学生将创业意愿转化为了实际行为，而85.7%还没有进行尝试，可见目前大学生对创业持有一定的观望、保守态度。总之，当前有30%的大学生有创业的意愿，但多数不够强烈，且真正化为行为的有限。

2. 创业偏好

对147位有创业意愿的大学生进行创业偏好的调查发现：

（1）创业领域

在创业领域方面，44.2%的大学生倾向于选择与自身专业相关的领域进行创业，30.6%不会选择，而25.2%尚不清楚。作为高素质群体，大学生与其他创业人员相比的优势在于专业知识背景的支撑，尽管有40%学生选择利用专业优势进行创业，但更多大学生仍然存在犹豫和不确定性。

（2）创业时间

在创业时间方面，90%的大学生选择毕业工作后再创业，其中选择"毕业工作3~5年"的人数最多，占总人数的51%，其次为"毕业工作1~2年"（25.2%）和"毕业更长时间后"（15%），而选择在校期间和毕业当年创业的人数分别仅占4.1%和4.8%。可见当前大学生对创业的态度比较成熟理性，倾向于工作几年待具备一定经验、资金和社会资本的积累之后再去创业。另外，也说明当前大学生创业态度比较保守，缺乏尝试创业的勇气与决心，除学生自身因素之外，还间接说明当前的环境尚未打消大学生尝试创业的顾虑，对大学生创业的支持有待加强。

（3）创业地点

在大学生创业地点的选择方面，对147名有创业意愿的大学生问及是否愿意在河北省创业的调查显示，47.8%的大学生愿意在河北省创业，15.6%的人不会选择，28.6%尚未考虑清楚。近年来河北省积极响应国家"大众创业、万众创新"的政策号召，在优化创业环境，颁布、实施创业政策等方面取得了很大的成绩，对内外地大学生创业起到了一定的吸引和扶持效应，但是仍有进一步提升的空间。

（4）创业形式

有关大学生对于创业形式的选择，发现大学生选择"合伙创业"的人数最多，占到了61.2%，此外依次是自主创业（30.6%）和家庭创业（8.2%）。可见，"合伙创业"是当今大学生选择创业的主要形式。这体现了当代大学生具有团队合作的意识，也说明了大学生往往选择团队创业以获得同伴的精神支持和借助同伴的技术、人际网络等资源，实现创业行为。

（5）创业启动资金

现有文献的研究结果发现资金成为阻碍大学生创业的重要因素。为此，本研究设置了创业资金的需求金额和筹资方式两个问题以对大学生的创业资金需求进一步分析。

在大学生对于创业启动资金数额的要求方面，选择最多的是"6万~10万元"（33.3%），其次是"1万~5万元"（26.5%）、"11万~20万元"（19.0%）、"21万元以上"（12.2%）和"1万元以下"（8.8%）。可见绝大多数大学生认为创业启动资金应该是1万~10万元，而低于1万元不能满足绝大多数大学生创业启动的需求。

在资金的筹资方式上，"银行贷款"成为大学生首选（51.7%）。其次是"家庭支持"（49.0%）、"个人存款"（42.2%）和"政府创业基金"（40.1%）。而"风险投资"（9.6%）和"学校资助"（11.3%）等筹资方式不受学生青睐。这说明当前大学生融资渠道较为传统，更倾向于依靠自身和家庭的财富积累，而学校和其他形式的资金支持需要进一步加强，相关部门应更加鼓励大学生依靠多元渠道进行融资，减轻个人和家庭的资金负担。

3. 创业动机与来源

（1）大学生创业的动机

当前大学生具有较为科学的创业动机，机会型创业占据主流。通过对147位有创业意愿的大学生的创业动机进行调查，73.5%的大学生创业是为了"实现自我价值"，其次是"不想为别人打工，追求自由的工作方式"，百分比为61.2%。可见绝大多数大学生选择创业首先出于自身主观意愿，其次是"为锻炼能力，为工作增添筹码"（43.5%）、"追求财富"（40.8%）等功利因素，而不同于以往大学生创业调查的结果，为解决就业的问题而选择创业的人数占比为29.9%，虽然有迫于就业压力而选择创业的"生存型创业"，但还是以

"机会型"为主，可见大学生对选择创业的认识日趋科学理性，这是比较欣慰的结果。此外，值得一提的是，大学生为"服务社会，报效祖国"而创业的人数较少，大学生创业的社会责任有待进一步加强。

（2）大学生创业动机的来源

对大学生创业动机的来源的调查可以探求激发大学生创业动机的因素。调查发现，69.4%的大学生创业来自自身的兴趣，53.7%的人是因为就业环境的压力。可见，大学生选择创业是自身内部因素的作用，但是随着就业形势的严峻，就业环境的压力也迫使一些大学生产生创业的想法。此外，家庭影响位列第三。而政府政策支持、朋友、学校和传媒的影响不高，可见目前大学生创业主要受自身因素和家庭环境的影响，而除了就业难的外界压力外，社会环境的外界因素尚未发挥积极的促进作用，尤其作为宣传大学生创业的主要阵地，目前学校的作用有限，一方面与我国当前创业教育尚不健全的现实情况有关，另一方面也说明学校在大学生创业方面的工作有待进一步的加强。

4. 阻碍大学生创业的因素

通过对大学生创业困难的调查可以发现阻碍大学生创业的因素。对大学生创业的主要困难进行调查发现，创业资金的缺乏成为大学生创业的最大障碍，百分比为70.3%，"缺乏创业经验"和"缺乏社会关系"并列第二位，百分比为50.8%，这种结果符合大学生在学生阶段尚未独立，未出社会而缺乏经济基础、社会经验的现状。

除此之外，应当注意的是有44.8%的大学生选择了"面对创业风险，心理承受能力不足"。这一方面说明大学生对创业未知风险的恐惧，面对可能的创业失败心理承受力不足；另一方面也反映了当前大学生创业风险保障的缺失，大学生认为现阶段自身难以承担创业风险。

此外，对其他选项进行分析发现选择占比位于20%～30%的选项为"缺乏知识与技能""缺乏创业意识与热情""缺乏创业指导"等，该部分的选项大多数为高校创业教育需要解决的问题，体现了当前大学生对于创业教育的需要。同时，25.6%的大学生认为"课业负担重，没有时间和精力"阻碍了创业的热情，体现了当前大学生创业在高校现行教学与管理中的矛盾，创业学分融入日常教学的改革等制度管理措施有待进一步研究和实施。

最后，排名靠后的选项为"创业环境""创业政策"和"家庭支持"等外部因素。综上可以看出相对于外界的环境因素，大学生将创业的困难更多归结为内部因素，不仅体现在外在条件限制，还体现了内部心理因素。这一方面与大学生当前身处学校，资源缺乏的现实情况有关，另一方面也说明当前大学生自身缺乏勇于尝试、敢于面对创业失败等风险的心理准备。

（二）大学生创业意愿的差异性分析

为进一步分析大学生创业意愿在不同情况下的差异，从大学生自身实习或工作经历、亲朋创业经历和创业教育三个方面对大学生的创业意愿进行了差异性分析，以期找到影响大学生创业意愿的因素。为方便研究，将五个选项测量的创业意愿整合为三项，即将"完全没有"和"不太有"整合为"没有"，将"比较有"和"非常有"整合为"有"，"一般"仍然作为中间选项保持不变。具体的分析结果如下：

1. 大学生实习或工作经历在创业意愿上的差异分析

通过对大学生有无实习或工作经历因素进行分组统计，发现有实习或工作经历的大学生的创业意愿高于没有实习或工作经历的学生，如表1所示。

表1 实习或工作经历与创业意愿的关系

实习或工作经历		创业意愿（人数）			总计
		没有	一般	有	
是	人数（人）	31	102	92	225
	百分比（%）	13.8	45.3	40.9	100.0
否	人数（人）	58	95	55	208
	百分比（%）	27.9	45.7	26.4	100.0
总计	人数（人）	89	197	147	433
	百分比（%）	20.6	45.5	33.9	100.0

资料来源：本研究整理。

在225位有实习或工作经历的大学生中，有92人有创业意愿，占有实习或工作经历的大学生总数的40.9%；在208位没有实习或工作经历的大学生中，有55人创业意愿，占有实习或工作经历的大学生总数的26.4%，有实习或工作经历的大学生的创业意愿比没有经历的大学生的创业意愿高出14.5%。

进一步进行卡方检验，$P = 0.00 < 0.05$，卡方值为17.112，验证了有

无实习或工作经历的学生在是否有创业意愿上存在显著差异,并且有实习或工作经历的学生的创业意愿显著高于没有实习或工作经历的学生。对这一现象的解释是因为大学生经历了实习或工作,其接触社会后,积累了部分的社会经验和资本。另外,面对社会现实更加客观,产生了追求自由独立的职业态度。

2. 大学生亲朋的创业经历在创业意愿上的差异分析

通过对大学生身边朋辈亲友的创业经历因素进行分组统计,发现亲朋有创业经历的大学生的创业意愿显著高于亲朋没有创业经历的大学生,如表2所示。

表2 亲朋的创业经历与创业意愿的关系

亲朋的创业经历		创业意愿(人数)			总计
		没有	一般	有	
是	人数(人)	24	95	88	207
	百分比(%)	11.6	45.9	42.5	100.0
否	人数(人)	65	102	59	226
	百分比(%)	28.8	45.1	26.1	100.0
总计	人数(人)	89	197	147	433
	百分比(%)	20.6	45.5	33.9	100.0

资料来源:本研究整理。

在207位亲朋有创业经历的大学生中,有88人有创业意愿,占亲朋有创业经历的大学生总数的42.5%;在226位亲朋没有创业经历的大学生中,有59人创业意愿,占亲朋没有创业经历的大学生总数的26.1%,身边亲朋有创业经历的大学生的创业意愿比没有亲朋创业的大学生的创业意愿高出16.4%。

进一步进行卡方检验,$P=0.00<0.05$,卡方值为24.070,验证了亲朋是否有创业经历在创业意愿上存在显著差异,并且亲朋有创业经历的大学生的创业意愿显著高于亲朋没有创业经历的学生。这说明朋辈创业对大学生个体创业意向的重要影响。这是因为一方面朋辈亲友在行动上为大学生树立了榜样,另一方面,有创业经历的亲朋更能理解和支持大学生的创业,不仅会减少创业的阻力,还会多少提供相应的支持。

3. 创业教育

通过对大学生接受创业教育因素进行分组统计，发现目前是否创业教育在大学生选择创业上没有差异，如表3所示。

表3 接受创业教育与创业意愿的关系

接受创业教育		创业意愿（人数）			总计
		没有	一般	有	
是	人数（人）	73	150	97	320
	百分比（%）	22.8	46.9	30.3	100.0
否	人数（人）	16	47	50	113
	百分比（%）	14.2	41.6	44.2	100.0
总计	人数（人）	89	197	147	433
	百分比（%）	20.6	45.5	33.9	100.0

资料来源：本研究整理。

在320位接受过创业教育的大学生中，有97人有创业意愿，占接受创业教育大学生总数的30.3%；在113位没有接受过创业教育的大学生中，有50人创业意愿，占未接受过创业教育的大学生总数的44.2%，接受创业教育的大学生的创业意愿比没有接受过创业教育的大学生的创业意愿反而低了13.9%。

进一步进行卡方检验，$P = 0.016 > 0.05$，说明是否接受创业教育在创业意愿上不存在显著差异。换句话说，当前创业教育并没有发挥出其激发大学生创业热情的作用，从数据上看甚至有些反面作用。对这一现象的原因分析，一是由于高职院校创业教育尚在起步探索阶段，创业教育目前仅停留在开设创业课程和少数人参加的创业大赛，而创业实践等其他教育形式尚未普及，大学生创业教育需求尚未被满足；二是创业教育本身对创业意愿的作用，相关研究也有学者得出了类似的结论，发现创业教育对大学生创业意愿没有起到，甚至反向作用。[4]针对这一问题还有待进一步的研究。

四、结论与建议

（一）结论

本研究以河北省C高职医学院校的大学生为例，对河北高职医学院校的大学生的创业想法、创业偏好、创业动机及来源、阻碍因素现状进行了实证调查与分析，并且从个人的工作或实习经历、亲朋的创业经历、创业教育的接受情况三个方面做了创业意愿的差异性分析，探索以上因素对大学生创业意愿的影响。通过对调查数据进行统计分析，得出以下结论：

1. 大学生创业意愿处于中等偏下水平

当前有 30% 的大学生有创业的意愿，但多数不够强烈，其中有 14.3% 的大学生将创业意愿转化为了实际行为且真正化为行为的有限。目前大学生对创业持有一定的观望、保守态度。

2. 对大学生创业意愿的分析

进一步对有创业意愿的大学生创业偏好进行分析发现，在是否会考虑与所学专业相关方面，40%学生选择利用专业优势进行创业，但更多大学生仍然存在犹豫和不确定性；在创业时间方面，90% 的大学生选择毕业工作后再创业，其中倾向于"毕业工作 3～5 年"的人数最多，而选择在校期间和毕业当年创业的人数偏少；在创业地点的选择上，将近一半的大学生愿意在河北省创业，但还有近 30% 的大学生没有考虑清楚；在创业形式的选择方面，60% 的大学生首选合伙创业，30% 倾向于自主创业，体现了当代大学生善于合作，相互借力的创业特点；关于影响大学生创业的重要因素——资金方面，60% 大学生认为创业启动资金应该是 1 万～10 万元，其次是 11 万元以上，而低于 1 万元不能满足绝大多数大学生创业启动的需求。此外，在筹集资金的方式上，大学生更倾向于借助银行贷款、家庭支持和个人存款。

3. 大学生创业选择要素

为进一步分析大学生是否选择创业背后的原因，对创业动机和创业阻碍进行了调查，一是对有创业意愿的大学生的创业动机及其来源进行了调查分析，结果表明，当前大学生创业主要来源于自身兴趣和就业环境的压力，家庭也有一定的影响，但是学校、政府的影响作用尚未完全发挥出来；二是对阻碍大学生创业的因素进行调查分析，发现当前大学生创业的最大问题是资金的缺乏，其次是"缺乏创业经验"和"缺乏社会关系"，此外还有心理准备不足，创业教育缺失带来的一些阻碍。

4. 创业教育缺失

通过分析大学生自身实习或工作经历、身边亲朋的创业经历和接受创业教育情况在创业意愿上的差异，深入分析以上因素对大学生创业意愿的影响，发现大学生自身实习或工作经历和身边亲朋的创业经历有助于大学生选择创业，而创业教育方面体现的尚不明显，还需加强研究。

（二）建议

1. 创新创业教育

高职医学院校要结合院校定位和专业特点，立足当地社会需求和自身办学优势，促进人才培养和创新创业教育工作有机融合。一方面，目前由于我国创业教育起步较晚，绝大多数普通院校相关经验较少，大多在探索中前进，这对于高职院校更是挑战重重。存在着个别学校在实施创新创业教育时较为被动，尚未真正意识到开展创业教育对整个学校教育发展的重要作用，面临着创业教育与学校自有人才培养教育系统相互割裂的问题。为此，高职院校领导首先要端正高校开展创新创业教育的态度，加强重视和实施力度，促进创新创业教育与专业教育的深度融合。另一方面，高职院校要立足学校本身的类型定位和医学专业特点，紧跟地区人才需求，充分发挥医学专业学科优势，探索以专业教育带动创业教育，以创业教育改革专业教育的发展路径，在人才培养、学科建设、实习实训、教学改革和师资培养等方面进行探索和深度融合。

此外，具体当前高校创业教育中的普遍问题，重点对创业实践教育和创业心理教育提出建议。一是针对大学生创业实践的需求，相关研究结果显示大学生对创业实践的需求强烈，而现有创业教育提供的实践机会有限。[5]高职院校要自足自身实践教育环节的优势，建立创业实践教育体系。开发创业实践课程与教学，建立创业实训与孵化基地，建立健全服务学生创业实践的配套管理制度，建立和培养一批专门的创业指导教师队伍等以满足大学生创业实践的需求。

二是针对大学生当前创业心理准备不足的现状，帮助大学生树立创业信心信念。高校创业教育要帮助大学生树立创业信心与服务社会的理想信念，转变大学生传统的就业择业观念。同时，学校要将创业心理因素纳入创业教育内容之中，提高大学生理性认识创业失败等问题的认识，提升抗挫折的能力与吃苦耐劳的精神。此外，设立创业心理辅导机构，配备相关人员对大学生创业过程中可能出现的心理问题进行疏解与辅导，以更好地帮助大学生树立科学的创业观。

2. 创业社会环境

一是要关注家庭因素的影响。大学生尚未完全脱离家庭，在经济和思想上都依托于家庭，获取家庭的理解和支持对大学生创业具有重要的意义。目前，我国家长普遍还存在着"学而优则仕"的传统思想，就业观念保守陈旧，追求"体面""稳定""一劳永逸"的工作，对于创新创业认识存在偏颇，一定程度上阻碍了大学生创业的热情。家庭首先要转变自身观念，鼓励孩子在合理的范围内尝试创业，锻炼创新创业能力。大学生在创业受阻或失败时最渴望得到家庭的关怀和理解，家庭应该给予宽容和鼓励，引导和培养他们如何正确面对挫折、化解问题的能力。

二是政府为主导，继续加强对大学生的创业政策扶持，尤其在资金支持方面要继续加大投入，创新资金分配机制。缺乏资金仍然是阻碍大学生创业的主要因素，这与大学生当前在校缺乏经济来源的现实有关，主要依靠家庭的经济支持负担较重，政府和社会的支持十分必要。当前政府已经采取了措施为大学生提供创业资金，在继续加强的同时建议创新资金分配机制，建立针对不同层次创业需求的大学生提供与之相匹配的资金分配制度，同时建立资金分配监管机制，保障创业资金的合理使用。

三是营造"鼓励创业、宽容失败"，全民创业的文化氛围。良好的创业环境和亲朋的创业经历与支持更有利于大学生选择创业。为此，一方面媒体要加大宣传，营造"鼓励创业、宽容失败"的文化氛围；另一方面政府、社会各界要各尽其责鼓励和支持大众创业，万众创新，激发社会创新创业活力，使社会创业人士与高校大学生创业有机联动，相互促进，激发创新创业生命力，提升大学生创业热情。

参考文献

[1] 国务院办公厅. 国务院办公厅关于深化高等学校创新创业教育改革的实施意见 [J]. 中国大学生就业, 2015 (15): 51 – 54.

[2] Krueger N F., Brazeal D V. Entrepreneurship Potential and Potential Entrepreneur [J]. Entrepreneurship Theory and Practice, 1994 (3): 91 – 104.

[3] 刘海鹰. 大学生创业意向影响因素研究 [J]. 科技进步与对策, 2010 (18): 154 – 156.

[4] 乐国安，张艺，陈浩. 当代大学生创业意向影响因素研究［J］. 心理学探新，2012
（2）：146 – 152.

[5] 胡莉. 大学生创业教育问题分析及对策研究［D］. 山西财经大学，2012.

基于企业生命周期理论的高校众创空间建设探析[*]

李胜利[**]

(河南省大中专学生就业服务中心,河南郑州 450016)

摘 要:高校众创空间建设如火如荼,既有明显成效,也有其发展不足之处。基于高校众创空间发展与创业企业均有成长周期的特点,本文从全新的视角引入企业生命周期理论,分析其不同阶段发展特点,结合实际提出高校众创空间建设发展的主要着力点,以供大家参考。

关键词:企业;生命周期;高校众创空间

众创空间是指为服务创新驱动发展战略,积极引领经济发展新常态、适应大众创业、万众创新,把握互联网环境下创新创业特点和需求,通过市场化机制、专业化服务和资本化途径构建的低成本、便利化、全要素、开放式的新型创业服务平台的统称。[1]高校建设和发展的众创空间是基于网络时代顺应新一轮科技革命和产业变革新趋势、满足高校师生乃至大众创新创业需求、体现高校特点、挖掘高校潜能、共享高校资源的新型创新创业服务平台。[2]但当前各高校在开展众创空间建设过程中,普遍面临定位不准、同质化问题突出、专业化程度不够、孵化能力不足等亟待解决的问题。本文引入企业生命周期理论,科学界定当前高校众创空间建设所处的发展阶段,并分析该发展阶段的特征和成败关键因素,进而有针对性地提出建设措施。

---

[*] 该论文在全国高等学校学生信息咨询与就业指导中心举办的"2017大学生就业创业实证研究论文征集评奖活动"中荣获二等奖。

[**] 作者简介:李胜利(1983—),男,河南南阳人,硕士研究生,河南省大中专学生就业服务中心讲师、副主任,大学生职业发展与就业创业指导。

一、企业生命周期与高校众创空间发展

正如众多生命体一样，企业作为独立法人的"生命体"，其固有类似的生命周期。国际上，最早创立提出"企业生命周期理论"的是美国人伊查克·爱迪思博士。伊查克·爱迪思博士花费20多年的时间，围绕企业发展、老化和衰亡等进行集中研究，最终形成了专题著作——《企业生命周期》。伊查克·爱迪思博士把企业生命周期分为孕育期、婴儿期、学步期、青春期、壮年期、稳定期、贵族期、官僚化早期、官僚期、死亡10个阶段，[3]并概括了不同阶段的特征及相应的对策，揭示了企业生命周期的基本规律，明确了企业生存过程中基本发展与制约的关系。在此基础上，国内外许多学者对企业组织的生命周期问题进行了大量的研究与探索，催生了"四阶段论""五阶段论""六阶段论""七阶段论"等企业生命周期理论，其中"四阶段论"受到最广泛的关注与认可，因而这里也以"四阶段论"作为研究的基础。所谓企业生命周期"四阶段"，即包括初创期、成长期、成熟期及持续发展期（或衰退期）四个阶段，[4]那么初创期企业相当于1.0，成长期企业相当于2.0，成熟期企业相当于3.0，持续发展期（或衰退期）企业相当于4.0。

近年来，在国家和各省高位推动下，高校众创空间得到蓬勃发展。河南作为传统的农业大省、人口大省、教育大省，共有130多所高校，在校生及毕业生规模都在全国前列。河南省积极推进大众创业、万众创新，大力促进新经济发展，助力转型升级。2015年以来先后出台了《河南省人民政府办公厅关于进一步激发高校科技创新活力提高支撑经济社会发展能力的实施意见》《河南省人民政府办公厅转发省科技厅省财政厅关于发展众创空间推进创新、创业工作政策措施和关于推进金融资本与科技创新相结合政策措施的通知》等系列政策措施，鼓励每所高校结合重点学科建设至少建设一个众创空间等创新创业孵化载体，为大学生创新、创业提供一站式服务，并向小微企业和创业者开放科研设施，实现成果转移转化和产业化。[5]据统计，截至2017年年初河南省共备案国家级众创空间14个，省级众创空间80个；2016年首批立项建设23个高校众创空间。在此期间，伴随认识和实践的深入，高校众创空间管理风格、组织结构、产品服务等也在不断演化。

基于企业生命周期和当前高校众创空间建设发展实际，我们可以把校级高校众创空间作为初创期即"1.0版"，省级高校众创空间作为成长期即"2.0版"，国家级高校众创空间作为成熟期即"3.0版"；另外，高校众创空间作为服务新经济发展的新兴事物，其建设发展必将持续相当长一段时间，因此本文仅研究其初创期、成长期、成熟期，不研究其持续发展期（或衰退期）。在此约定基础上，我们成功搭建了开展深入研究的理论基础和研究框架，接下来我们需要对不同阶段高校众创空间进行分析研究，不同发展周期的各阶段具有不同特征，面临不同问题，便于我们提出相应的对策建议。

二、高校众创空间各发展阶段的具体情况

在前期基础研究的背景下，我们明确了建设高校众创空间的不同阶段，这为接下来的研究明确了实施路径。处于不同发展阶段的高校众创空间因其固有的属性和特点不同，势必要求我们再进行精细化的研究分析，明确不同阶段高校众创空间的定位、建设现状及发展趋向。

（一）初创期——高校众创空间1.0版

该阶段的高校众创空间作为学校新设立、从事新兴事业的职能机构，究其成立的原委，其中一个重要因素是为了贯彻落实上级政策要求而应运而生的。这一阶段的高校众创空间已经初步组建了团队、有固定的服务场地并具备办公条件，负责人及团队热情工作，具有活力、创造性和冒险精神，主要业务核心要义不是很清晰，基本上是在一张白纸上临摹。"1.0版空间"虽然有了组织机构，但是还不够系统；虽然有了团队分工，但是人职匹配不够；虽然制定了管理制度，但是执行效率和效果不好；虽然轰轰烈烈开展了一些活动，但是服务双创的资源聚合和成效不太理想，服务对象认可度不高。在这个阶段，其主要目标是内强素质、规范管理、聚合资源、积极摸索、创建一个可行的、有生命力的服务产品—服务模式。

（二）成长期——高校众创空间2.0版

在这一时期，高校众创空间的各项工作经过深入实践和广泛宣传，逐渐以

其自身的特点赢得服务对象的认可，学校领导的关怀、其他职能部门及院系关注、教师和学生的需求开始上升，事业开始快速发展，各方的期望逐渐增高。"2.0版空间"的组织活力、创造性和凝聚力不减，在内部管理方面更加规范和娴熟，硬件投入不断增加，对外服务方面双创孵化资源快速集聚，随之而来的是服务品质的提升和业务范围的拓展。但是，伴随兄弟高校对双创工作重视程度的不断增强，服务对象个性化需求的增长，"2.0版空间"还面临创造性开展双创服务能力不足、基于服务对象细分的精准化服务水平不高、特色不明显竞争加剧等现实问题。在这个阶段，其主要目标是发展壮大和寻求差异化。

（三）成熟期——高校众创空间3.0版

发展到该阶段的高校众创空间特色明显，参与双创教育改革的高度、广度和深度都得到增强，校内、省内乃至区域影响力较大。"3.0版空间"的业务范围比"2.0版空间"更宽一些，开始跨部门整合资源服务双创全局发展，更加注重与教务、科研、学工、团委、财务、后勤等校内职能部门联合，更加注重与政府、企业、社会组织、兄弟高校等协作，并积极拓展与国内其他省市高校及国外双创孵化机构的合作。"3.0版空间"也将面临核心团队职业倦怠、人事变动或轮岗、事业发展后劲不足、模式创新不力等问题，其目标是巩固和改进已有的地位，持续并实现突破性的发展。

三、高校众创空间建设的主要着力点

基于前两个部分的分析，初步厘清了不同阶段高校众创空间发展要义，明确了建设思路和方向。省级高校众创空间建设管理部门要加强顶层设计和宏观指导，进而实现分类发展、精准服务。各高校要立足地域发展和学校实际情况，制订整个学校层面的众创空间建设发展规划，真正实现众创空间建设助力高校、服务地方经济发展的大局。概括起来讲，高校众创空间建设每个发展阶段都要注重"五化"即定位精准化、管理规范化、教育系统化、合作多元化、发展持续化。

（一）定位精准化

古语说得好："凡事预则立，不预则废。"适宜的发展定位可以帮助高校众创空间建设少走弯路，并为未来的发展预留空间。高校众创空间定位就是要选择和确定自己核心的服务方向、服务位置、服务方式和服务对象等。

1. 高校众创空间是新型创业服务平台

高校众创空间作为高校校园内机构，是高校创新创业教育生态体系建设的重要组成部分，与大学科技园、产业园区等共同组成创新创业孵化转化和产业化链条。高校创新创业教育改革需要国际化视野、秉承开放共享的态度，具有"低成本、便利化、全要素、开放式"特点的众创空间，将在高校转型与服务地方经济发展、创新创业教育与实践、科技创新与成果转化等方面发挥重要作用。加快发展高校众创空间，有利于激发高校创新创业活力，加速高校科技成果转移转化；有利于高校培养创新创业人才，增强高校支撑经济转型、产业升级和社会发展的能力。[2]

2. 高校众创空间要市场化运作

2016年河南省教育厅印发了《关于加快推进高等学校众创空间建设的通知》，明确要求"高校众创空间应按照市场化原则，在高校资产管理公司下成立空间运营公司，并积极吸纳相关企业、投资或风投机构、行业组织等社会力量参加"。建设众创空间其中一个很重要的目的就是要"营造良好的创新创业生态环境，激发亿万群众创造活力，打造经济发展新引擎"，高校众创空间是以高校作为建设主体的，服务高校师生及社会早期创新创业的平台，理应企业化、市场化运作。

（二）管理规范化

伴随经济发展进入新常态和高校创新创业教育改革的不断深化，高校众创空间从无到有、再到当前的快速发展，孵化服务成效也很明显，各方面都给予了很高的评价和期望。下一步高校众创空间的发展如何更加科学、更加持续，是摆在其核心团队面前的一个重要问题。

1. 要明确发展愿景

高校众创空间要立足当前、着眼长远，科学灵活运用企业生命周期理论，结合发展的不同阶段科学确定当前阶段和长远的发展愿景。"1.0版空间"就是要贯彻政策要求，谋求初创阶段的"生存"之道；"2.0版空间"要基于建设主体高校的特色，灵活运用政策，满足不同服务对象的差异化需求，谋求成长阶段的"成长"之道；"3.0 版空间"要立足发展，适应经济发展新常态，促进大众创业、万众创新，提升高等教育服务地方经济发展的水平，谋求成熟阶段的"引领"之道。

2. 要理顺管理机制

高校众创空间首先要主动对接地方政府实施的创新驱动发展战略，融入地方经济社会发展大局。校内要成立协调机制，建立联席会议制度，明确牵头单位，实现纵向和横向联动。高校众创空间内部一方面要按照市场化运用的原则，完善内部治理结构，建立健全人力资源管理、财务管理、绩效考核等适应不同发展阶段的自我管理制度；另一方面要建立项目来源、路演评价、入孵退出、实践管理、股权激励等孵化服务制度，切实做到照章办事。

（三）教育系统化

高校众创空间是高校创新创业教育生态体系建设的重要组成部分。

1. 参与顶层设计

当前高校正在深入推进创新创业教育教学改革，高校众创空间作为高校贯彻落实高等教育服务地方经济发展的桥梁和纽带，应积极发挥自身优势，自觉参与到人才培养方案修订、双创教育与专业教育融合、人才培养由学科专业单一型向多学科融合型转变等事关学校综合改革发展大局中去。

2. 开展课堂教育和实践

高校众创空间均建有由校内外老师、企业家等组成的创新创业导师库，在培养学生创新精神、创业意识、企业家精神方面，有其固有优势。要积极与教务、学工、团委等部门协作，本着为培养创新创业型人才的原则，积极组织导师走进课堂，课后辅导学生进行创业实践。同时，还要与科研、财务等部门密切沟通，促进地方与高校协同、教师与学生协同，引导教师带领学生从事创新创业实践。

3. 积极开展评价与反馈

高校众创空间的地位和作用，决定其在高校综合改革发展中的重要意义，要积极承担责任，组织专家力量研发双创教育改革、高等教育服务地方经济发展、教师指导学生创新创业实践等方面的评价指标体系，进而将评价结果反馈到工作中，实现良性互动，推动事业健康有序发展。

（四）合作多元化

提供专业的创新创业孵化服务是建设和发展众创空间的核心职能。高校众创空间普遍存在同质化严重、服务不专业的共性问题，在自我不断完善的基础上，寻求多元化合作是提供便利化、全要素服务的关键。

1. 要人尽其才

高校众创空间在引进人才、组建核心团队伊始就要结合定位及服务对象的诉求，科学设置岗位、合理选拔人才。同时在科学区分管理与技术、理论与实践；投资融资与商业模式、团队建设与品牌营销等不同类型、不同专业岗位和人才特点基础上，合理划分任务目标，实现人尽其才。

2. 要细分服务

高校众创空间的服务对象呈现多元化的特点，主要可划分为高校校内循环和外循环两个部分。其中高校校内循环部分主要包括高校自身、职能处室（院系）、教师和学生等，外循环部门主要包括地方政府、产业企业、校友等。服务对象不同，相应地他们对高校众创空间的诉求也不尽相同，众创空间可以通过"空间+"模式提供服务产品输出，提供创新创业教育及实践服务、项目和人才服务，为创业大学生提供空间、技术、资金、经验、政策、管理、成果转化等专业化一站式服务。

3. 要多元整合资源

一方面要发挥协调机制、联席会议的优越性，实现地方政府与高校协同，高校校内教务、科研、学工等协同，教师与学生协同；另一方面高校众创空间要主动与社会孵化、风险投资、行业企业、工商税务、专利知识产权等对接，本着提供便利化、全要素服务的原则，促进合作对象多元化，实现我中有你、你中有我，不断提升高校众创空间专业技术服务水平。

（五）发展持续化

虽然这里约定不研究高校众创空间建设的衰退期，但作为高校发展乃至高等教育服务经济社会发展的大事，建设发展众创空间也需要我们进行未雨绸缪。鉴于实际，本文就高校众创空间发展持续化问题，仅提出需要我们坚持三个基本原则。

1. 服务事业发展

从我们的研究分析不难发现，高校众创空间不是独善其身的，其自身可持续发展与高校、高等教育、经济社会发展是相辅相成、相互作用、相互促进的，高校众创空间运营管理团队必须坚持这一理念。

2. 服务人的发展

高校众创空间的发展是基于服务创新创业型人才基础上的，其核心服务受众是每一位有创新创业梦想的人，人的发展是检验高校众创空间成败的关键。

3. 搞好平台发展

平台发展概括起来讲包括社会效益和经济效益两大方面。平台是干事业的基础，只有平台发展了，高校众创空间核心管理团队才能更加自信、更有底气地谋划"发展持续化"问题。

随着经济社会发展，急需大批富有创新精神、怀揣创业梦想的高素质人才。大学生作为高等教育培养的专门人才，善于接受新兴事物。高校众创空间为他们进行创新创业实践探索提供了不可多得的环境和平台，为大学生踏入社会创新创业积累了宝贵的经验财富。伴随认识的不断深入和需求的多样化发展，高校众创空间也被赋予了新的使命，无论是上级主管部门还是高校一线建设部门都在积极进行探索和尝试，争取摸索出一套行之有效的、符合各自实际的发展模式，为社会输送更多创新创业型高素质人才。

参考文献

[1] 初汉芳，张可，孟佳. 基于协同创新的高校众创空间的建设与探索 [J]. 实验技术与管理，2017（2）：20.

[2] 河南省教育厅. 关于加快推进高等学校众创空间建设的通知 [R]. 河南省教育厅办公室，2016－06－08.

[3] 仇志海. 企业生命周期视角下高校创业园建设研究 [J]. 常州工程职业技术学院高职研究，2012（12）：4.

[4] 李彬. 企业生命周期各阶段特点研究［EB/OL］.［2009-10-03］http：//blog. vsharing. com/bingolee/A969746. html.

[5] 河南省人民政府办公厅. 转发省科技厅省财政厅关于发展众创空间推进创新创业工作政策措施和关于推进金融资本与科技创新相结合政策措施的通知［R］. 河南省人民政府办公厅，2016-02-17.

大学生创业能力素质现状及对策思考[*]

——基于958例在深创业者的实证调研

李　凯　周建立[**]

（深圳职业技术学院，广东深圳　518055）

摘　要：研究基于蒂蒙斯创业过程理论，对在深圳创业大学生的创业现状、能力素质及培训需求进行调研，研究范围涵盖深圳全市各区15个孵化器和7所高校。通过调研，对在深圳创业大学生个人基本情况、创业现状、创业核心能力要素认知与具备情况、个人创业素质、团队建设等问题进行分析，提出分层次、系统化的创业能力培训服务对策。

关键词：深圳大学生创业现状；创业培训服务；创业过程理论

自"大众创业、万众创新"提出以来，双创已经成为我国经济社会发展的重要战略，正在向更大范围、更高层次、更深程度的方向迈进。深圳作为全国创新创业的前沿和高地，有着良好的创新生态环境，乘着国家"大众创业、万众创新"的东风，多年来传承和孕育的创新创业精神内核得到更大程度的滋养，形成了具有自身特色的创新体系，吸引来自全球的青年创业者来这里追逐梦想。在这些逐梦者中，大学生无疑是最为重要的群体。"大学生是实施创新驱动发展战略和推进大众创业、万众创新的生力军。"经过几年来的积累，

---

[*] 该论文在全国高等学校学生信息咨询与就业指导中心举办的"2017大学生就业创业实证研究论文征集评奖活动"中荣获二等奖。

[**] 作者简介：李凯（1974—　），男，山西太原人，深圳职业技术学院副教授，研究方向为大学生职业生涯规划与就业创业指导。

周建立（1983—　），男，吉林桦甸人，深圳职业技术学院讲师，研究方向为大学生职业生涯规划与就业指导。

深圳已经有一大批大学生在创新创业发展的大路上领跑,因此,我们有必要对当下深圳大学生的创业现状进行梳理,充分分析创业者和企业的内在需求,提出面向在深创业大学生创业培训服务的参考建议。

一、研究设计

研究选取在深创业的大学生以及准创业状态的大学生作为调研对象,涵盖全市各区 15 个孵化器和 7 所高校,发放调查问卷 1245 份,回收有效问卷 827 份,个案访谈 131 人。将创业者自身因素作为自变量,基于蒂蒙斯创业过程理论中"商机、团队、资源"三项核心要素,设计排列出 35 个创业过程的观测指标作为因变量。采用文献研究法、因子分析调查法、综合分析法和个案访谈法,对在深创业大学生群体进行综合分析(见图 1)。

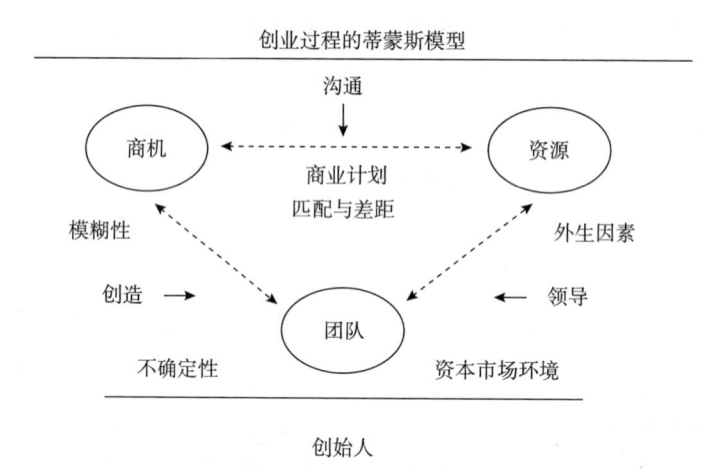

图 1 蒂蒙斯理论模型

资料来源:杰弗里·蒂蒙斯. 创业学[M]. 周伟民,吕长春,译. 北京:人民邮电出版社,2005。

二、创业现状

(一)基本情况

结果显示,深圳创业大学生群体男性占 64.9%,女性占 35.1%,男女比例差异显著;年龄段覆盖"70 后"至"90 后",其中 18~25 岁年龄段最多,占 58.5%，其后依次是 26~35 岁，占 36.9%，36 岁以上的占 4.6%；开始创业活动时创业年龄最小的为 12 岁，创业年龄最大的是 55 岁，其中创业年龄段处于 12~24 岁的最多，占 66.62%，处于 25~35 岁的占 32.1%，创业年龄段处于 30 岁以上的仅占 1.7%，呈现年轻化趋势；最高学历为本科和大专的分别占 41.7% 和 38.3%，硕士学历占 17.0%，博士学历占 3.0%，以本科和大专为主体；理工类专业毕业生为创业主要群体，占 53.6%，所学专业为文科类的 31.7%，其他依次为：艺术类 9.6%，农学类 2.4%，体育类 1.5%，医学类 1.1%；深圳户籍（迁入）的占 46.0%，非深户籍人员占 43.4%，原住民占 10.6%；自认为家庭经济收入水平处于社会上层的占 3.8%，认为处于社会中上层的占 24.5%，认为处于社会中下层的占 20.0%，认为处于社会下层的占 5.0%，而认为处于社会中层的占 46.8%，成为最大群体（见表 1）。

表 1 深圳创业大学生群体基本特征

类型		频数（次）	百分比（%）	类型		频数（次）	百分比（%）
创业年龄	12~24 岁	473	66.62	户籍类型	原住民	87	10.6
	25~35 岁	230	32.1		深圳户籍（迁入）	378	46.0
	35 岁以上	12	1.7		非深户籍	357	43.4
学科背景	文科类	260	31.7	所处阶层	社会上层	31	3.8
	理工类	439	53.6		社会中上层	201	24.5
	艺术类	79	9.6		社会中层	385	46.8
	农学类	20	2.4		社会中下层	164	20.0
	体育类	12	1.5		社会下层	41	5.0
	医学类	9	1.1				

资料来源：本研究整理。

调查数据显示，60% 以上（61.6%）的创业大学生创业前在企业或事业单位工作过，半数以上（54.7%）创业大学生的家庭成员并无创业经历。

（二）创办企业现状

调查结果显示，被调查的创业企业中，已创业并注册的占 32.8%，正在创业、尚未进行工商登记注册的占 26.0%，准备创业的占 41.2%；成立 3 年以下的企业有227家，占64.5%；成立3~5年的有87家，占24.8%；处于初创阶段的企业占57.8%，处于成长阶段的企业占34.0%，处于转型阶段的占5.7%，处于成熟阶段的占2.5%；大学生对创业现状表示满意（包括非常满意和比较满意）的有48%，表示一般的占38.7%，表示不太满意和很不满意的分别占9.7%和3.6%（见表2）。

表2 创办企业情况

	类型	频数（次）	百分比（%）
注册登记情况	准备创业	328	41.2
	正在创业尚未工商登记注册	207	26.0
	已创业并注册登记	261	32.8
企业所处阶段	初创阶段	352	57.8
	成长阶段	207	34.0
	转型阶段	35	5.7
	成熟阶段	15	2.5
创业满意度	非常满意	60	8.3
	比较满意	287	39.7
	一般	280	38.7
	不太满意	70	9.7
	很不满意	26	3.6

资料来源：本研究整理。

统计结果还发现，原住民对创业现状的满意度最高，其次是深圳户籍（迁入），满意度最低的是非深圳户籍。

（三）创业能力现状

1. 个人素质

数据显示，对于创业者个人素质的二级因子重要性认知度上，排在前五位的二级因子依次是：责任感（1.46）、决策力（1.40）、市场意识（1.37）、领导力（1.36）和解决问题能力（1.32）；自身实际具备的前五项能力素质排序上依次为：责任感（0.85）、目标导向（0.73）、自我认知（0.73）、客户价值的创造和决策力（0.73）（见表3）。

表3 创业者个人素质二级因子认知度与具备程度比较（均值）

重要程度排序	二级因子	具备程度排序
1（1.46）	责任感	1（0.85）
2（1.40）	决策力	5（0.69）
8（1.20）	成就动机	6（0.69）
4（1.36）	领导力	11（0.62）
3（1.37）	关注市场变化	8（0.65）
6（1.30）	执着于为客户创造价值和提升价值	2（0.73）
8（1.20）	预测并承担风险	10（0.62）
12（0.99）	容忍不确定性和组织结构的缺陷	12（0.56）
5（1.32）	能够不断解决问题并完善解决方案	7（0.69）
10（1.14）	思维开放，不循规蹈矩	8（0.68）
11（1.09）	目标（结果）导向	2（0.73）
7（1.26）	意识到自身优势和劣势	2（0.73）

资料来源：本研究整理。

分析表明，在创业个人素质的二级因子得分上，认知度均远高于具备程度。创业者认为重要的前五项能力素质，分别是责任感、决策力、市场意识、领导力和解决问题能力；而自身具备的前五项能力素质与之具有较大出入，分别是责任感、目标导向、自我认知、客户价值的创造和决策力。

2. 团队

数据显示，对于创业者个人素质的二级因子重要性认知度上，排在前三位的二级因子依次是团队执行力（1.41）、团队有效沟通（1.40）和团队敬业精神（1.37）；团队实际具备的前三项能力素质排序依次为：团队执行力（0.80）、团队敬业精神（0.80）和团队有效沟通（0.78）（见表4）。

表4 团队素质二级因子认知度与具备程度比较（均值）

重要程度排序	二级因子	具备程度排序
（1.00）	团队具有相关经历和业绩记录	8（0.50）
7（1.23）	团队取胜的意愿	5（0.71）
3（1.37）	团队具有敬业精神、决心和恒心	1（0.80）
4（1.32）	团队创造力	7（0.67）
1（1.41）	团队执行力	1（0.80）

续表

重要程度排序	二级因子	具备程度排序
6 (1.25)	团队对内外环境变化的适应性	6 (0.69)
2 (1.40)	团队有效沟通	3 (0.78)
5 (1.31)	团队具有共同价值观和目标	4 (0.76)

资料来源：本研究整理。

分析表明，两者契合度较高。在创业团队素质的二级因子得分上，重要性认知度均远高于具备程度，说明提升创业团队素质，尤其是"团队执行力""团队有效沟通""团队敬业精神"三个方面，仍然可以作为培训的重点内容。

3. 商机

对于商机把握能力的二级因子重要性认知度上，排在前三位的二级因子依次是行业前景（1.19）、商机的可实现性（1.12）和投资回报率（1.10）；自身实际具备的前三项能力素质排序上依次为行业前景（0.63）、商机的可实现性（0.55）和投资回报率（0.55）。两者契合度较高（见表5）。

表5　商机把握二级因子认知度与具备程度比较（均值）

重要程度排序	二级因子	具备程度排序
6 (1.03)	市场规模	4 (0.48)
1 (1.19)	行业前景	1 (0.63)
5 (1.04)	可获得的市场份额	6 (0.50)
3 (1.10)	投资回报率	3 (0.55)
7 (0.95)	快速实现盈亏平衡	7 (0.39)
4 (1.06)	能够形成竞争壁垒	4 (0.51)
2 (1.12)	商机的可实现性	2 (0.55)

资料来源：本研究整理。

4. 资源

数据显示，对于资源整合能力的二级因子重要性认知度上，排在前三位的二级因子依次是良好的人脉资源（1.23）、企业拥有优秀人才（1.19）和创新的商业模式（1.13）。在自身实际具备的前三项能力素质排序上依次为良好的人脉资源（0.57）、企业拥有优秀人才（0.55）和创新的商业模式（0.52）（见表6）。

表6 资源整合二级因子认知度与具备程度比较（均值）

重要程度排序	二级因子	具备程度排序
5 (1.04)	充足的启动资金	7 (0.41)
3 (1.13)	健康的现金流	6 (0.46)
7 (1.02)	灵活多样的融资渠道	4 (0.46)
5 (1.04)	技术创新与相关专利	8 (0.40)
8 (1.00)	良好的设备和工作环境	4 (0.46)
2 (1.19)	企业拥有优秀人才	2 (0.55)
1 (1.23)	良好的人脉资源	1 (0.57)
3 (1.13)	创新的商业模式	3 (0.52)

资料来源：本研究整理。

分析表明，两者高度契合。在资源整合能力的二级因子得分上，认知度均远高于具备程度。

三、结果分析

（一）自然特征

1. 创业起始年龄年轻化明显，20~22周岁的创业者最多

在深创业大学生群体非常年轻，目前创业者在各个年龄段的分布中，21岁、22岁相对比重最高，有效百分比分别为10.0%和11.6%；从大结构来看，86.6%的大学生创业者年龄在35岁以下（含35岁），如果将年龄延伸至35岁，累计百分比为95.4%，达到受访者的绝大多数。

从创业起始年龄数据看，创业者最小12岁，最大43岁；创业者开始创业时21岁为峰值，有效百分比为受访群体的13.4%，累计百分比为35.1%（创业初始年龄小于等于21岁的大学生占受访者群体的35.1%），创业初始年龄为20岁和22岁的有效百分比分别占受访群体的13.1%和12.2%，如果将20~22岁初始创业者有效百分比累加，占到全部受访者的38.7%，说明20~22岁的大学生群体创业意识最强烈。

2. 理工男成为大学生创业的优势主体

数据显示，深圳创业大学生男性比例远高于女性，占 64.9%；所学专业为理工类的受访者占 53.6%。

3. 家庭经济状况和学历状况中等的大学生创业最有热情

数据表明，本科学历和大专学历的大学生最具创业热情，分别占受访者的 41.7% 和 38.3%；家庭经济收入水平处于社会中层的大学生最有可能创业，占受访者的 46.8%。

4. 深圳户籍人口是创业主体，非深圳户籍人口创业积极性不可忽视

创业大学生群体中，深圳户籍者占 56.6%，其中有 46.0% 为迁入者，10.6% 为原住民。深圳户籍人口成为大学生创业的主力军，说明创新创业作为深圳这座城市的精神传承，已经内化成为年青一代的价值取向和一致行动，特别是在受过高等教育的群体中得到集中体现。值得注意的是，目前非深户籍大学生创业人员占到受访者的 43.4%，他们的积极性不容忽视。

5. 对于创业行为有着较为务实和理性的认识，有一定的前期积累，在一定程度上体现出"知行合一"的素质

调查显示，在深创业大学生群体对于"个人素质"和"团队建设"表现出了非常高的重视，虽然创业者认为个人和团队重要的能力与具备的能力有出入，但正好说明，他们对团队和自身能力不足和短板有着非常清晰的认识，对于所缺乏能力的提高有着明确和迫切的需求。

6. 创业现状满意度高，达到受访者的 48%

调查显示，大学生对创业现状表示满意（包括非常满意和比较满意）的有 48%，表示一般的占 38.7%，表示不太满意和很不满意的分别占 9.7% 和 3.6%。

7. 科技类、文化创意类企业成为大学生创办企业的主要类型，商贸类企业紧随其后

高新科技、文化创意、电子商务、经贸行业是深圳市大学生创业的主要行类型。调查表明，在被调查的 352 家大学生创办企业中，科技类占 34.8%，文化创意类占 21.5%，经贸类占 13.5%，电子商务类占 13.0%，管理咨询类占 8.5%，餐饮娱乐类占 3.9%，其他（公益慈善类等）占 4.8%。整体结构与深圳支柱性产业发展规划高度契合（见表 7）。

表7 创业企业行业分布情况

类型	频数（次）	百分比（%）
科技类	225	34.8
经贸类	87	13.5
文化创意类	139	21.5
管理咨询类	55	8.5
电子商务类	84	13.0
餐饮娱乐类	25	3.9
其他	31	4.8

资料来源：本研究整理。

大学生所学专业类别与创办企业类型之间相关显著。如理工类大学生创办企业大多属于科技类，艺术类大学生创办的企业大多属于文化创意类（见表8）。

表8 不同专业大学生与创业企业类型的交互分析（%）

类型	科技类	经贸类	文化创意类	管理咨询类	电子商务类	餐饮娱乐类	其他
文科类	19.2	17.2	23.6	12.8	15.3	6.9	4.9
理工类	49.6	10.9	14.5	6.2	12.7	2.7	3.5
农学类	23.5	29.4	11.8	23.5	0.0	11.8	0.0
艺术类	16.2	10.3	51.5	4.4	7.4	0.0	10.3
体育类	0.0	14.3	42.9	14.3	28.6	0.0	0.0
医学类	14.3	14.3	14.3	0.0	42.9	0.0	14.3

$X^2 = 136.483$ $df = 30$ $P = 0.000$

资料来源：本研究整理。

8. 创业者"准创业"和"正创业"四六开，创业前"有工作经历"和"无工作经历"六四开，目前绝大多数创办企业处于初创阶段

调查显示，现阶段创业大学生群体中，"准备创业"的占41.2%；"正在创业、尚未进行工商登记注册"和"已创业并注册公司"合计占58.8%（见表9）。

表9　创办企业目前状况频率表

	类型	频率	百分比（%）	有效百分比（%）	累计百分比（%）
有效	准备创业	328	39.7	41.2	41.2
	正在创业、尚未进行工商登记注册	207	25.0	26.0	67.2
	已创业并注册公司	261	31.6	32.8	100.0
	合计	796	96.3	100.0	
缺失	系统	31	3.7		
	合计	827	100.0		

资料来源：本研究整理。

在被调查的352家创业企业中，处于初创阶段的企业占57.8%，处于成长阶段的企业占34.0%，处于转型阶段的占5.7%，处于成熟阶段的占2.5%。

（二）能力素质特征

1. 对创业核心能力要素认知存在偏差，认知结构不平衡，尤其是对"商机"缺乏应有的重视和足够的认识

创业过程是"商机、团队和资源"三要素在创业者的努力下实现动态平衡的过程，其中"商机"是创业的起点。初创企业首先是立足发现（挖掘）一个足够大的商机，然后通过组建团队，整合资源对商机加以利用，实现价值的创造。因此，在初创企业阶段，"商机"要素的认知度和具备度偏大，"团队"及"资源"要素相对偏小是普遍规律。

调查显示，深圳市大学生创业项目普遍在初创阶段，受访者对"个人"和"团队"要素的重视程度最高，重要性认知度平均分分别为63.47%和64.46%，而对于"商机"和"资源"要素的重视程度偏低，重要性认知度平均分分别为54.01%和55.28%。换言之，深圳大学生创业者在企业初创阶段，最看重的不是商机，而是个人和团队，其中商机在三要素中受重视程度及具备程度恰恰最低。这说明，目前大学生创业很大程度上是依托自身兴趣、专业、技术、知识等内在条件启动创业项目，对市场、客户、潜在需求等外部条件缺乏足够的关注，大学生群体的创业行为更多地表现为自我价值的实现感，而非客户价值的创造感。

2. 个人素质整体上表现出"责任感强，目标导向明确，自我认知较为合理"的优势，短板集中于"市场意识""领导力"和"解决问题能力"

在创业能力方面，大学生创业者认为重要而又缺失的创业能力主要集中在领导力、解决问题能力、团队创造力和基本财务管理能力。这与大学生创业者这一群体的特点有很大关系。大学生群体社会经验和实践经验偏少，在处理创业过程中的具体事务上必定会出现如市场意识把握不准、领导能力较弱、管理方式生硬、问题解决方式单一、线性等问题。针对处在初创阶段的企业可着重开展此方面能力提升的培训。

3. 团队共同价值观和目标管理未引起足够重视，团队成员专业化程度不够

受访者普遍认为，团队执行力是首要能力，并以此作为团队建设的重点，其次是"有效沟通"和"敬业精神"，这反映了创业者在团队建设上重心更多地放在"行为层面"，值得注意的有三个问题。

一是"团队共同价值观和目标"未能引起创业者足够的重视，在某种程度上可理解为创业者忽视对团队的共识管理。在创业团队组建和团队管理过程中，"共同价值观和目标"是团队"能走多远"的关键因素。

二是"团队具有相关经历和业绩记录"受重视程度最低，但这项指标直接反映团队成员的胜任力和专业化程度，是团队"能走多快"的关键因素。

三是"团队创造力"受重视程度与具备程度相差较大，有待提升。

4. 对"快速实现盈亏平衡"不敏感，企业生存意识有待加强

分析发现，团队具备的整体素质与其重要程度相差不大，创业者普遍关注"行业前景""商机的可实现性"和"投资回报率"，反映出大学生创业群体具备了一定的行业意识和创业意识，但对创业项目能否"快速实现盈亏平衡"不敏感，企业生存意识还要培训加强。

5. "资源"要素掌握水平不高，容易造成企业竞争力弱

数据显示，大学生创业者普遍将"良好的人脉资源"作为"首要资源"予以重视并整合，相对而言，把"创新的商业模式"和"优秀人才"作为次重要资源，反映出目前深圳大学生创业者的基本价值判断和创业理念。

"充足的启动资金"和"技术创新和相关专利"两项指标处于具备要素的最低水平，应该引起足够的重视，尤其是"技术创新和相关专利"的构建企

业竞争优势的重要基础，主观忽略和现实缺失，均将造成初创企业的竞争力较弱，无法抵御外部压力。

6. 创业者以及三项核心能力要素具备程度均有待进一步提高

调查表明，创业大学生在核心要素的自评具备程度上平均分值偏低，均未达到 40 分（换算为百分制），其中创造者个人素质、团队素质、商机把握能力和资源整合能力实际具备程度平均分值分别为 34.85 分、35.80 分、26.02 分和 24.10 分。

通过比较创业大学生对四个核心要素的重要程度认知的平均值和实际具备程度的平均值可以看出，认知得分远高于实际能力得分，这个较大差距表明大学生创业者的整体创业能力还要进一步提升。

7. 大学生最愿意参加的创业培训形式是导师一对一指导、创业模拟训练和创业实践

调查显示，大学生最愿意参加的创业培训形式依次为导师一对一指导（42.4%）、创业模拟训练（32.4%）、参加创业实践（28.2%）、参加创业计划大赛（28.2%）、到创业成功企业实地观考察（27.1%）、修读创业课程（25.5%）、请成功人士讲授经验（20.4%）。

根据核心能力要素的重要程度评价、具备程度评价与创业满意度的交互分析，受访者的核心能力要素具备程度与创业满意度呈较强的相关性，而核心能力要素的重要程度评价与创业满意度显示不相关，（见表 10、表 11）。这表明，光有认知并不能提升创业满意度，而要把这种认知变成创业者实实在在的能力，也就是既要加强培训，又要注重实践，把认知内化为能力。

表 10　不同户籍类型大学生与创业满意度的交互分析（%）

户籍类型	非常满意	比较满意	一般	不太满意	很不满意
原住民	17.3	40.0	28.0	10.7	4.0
深户（迁入）	6.8	42.0	42.3	6.5	2.4
非深户	7.8	37.0	37.7	12.7	4.9

$X^2 = 22.119$　　df = 8　　$P = 0.005$

资料来源：本研究整理。

表11 个人、团队、商机重要程度、具备程度与创业满意度的交互分析

		对自己创业现状的满意程度	创业者个人素质重要程度	团队素质重要程度	商机把握能力重要程度	zycd4
对自己创业现状的满意程度	Pearson 相关性	1	−0.069	−0.028	−0.042	0.017
	显著性（双侧）		0.086	0.474	0.293	0.678
	N	723	629	641	639	633

**. 在 0.01 水平（双侧）上显著相关

资料来源：本研究整理。

8. 创业培训课程和培训方式

调查显示，大学生创业者对创业培训课程内容的需求集中体现在市场营销、创新思维训练、商业模式和人际沟通与交流等方面。当问到"若开设创业培训课程，您希望课程内容更注重哪些方面"时，回答排在前六位的依次是市场营销（38.4%）、创新思维训练（27.8%）、商业模式（20.1%）、领导力（19.7%）、人际沟通与交流（19.6%）、团队管理（19.6%）。其后依次为财务税收法律（16.6%）、案例分析（13.6%）、工商管理（11.2%）企业文化（6.6%）。

在培训方式方面，大学生乐于接受政府提供的无偿或公益创业培训。调查显示，超过六成（61.5%）的创业大学生接受政府提供的无偿或公益创业培训，部分受访者表示可以接受低偿培训（个人承担适当费用），占29.0%，能接受有偿培训（按市场价格）的有9.5%。"不同创业阶段企业"与"愿意接受培训方式"交互分析发现：处在初创阶段的企业最愿意接受的是无偿培训，比例为61.42%；随着企业的发展，愿意接受低偿培训和有偿培训的比例有增长趋势，这反映了他们迫切需要专业化的培训。

四、对策与建议

（一）建立并不断完善创业培训服务与引导机制

作为双创的重点人群，当前在深圳创业大学生呈现创业主体低龄化、创业阶段初始化、创业需求多元化的特点，但他们曾经接受的培训或指导更多地来

自讲座、会议、活动和个体经验交流等，能力的提高和经验的积累主要依靠个人学习能力，学习方式碎片化。对于前期开展的 SYB、KAB 等培训项目，肯定作用的同时，也反映培训内容偏旧、本土化和针对性不够、培训机构水平不均衡等问题。现阶段可加强全市对于创业培训服务的统筹管理，加大经费投入力度，"把创业培训制度纳入终身职业技能培训制度范畴"，对列入财政补贴范围的创业培训项目按购买服务的规定执行；建立培训对象甄选制度，完善创业意愿识别和能力短板诊断机制；建立健全政府购买培训成果绩效考评制度，对创业培训工作成效实施第三方评估，建立考核评价体系；完善财政补贴培训项目实施主体报告和备案、评价、奖惩制度，逐步建立支持创业创新的成熟的市场化长效运行机制。

（二）建立健全多层次的创业培训体系，加强创业培训课程开发

从深圳区域特点来看，具有明确创业意愿和创业培训需求、勇于投身创业实践的高校毕业生、科技人员、留学回国人员将是未来创业培训的主要对象，可将企业家精神和素质培养、创办企业和经营管理能力训练作为创业培训的主要内容，组织实施分层次的专项行动计划为抓手，推动创业培训广泛开展；以创业不同阶段、不同业态的知识技能需求为导向，编制创业培训大纲和技术标准，针对大学生群体特点开发创业培训课程，构建多层次、模块化的创业培训课程体系；进行网络创业培训课程的规划和开发，建设并推出一批精品培训项目和精品课程。

（三）统筹规划，加强创业培训机构规范化管理

按照"条件公开、合理布局、平等竞争、动态管理"的原则，制订承担政府补贴培训任务的创业培训机构的基本条件和认定程序，对符合条件的创业培训机构向社会公示并登记备案；指导创业培训机构严格按照标准和要求开展创业培训，对有需求的学员提供后期辅导和跟进服务；推进与高校和社会资本合作（PPP）模式组织开发新领域、新业态的创业培训课程并实施创业培训，鼓励和引导各类优质教育培训资源投入创业培训。

（四）探索职业化发展通道，加强创业培训师资队伍建设

建立创业培训师资库和专家库，完善师资登记、考核、进出机制，强化对师资能力水平考核和学员满意度评价，对师资队伍进行动态管理；建立创业导师制，为在深创业大学生群体提供个性化指导和实践教育；组织开展提高培训、研讨交流、观摩教学等活动，提升师资业务素质和能力水平。充分发挥深圳市高校、科研院所、公共孵化器以及金融资本优势，将社会专业人士吸纳到创业培训专家队伍中，提升创业培训专业化水平。

（五）突出实践，创新创业培训模式

大学生创业者群体集中在 20~22 岁，说明很多在校生即开始创业，同时高校有孵化器的基础，创业项目和群体较为集中，便于开展创业项目培训。可发挥大学生创业引领计划和技能就业行动，鼓励高等院校、职业院校、技工院校学生在校期间开展"试创业"实践活动和电子商务培训活动，并将其纳入创业培训政策支持范围；积极鼓励互动式教学培训方式，辅以创业实训、考察观摩、创业指导等培训方式，大力开展能力培训、知识传授、政策咨询等服务；积极探索创业培训与专业（技能）培训、创业培训与各区产业相结合的培训模式；利用互联网、信息化实训平台等载体，建立"慕课"等"互联网+"创业培训新模式，开展开放式在线培训。

（六）加强舆论宣传，强化创业服务

充分利用报刊、广播、电视、网络等媒体做好创业工作的宣传；举办创业训练营、创业创新大赛、创业项目展示推介、政策宣讲进校园等活动，宣传创业培训，树立创业典型，建立激励机制，营造全社会共同关心、支持、参与创业的良好氛围；推进创业指导、创业培训和创业服务的有效衔接，完善公共创业服务功能，健全开业指导、创业孵化、项目推介、咨询指导、创业融资、人事代理相结合的创业服务体系；进行创业培训信息化管理平台建设，开展培训档案管理、培训流程监督、培训效果评估、师资库管理、培训资金管理、创业培训技术服务，实现数据、信息、资源联通共享。

参考文献

[1] 高耀丽. 大学生创业教育的实施与高校管理变革 [D]. 江西师范大学教育学院，2002：34 – 37.

[2] 毛家瑞，彭刚，陈敬朴. 关于创业教育的若干问题 [J]. 教育研究，1992（1）：19 – 22.

[3] 邹建芬. 大学生创业能力开发与培养的路径探析 [J]. 高校教育管理，2011（6）：91 – 95.

[4] 李克强. 对首届中国"互联网 +"大学生创新创业大赛的批示 [EB/OL]. 2015.10，20.

[5] 杰弗里·蒂蒙斯. 创业学 [M]. 周伟民，吕长春，译. 北京：人民邮电出版社，2005.

[6] 周立德，周敏. 实施创新驱动发展战略背景及对策研究 [J]. 科技创新导报，2013（23）：253.

[7] 深圳市人民政府. 深圳国家创新型城市总体规划（2008—2015）（深圳人民政府〔2008〕201 号），2008 – 09.

[8] 深圳市人民政府. 深圳市人民政府关于加强创业带动就业工作的实施意见（深圳人民政府〔2015〕70 号），2015 – 08 – 01.

推进"三实型"双创人才培养的思考与实践
——以吉林建筑大学为例

王殿文　梁晓彤[**]

(吉林建筑大学，吉林长春　130118)

摘　要：深化高等学校创新创业教育改革是推进高等教育综合改革、提高人才培养质量的重要举措，培养"理论基础坚实、实践能力扎实、思想作风朴实"的"三实型"双创人才是创新创业教育改革的目标之一。本文基于双创人才培养的时代背景、政策背景和行业背景，解析目前高校培养双创人才存在的共性问题和瓶颈问题，结合吉林建筑大学自身办学特色和在双创人才培养过程中积累的实践经验，力求从国家层面和高校层面探索"三实型"双创人才培养的科学路径。

关键词：建筑类高校；三实型；双创人才

深化高等学校创新创业教育改革不仅是国家实施创新驱动发展战略、促进经济提质增效升级的迫切需要，也是推进高等教育综合改革、提高人才培养质量的重要举措。双创时代如何有效利用创新创业教育带来的高校改革红利，结

---

[*] 该论文在全国高等学校学生信息咨询与就业指导中心举办的"2017大学生就业创业实证研究论文征集评奖活动"中荣获二等奖。
基金项目：本文系吉林省教育厅"十三五"社会科学项目"吉林省大学生创业精神培养研究"(编号：JJKH20170274SK)和吉林省高等教育协会2015年度高教科研重点课题"净月高校联盟视阈下大学生创新创业教育联动机制研究"(编号：JGJX2015c42)的阶段性研究成果。
[**] 作者简介：王殿文(1982—)，男，吉林九台人，博士研究生，吉林建筑大学讲师，研究方向为大学生创新创业教育。
梁晓彤(1993—)，女，山东滨州人，吉林建筑大学马克思主义学院硕士研究生在读，研究方向为思想政治教育。

合传统办学优势，做好人才培养这篇大文章，既关系到破解当前普通高等教育发展困境的成败，也关系到高校未来发展的战略布局。

李克强总理在首届全国"互联网+"大学生创新创业大赛上作出重要批示，"大学生是实施创新驱动发展战略和推进大众创业、万众创新的生力军，既要认真扎实学习、掌握更多知识，也要投身创新创业、提高实践能力"，这为高校深化人才培养改革指明了方向。吉林建筑大学以双创教育为契机，结合建筑类学科背景，在深化人才培养改革的理念和路径上做了许多探索和尝试，逐渐凝练出"理论基础坚实、实践能力扎实、思想作风朴实，具有创新精神、创业意识、创新创业能力的应用型高级专门人才"的"三实型"双创人才培养特色，从而大大提升了毕业生与社会需求的契合度，同时也为国家经济社会发展提供了强有力的智力支撑。

一、推进"三实型"双创人才培养的背景

（一）时代背景

当前，中国特色社会主义进入新时代，在经济建设取得重大成就、全面深化改革取得重大突破的关键时刻，提高国民综合素质、培养高素质的创新创业人才显得尤为重要和紧迫。2014年习近平提出"创新驱动实质上是人才驱动"，当前高校创新创业教育实践工作与加快建设创新型国家的要求相比还有较大差距，尤其是在人才培养工作中，短板效应越发明显。因此，高校要不断优化大学生"双创"教育，培养大学生的创新精神、激发大学生的创业意识、提高大学生的创新创业能力，鼓励其积极参加创新创业活动，勇于参与创新创业实践，为加快建设创新型国家增添动力。

（二）政策背景

教育部2002年确定清华大学、中国人民大学、北京航空航天大学等9所高校作为我国创业教育试点院校，这次试点改革拉开了我国政府支持大学生创新创业教育的序幕；2010年开始，教育部出台了《普通本科学校创业教育教学基本要求（试行）》，为创新创业教育走进大学生课堂提供有力保障；2014年5月，《人力资源社会保障部等九部门关于实施大学生创业引领计划的通

知》要求"进一步加强创业教育,增加创业培训,简化工商登记和银行开户等手续办理程序,提供多渠道资金支持,提供创业经营场所支持,加强创业公共服务";同年6月,国务院要求全国各高校要在发扬自身办学特色的基础上,创新高校人才培养机制,为社会培养高质量人才;2015年5月,国务院对高校创新创业教育的重视再度升级,明确提出"提升创新型人才培养的质量、提高学生的创业能力、鼓励更多的大学生参与到创业活动中来"的人才培养要求。2015年6月以来,国务院向全国发出"大众创业,万众创新"的号召,全力支持创新创业活动,出台了一系列优惠政策、实施了一系列便民行政。

(三) 行业背景

创新创业教育是我国高等教育体系中的新兴板块,尤其近两年,全国各高校积极响应国家的"双创"号召,全面开展大学生创新创业教育,在教育理念、教育平台、教育路径、教育模式等多个方面进行了深入探索,取得了丰硕的成果。以下仅从行业背景出发,略举几例。

云南大学在"双创"人才培养方面,特别注重人才的实践能力培养,将创新创业活动与创新创业教育紧密结合,通过实践推进理论教学;在创业孵化园建设方面,注重校企结合,加强校企合作,并积极整合政府、企业、科研院所等多方力量,共同协助大学生创业项目的开展;在"双创教育"模式方面,注重多元融合、链接联动,实现了"产、学、研、用"四位一体。

中南大学在创业教育方面最突出的亮点来自两大方面:一是将专业教育与创业教育协同发展,加强专业教育的同时,扎实推进创业教育,用专业教育带动创业教育,[1]用创业教育促进专业教育的教学改革,实现两者的协同发展;二是用创业教育拓宽就业思维,[2]创业与就业的紧密结合会极大地调动学生的创业积极性。

武汉大学提出"三创教育"(创造、创新和创业教育)理念,并将"三创教育"作为长期坚持的办学指导思想。[3]随着教育实践的丰富和发展,武汉大学以"五有"作为"双创"人才培养的基础:有理念、有平台、有典型、有机制、有品牌。[4]

全国创新创业教育取得优异成绩的高校还有很多,创新创业教育已经成为影响当下大学生就业和择业方向的重要因素。创新创业教育的深入开展对于提升大学生创新创业能力、增加大学生就业竞争力、拓宽大学生就业渠道具有重要意义。

二、目前双创人才培养面临的共性问题和困难

近年来，我国高校"双创"人才培养体系不断地完善和发展，但从创新创业教育全局来看，我国"双创"人才培养仍然处于探索阶段，仍然面临着一些急需解决的共性问题与瓶颈性问题。

（一）共性问题

当前，我国"双创"人才培养过程中显露出一系列普遍性问题主要包括：第一，高校领导对"双创"人才培养的重要性缺乏正确的认知，认为创新创业教育在高等教育体系中仅仅发挥辅助性的作用，未给予足够的重视。第二，作为教育主体的教师对创新创业教育认识不足，在专业教育占据高等教育体系高地的情况下，创业教育教师对自身教育实践不够自信，缺乏积极开展工作的内在动力。第三，创新创业活动对创业相关政策的落实不到位，当前高等教育对创业教育的包容程度有待加强，创新创业教育与专业教育、人文素质教育的融合需要多主体、多方面的共同努力，因传统观念和社会人才观的影响，创新创业教育与其他教育相融合的进程充满曲折和艰辛，进而影响了创业政策的落实。

（二）瓶颈性问题

双创人才培养还存在以下一些瓶颈性问题，亟待解决。

1. "双创"人才内涵不明确

当前，我国对"双创"人才的内涵并没有精准性定义，各高校根据自身创新创业教育实践以及社会对人才观的定位来理解"双创"人才。就高校而言，对"双创"人才内涵的理解主要存在两个误区，一是把"双创"人才简单地理解为"科技创新"人才，对创业者的关注主要集中在技术创新上，对创业活动的理解片面化、极端化；二是对"双创"人才的认定以创业者的经济盈利作为唯一的衡量标准，盈利多、收益高即为"双创"人才，忽略了创业者素质的培养，从而导致创业者因缺乏创业意识、创业精神、创业素养而难

于持续推进创业活动的长期发展。就创新创业教师而言,"双创"人才内涵模糊化直接影响教师的教学方式、教学态度、教学理念,没有教师正确的引导,学生的学习方向也难以确定。就学生而言,对"双创"人才的理解直接影响着大学生的个人发展目标和发展方向,内涵不明确使大学生自我定位不够准确。

2. "双创"人才培养体制机制不完善

"双创"人才培养体制机制包括明确的培养理念、有序的培养计划、科学的培养机制。高校"双创"人才培养机制的不健全,一方面表现在"双创"人才培养理念的不明确:对于什么是"双创"人才、为什么要培养"双创"人才、怎样培养"双创"人才,教育相关部门还缺乏权威性的解读与定位,大多数高校根据自身理解难免会在开展创业教育过程中产生偏差。另一方面,高校创新创业教育与"双创"人才培养机制之间的融合缺乏系统性、科学性和创新性,我国的创新创业教育尚处于探索阶段,国际上也没有现成的经验可供直接借鉴,双创人才培养机制在自身实践中不断改善和发展,短时间内难以构建全面的、科学的"双创"人才培养体系。

3. "双创"教育活动不连贯

目前,教育部门与高校为大学生搭建了多元化的创新创业活动平台,大学生参加创业活动、创业比赛的积极性较高,教育部门或高校鼓励和支持创业比赛中优秀项目的开展,从资金、场地、培训等多方面给予创业者一定的优惠和支持。但是,在创业项目的后期落地的过程中经常出现中断、非正常停止等问题,大学生创业项目的持续性较差,创业成活率存在较大问题。一方面,有创业项目后续资金不足、创业团队涣散、经营不善等原因;另一方面,也与大学生群体的性格特点有关。通常大学生创业者在创业初期积极性较高、动力较足,随着创业项目的深入开展,困难和阻碍因素逐渐出现,大学生靠自身力量难以解决,因社会经验的缺乏和物质保障的短缺,大学生会出现退缩、放弃心理,创业活动难以持续进行。此外,还有部分创业项目因项目自身技术含量较低缺乏创新性和实效性,而导致创业项目的质量较差。

4. "双创"人才培养师资队伍不健全

当前,我国高校师资队伍在不断壮大,但师资不足、质量不高等问题仍是高校双创人才培养的瓶颈问题。[5]尽管一些高校现已成立了创新创业教育教研室，师资队伍也在不断地扩大，但是创新创业教师队伍的现状是专职教师比例较小，兼职教师比例较大，专职教师具有开展创新创业活动经验的较少，兼职教师尽管创业实践经验丰富但在创业教育研究领域的学术素养相对较低。专职教师与兼职教师的比例失衡，创业教育教师整体专业水平较低，难以保障创业教育的教学效果。

三、"三实型"双创人才培养的探索与实践

当前，中国实施创新驱动发展战略对高校的人才培养提出了新的要求。双创人才培养应更加注重在改革中激发高校内生动力，更加注重建设合理的绩效机制，推进双创人才培养的科学化、常态化和精准化。

（一）国家层面应进一步加强方向引导、宏观部署与监督管理

1. 完善创新创业教育和双创人才培养的相关政策和法律法规体系

首先，国家层面应不断完善政策体系，包括资助政策、支持政策、优惠政策、服务政策，引导全国各高校沿着正确的方向开展创新创业教育教学活动；其次，建立规范的法律法规体系，明确创新创业教育过程中各相关部门的责任义务，做到有据可查、有法可依。

2. 国家应加强宏观部署

鼓励全国各高校结合自身特色开展个性化的创新创业教育。各高校应立足自身发展实际，借助深化高校创新创业教育改革的东风，坚持问题导向，不断补齐培养短板，最终把解决高校创新创业教育存在的突出问题与完善"双创"人才培养体系结合起来，大力加强人才培养薄弱环节，全面增强学生的创新精神、创业意识和创新创业能力，为造就大众创业、万众创新的生力军提供智力支持。

（二）高校层面与时俱进、大胆改革

各高校要不断完善"双创"人才培养机制，构建科学的创新创业教育体系，不断丰富"双创"人才内涵，加快创新创业教育与专业教育协同建设，以提升学生创业实践能力为基础，不断提高"双创"人才的质量。下面仅以吉林建筑大学为例，从宏观、中观、微观视角，分享一些双创人才培养方面的经验和做法。

1. 在宏观层面

一是，转变高校传统教育理念，积极探索双创人才培养规律，加强交流合作。高校创新创业教育工作需要树立敢闯、敢试的意识。按照高等教育的惯性思维，高校要开展一项改革通常会有很多顾虑，面向大学生开展创新创业教育首先也许会考虑到创新创业教育的目标问题，创新创业素质能不能培养、培养什么、怎么培养，随着而来的也许是创新与创业有哪些区别与联系，创新创业教育应划入哪个学科门类，与创新创业教育相配套应建立哪些考核指标，如何构建完善的创新创业教育体系，这些体系建立健全之前开展创新创业教育是否合适等。这些前提性问题的确急需解决，但并非构成开展创新创业教育改革的充要条件，比厘清脉络更为重要的抢抓发展机遇，许多问题需要我们在双创人才培养过程中陆续规范和逐渐破解，因此加强高校双创人才培养一定要树立敢闯、敢试的意识。

二是，高校创新创业教育工作需要一定的周期。一项工作的发展完善通常要有基本的周期，高校创新创业教育同样如此。初始期通常是拓荒期，中国的创新创业教育目前正处于这个阶段，有路没路、走得通走不通一切尚处于探索当中，毕竟创新创业教育有别于过去的职业型和学术型两大教育传统。在发展的周期内，也给了各高校统一清零，回归同一起跑线的机会，高校创新创业教育工作成果取决于后期各高校的努力程度，直接反馈的指标就是双创人才培养质量的提升。当前，尽管我国高校创新创业教育水平尚处于起步阶段，但随着国家各项激励政策的相继出台及各高校的越加重视，坚信创新创业教育会迎来质的飞跃。

三是，高校创新创业教育工作需要加强交流。高校创新创业工作要永葆开放、共享的理念，各高校之间、高校与政府之间、高校与企业之间应加强互动交流、跨界组合，有效整合优势资源。创新离不开多维视角和多元思维的碰撞，创业离不开多路资源和多条人脉的集聚优化，交流产生灵感，交流了解需求，交流弥补不足，交流集聚力量；借助交流，高校创新创业教育体系才能得以进一步完善，高校创新创业工作才能加快更新换代的步伐，高校创新创业教育事业才能与时俱进，不断取得新的业绩。

2. 学校层面，凝练办学特色，打造"三实型"人才

当前，我国高校建筑类人才存在培养模式固化、训练方法匮乏、理论教学

与工程实践脱轨、工程规范与行业道德结合不紧密，以及缺乏与国际建筑类高校交流不畅等突出问题，结合建筑类高校人才培养模式的现状，吉林建筑大学在"唯实"办学理念指引下探索了"三实型"双创人才培养模式。"三实型"双创人才培养旨在培养和锻造"理论基础坚实，实践能力扎实，思想作风朴实，具有创新精神、创业意识和创新创业能力的应用型高级专门人才"。"三实型"双创人才培养内涵丰富、指向鲜明。"理论基础坚实"着力提升学生专业基础理论和相关学科知识，拓宽学生的专业知识背景；"实践能力扎实"着力贯彻学以致用理念，注重建筑文化熏陶，对标实践应用，精准发力；"思想作风朴实"着力培养学生实事求是、吃苦耐劳、勇于实践和主动求变的能力；"具有创新精神、创业意识和创新创业能力"是指在各类社会生产生活实践中，凭借创新品质支撑，整合已有的知识和经验，产生出有价值的新设想、新方法、新方案和新成果的本领，新颖独特、能动高效到地解决问题的能力。

3. 在微观层面探索"一三五七"工作模式

"一三五七"工作模式源于日常工作实践，在具体工作中取得良好效果。具体内容为，坚持以双创理念为指引，提高培养质量、造就卓越人才为一条主线，搭建创业教育、科创竞赛、实践实训三大平台，推进课程体系、创新基地、项目孵化、导师量化、文化引领五大工程，努力提升大学生研究性学习能力、批判性思维能力、集成化创新能力、团队组织协作能力、跨文化交流能力、扎实实践应用能力和健康心理调适能力七大方面能力。

第一，坚持一条主线，为学校双创人才培养指明方向。大学是人才的摇篮，肩负着为国家和民族培养高素质人才的历史重任。吉林建筑大学始终坚持立德树人的人才培养理念，全面把握新时代发展趋势，坚持以提高人才培养质量、造就卓越人才为主线，积极响应国家号召，贯彻国家双创教育的统一部署，落实创新创业各项政策要求，不断深化创新创业教育改革，加快产、学、研、用四位融合，助力学生全面成长成才。

第二，搭建三大平台，为学生参与双创活动搭桥铺路。探索搭建创业教育、科创竞赛、实践实训三大平台，丰富创新创业活动载体，扎实推进双创工作。其中，创业教育是主渠道，主要对大学生创业精神的培养，针对不同年级、不同类别的大学生开展级级助推式的创新创业教育和引导，对于低年级学生，重点普及创业基础教育，随着年级的升高根据学生意愿陆续开设公共选修课和创业技能培训课程；科创竞赛是主阵地，学生参与创新创业活动的积极性主要靠竞赛，竞赛本身所具有的竞技性、趣味性和对团队合作的要求，对于激发大学生创业意识，启迪创新思维具有重要意义。实践实训是主法宝，创新创业不单单是一种理念，若想真正植根于学生内心，还要不断加强实践实训，在动手参与、体验的过程中增强创新创业信心，提升创新创业素质。与此同时，考虑到学校自身资源的有限性，实践实训也为加强校企、校所、校政联合提供了契机，借助多方合作，集聚各方优质资源，营造大学生创新创业良好氛围，构建协同推进创新创业教育改革的大格局，增强工作实效。

第三，推进五项工程，丰富高校创新创业教育内涵。除了前面的理念与平台建设之外，高校创新创业教育改革还应按照国家相关文件要求，围绕"课堂教学、自主学习、结合实践、指导帮扶和文化引领"五个方面做文章，使创新创业教育真正落地。基于此，吉林建筑大学全面推进"课程体系""创新基地""项目孵化""导师量化""文化引领"五项工程。"课程体系"工程的主要任务是面向全体、分类施教、结合专业、强化实践，对标创新创业教育要求，完善师资队伍，编写教材，编制教案，设置学时，切实将创新创业教育融入人才培养全过程；"创新基地"工程的主要任务是，积极打造创客空间，全面激发大学生创新创业热情，鼓励申报专利，推动赛事成果转化，厚植创新创业土壤；"项目孵化"工程的主要任务是，整合政府、研究机构、校内外孵化器、创投专家等社会资源，为大学生提供政策支持、技术支持、场地支持和资金支持；"导师量化"工程的主要任务是，借助量化管理，使创业指导专家工作有流程、指导有内容、过程有记录、日常有纪律，切实发挥导师的教育引导和指导帮扶作用；"文化引领"工程的主要任务是，营造创新创业校园文化氛围，打造创新创业活动品牌，推广创新创业理念，培养大学生创新创业精神。

第四，评估七方面能力，验证学校双创育人效能。创新创业教育不单是一种理念、一种精神教育，其本质更是一种素质教育。近几年，国家相关部门反复强调高校创新创业教育要面向全体、结合专业、融入人才培养全过程，其主旨还是期待双创教育能在学校生根，而且能为提升大学生素质助力。创新创业教育既包括创新教育，也包括创业教育，但却不是二者的物理加和。创新与创业是双生关系，当二者天然地紧密联系在一起时，必然会产生化学反应。这些化学反应的直接后果是促进学生研究性学习、批判性思维、集成化创新、团队组织协作、跨文化交流、扎实实践应用和健康心理调适七方面能力的提升。评估一所学校创新创业教育开展得如何，可将以上七方面能力作为一项重要评估指标，尽管这七方面能力的提升不可能一蹴而就，也不会同步发展，但在创新创业活动的重点领域和关键环节，无时无刻不在考量着这七种能力的效能。同时，这七种能力也是新时代创新驱动发展战略对创新创业高层次人才提出的基本需求。

"三实型"双创人才培养模式的探索是基于高校双创人才培养的需要，结合高校自身办学特色，不断总结一线创新创业教育工作中的经验，进而凝练集成的具有开拓意义和推广价值的双创人才培养工作模式。"三实型"双创人才培养模式的灵魂是"三实型"，它是整个人才培养模式的总坐标；"双创"既是新时代要求，又是未来人才竞争的核心要素；"一三五七"是三实型双创人才培养的具体路径，各部分因素包含于同一个体系当中，同时各部分内部又包含诸多要素，各要素之间相辅相成、缺一不可，整体构成了一个良性系统。"三实型"双创人才培养模式的探索与应用，将行业特色、院校特色和双创教育特色熔为一炉，加速了创新创业教育融入人才培养全过程的进程，充分调动了学生学习的积极性、主动性和创造性，既有效促进了双创人才培养工作的有的放矢，又有益于提升"三实型"双创人才的专业知识、实践能力与创新创业素质，助推双创教育效能达到最大化。此外，在推进"三实型"双创人才培养的过程中，关键要把诸要素功能整合起来，调动各方面积极性，同时打通创新创业教育、素质教育与专业教育的壁垒，发挥系统集成的倍增效应，走一条特色融合集成化、多元教育一体化的双创人才培养之路，最终使当代大学生不仅掌握专业技能和双创本领，更要让学生将所学运用到谋事业、创事业当中，从而成就多彩的人生。

参考文献

[1] 杨芳，韩雷，尹辉. 中南大学扎实推进大学生创新创业训练计划 [J]. 中国大学教学，2014（10）：33-35.

[2] 唐湘岳. 中南大学：创业教育拓宽就业思维 [N]. 中国有色金属报，2009-02-14（008）.

[3] 吴海. 武汉大学探索创业人才培养之路 [J]. 中国高校科技与产业化，2004

（8）：39.

［4］刘艳芳，杨少清，胡甲刚."创业教育"在武大［J］.科技创业月刊，2003（11）：54.

［5］马永斌，柏喆.大学创新创业教育的实践模式研究与探索［J］.清华大学教育研究，2015（6）：99－103.